HÁROM BARÁT ELSŐ ÉS MÁSODIK KÖNYV VÁRJATOK ARRA AZ EGYRE

Cathy McGough

Stratford Living Publishing

MIT MONDANAK AZ OLVASÓK

"A Három Barát Miranda, Terri és Cheryl történetét meséli el, akik a boldogságot keresik az életben. Cathy McGough írónő könnyed pillantást vetett arra a dilemmára, amellyel legtöbbünknek valamikor az életünk során szembe kell néznie. Hogyan meneküljünk el egy nagy kalandba, amely egy életre szóló szép emlékeket fog nyújtani, amelyekre visszagondolhatunk.

A lányok a Három szűz muskétásnak nevezik magukat, mindig osztoznak egymás álmaiban. Kétségbeesetten keresnek egy férfit, aki romantikázik velük, de sosem tudnak igazán kapcsolatot teremteni az igazival. Most a húszas éveik közepén járnak, és legtöbbször magányosnak és társtalanul találják magukat.

Ám minden felhőben ott van egy ezüstös vonás, amely meghazudtolja az élet tragédiáját. Hogy ez hogyan jött létre, az a szerző leleményességét dicséri."

W A T AMAZON

"Ismerd meg a három szűz muskétást! Legyél részese a nagy kalandnak, ahogy a kanadai kisvárosi barátok segítenek Mirandának bete!jesíteni régóta dédelgetett vágyát, hogy bejárja Ausztráliát.

Elég, ha csak annyit mondunk, hogy az Ausztráliában történt események egyszerre boldogok és szomorúak, mély hatással vannak Mirandára, és váratlan módon rázzák őt a felnőtté válás felé. Mindeközben Terri és Cheryl a barátság hívószaván túlmutató támogatást nyújtanak."

M M B AMAZON

„Általában nem vagyok oda a romantikus regényekért, de ebben a regényben annyi fordulat volt, hogy egyszerűen befejeztem, és még többet akartam."

Z S AMAZON

"Egy nagyon jó romantikus regény. Ha szeretnél egy hónap szabadságot kivenni és egy csodálatos vakációt eltölteni a legjobb barátaiddal, de nem tudsz...akkor olvasd el ezt a könyvet! Van benne szórakozás, jó ételek, italok és romantika. Minden, amit egy lány élvez!"

"Ezt a könyvet olvasva úgy éreztem magam, mintha én is Ausztráliában lennék. A tökéletes „lányos könyv".

C V AMAZON

„Bár néhány részen hangosan nevetni kell, azt javaslom, hogy tarts a közeledben egy doboz zsebkendőt. Hidd el, szükséged lesz rá."

A R AMAZON

TARTALOM

„*A barátság az a kimondhatatlan kényelem, amikor valaki mellett biztonságban érezzük magunkat, és nem kell sem gondolatokat mérlegelni, sem szavakat méricskélni.*"

George Eliot

A jó barátokra, a kiváló beszélgetésekre és a jó borra.

ELSŐ KÖNYV:

QUE SERA SERA

FEJEZET 1

MIRANDA EVANS TUDTA, HOGY le kell padlóznia, hogy időben beérjen a munkahelyére. Nem engedhette meg magának, hogy elkéssen - megint. Ezért amikor beült az 1991-es Honda Civic Hatchbackjébe, és felpörgette a motort, a végsőkig hajtotta az autóját, még akkor is, ha az a zord kanadai tél miatt lomhán járt. Sajnos a jégtelenítő nem működött elég gyorsan, és hamarosan kaparászni kezdett. Egy kis karcolás itt, egy kis karcolás ott. Amikor már elég szabad volt ahhoz, hogy kilásson, visszapattant a kocsiba, és a padlóra nyomta a lábát. Meg kellett tennie, mert 'Andrew, a seggfej' várta.

Végigszáguldott az Ontario Streeten, és néha-néha lazított a gázon, mert a jégtáblák miatt nem számított a jégre.

Miért vannak ilyen laza szüleim?

A másodperc töredékére levette mindkét kezét a kormányról, és rácsapott a kormányra. Nem éppen bölcs terv. A kocsija halszálkásan megmozdult. Sikerült visszatekernie.

Miranda mély levegőt vett. Úgy gondolta, egy-két dal talán eltereli a gondolatait. Szerette az Oldies csatornát, ahol a szexi Miss Tina Turner épp a leghíresebb szerelmes dalát d údolta.

Elterelte a figyelmét, de nem eléggé - Miranda gondolatai visszatértek a szüleihez.

Néha el sem hiszem, hogy ők szültek engem. Hé, lehet, hogy a kórházban kicseréltek? Tudod, ez gyakran megtörténik, és én is lehetnék egy ilyen baba. Fogadok, hogy vannak olyan szülők, akiknek van egy lányuk, akivel az életükért sem tudnak azonosulni - és ők az én szüleim.

De most komolyan, úgy nézek ki, mint az anyukám. Mindkettőnknek vörös a haja, és nekem apám mogyoróbarna szeme van... Mégis, néha azt hiszem, anya és apa többet tudnak Nikki életéről a Young and the Restlessben, mint az enyémről. Fogadjunk, hogy ha Nikki és én a Jeopardy! Nikki és Nikki egy csapatban lennének, ha Nikki és én lennénk a versenyben, akkor a kérdéseket róla tennék fel, és nulla pontot kapnának rám. Bár nem hibáztatom őket, elvégre Nikki Reed/Newman izgalmas életet él, az én életem pedig unalmas. Gondolom, ezért akartam, hogy ők tudjanak elsőként a terveimről. Azt hittem, örülni fognak nekem. De tévedtem!

Az Oldies csatorna visszatért a napi lehangoló Híradóhoz.

Miranda megnyomta a keresés gombot.

Nem hagyhatom, hogy elkeserítsenek. Egész életemet úgy töltöttem, mintha idegen lennék számukra - elhatárolódtam tőlük. Védtem magam. Nem tudom, miért döntöttem úgy, hogy kockára teszem magam, és adok nekik még egy esélyt. Soha nem fognak megérteni engem!

Könnyek gyűltek a szemébe, miközben Miranda egy borostyánszínű fényben száguldott. Már majdnem munkába állt, és megpróbálta összeszedni magát.

Beszáguldott a Vids-R-US Videos parkolójába. A kerekek csikorogtak, ahogy bekormányozta magát a vakkanyarba. Rátaposott a fékre, és épphogy elkerülte a kocsijához visszatérő ügyfelet. A lány egy szívből jövő „bocsánatot" mormolt a férfi irányába, és egy biccentéssel engedelmeskedett. Végül a járművét a dolgozók parkolójába állította, felkapta a táskáját, és b erohant.

Az ajtóban Miranda főnöke, Andrew - alias Andrew, a seggfej - leselkedett rá. A karját keresztbe fonta, harcra készen.

„Látom, megint elkésett, Evans."

Nem én találtam ki az Andrew-the-Asshole nevet, btw. Ez egy becéző kifejezés, amit az összes hűséges (ha! Ha!) munkatársa használ. Amikor Andrew-t a Vids-R-US az Évszázad Menedzserének választotta, le voltunk nyűgözve, de fiatalabb volt nálunk, és neheztëltünk a csak munka, semmi szórakozás hozzáállására. Innen a név. Az idő nagy részében rendes fickó. Kivéve persze, amikor késem, és én MINDIG késem.

„Szóval, mit tudsz mondani a magad nevében, Evans?"

Miranda már olyan gyakran késett, hogy kezdett kifogyni a kifogásokból. Andrew minden egyes alkalommal azt mondta neki, hogy ez volt az utolsó alkalom - de aztán majd ad neki még egy esélyt.

Az igazat megvallva, Andrew puhány volt, ha Mirandáról volt szó.

Miranda nem volt biztos benne, hogy Andrew-t meddig lehet még nyomni. Volt egy olyan érzése, hogy a férfi már közel járt a törésponthoz. Körülnézett. Körül volt véve.

„Evans. Várok." Keresztbe fonta a karját, majd újra feloldotta. Türelmetlenül csoszogott a lábával. „Amíg kitalálsz egy kifogást, talán elgondolkodhatnál azon, hogy hányan mások is szívesen dolgoznának itt a Vids-R-Us-ban. Több százan, talán ezren vannak, akik bármit megadnának a maga állásáért." Újra keresztbe tette és kibontotta a karját, majd néhány lépést tett a lány felé.

„Nos?" - kérdezte.

Csend.

Gondolkozz Miranda, gondolkozz! Legszívesebben azt mondanám neki, hogy fogadja el ezt a munkát, de nem tehetem. Most nagyobb szükségem van erre a munkára, mint valaha. Enélkül nem megyek sehova.

„Evans!"

Miranda felugrott.

„Ébresztő- ébresztő! Helló! Van bent valaki?" Kérdezte Andrew, miközben az öklével óvatosan Miranda fejére koppintott.

Valami elpattant.

Ha Bette Davis itt lenne, mit tenne? Ő senkitől sem fogadott el semmit. De okos volt. Tudta, mikor kell felfedni a kezét, és mikor kell a mellkasához szorítani.

„Nagyon sajnálom, hogy késtem, Andrew. Többé nem fordul elő."

„Igazad van, nem fog, Evans. Ezt beírom az örökös aktádba, és ha még egyszer megteszed, a segged az utcára kerül. Megértetted?"

„Tudom, tudom. Most pedig szállj le rólam" - mondta Miranda, miközben kedvesen mosolygott rá, miközben a fejében végig az » Andrew, a seggfej« szavak *játszódtak le hurokban.*

A lábára nézett.

A fenébe is, ezek a futók kezdenek állapotba kerülni, gondolta. Talán jobb lesz, ha ebédidőben kiugrom, és veszek egy másik párat?

A tekintetük összeakadt.

Andrew Mirandát tanulmányozta. A fejét ide-oda rázta. Úgy érezte magát, mint egy gyerek, akit épp most szidtak meg, mert engedély nélkül vett el egy sütit a befőttesüvegből.

Percek teltek el, és Andrew úgy gondolta, hogy Miranda eleget vergődött. „Ez az, Miranda, te jó gyerek vagy".

Hogy érted azt, hogy KID! Fiatalabb vagy nálam!

„És én kedvellek, de most már elég volt. Ha megint elszúrod, hibázol, rossz magatartást tanúsítasz, vagy megint késel egy percet, akkor ahogy a világ legnagyobb színésze, Arnie Schwarzenegger úr mondta egyszer, 'hasta la vista, bébi'. Megértetted, Evans?"

Miranda bólintott.

„Ne hidd, hogy nem rúglak ki! Rossz fényt vetsz a munkatársaidra. Engem is rossz színben tüntetsz fel.

Mindezt azért, mert nem érdekel! Ennél is rosszabb - nem vállalod a felelősséget a tetteidért. Kifogásokat keresel. Szóval, tanulj ebből, Miranda. Nőj fel. Jó dolgotok van itt. Nem vagyok benne biztos, hogy ezt el kellene mondanom n eked." Tétovázott.

„Mondd el."

„Biztos lyukas volt a fejem, mert személyesen ajánlottalak téged az igazgatóhelyettesi állásra. Látom benned a lehetőséget, kölyök. Ha egy kis elkötelezettséget mutatnál, kezdhetnél valamit az életeddel. Én kitettem érted a nyakamat, te meg hétből egy napot sem tudsz bejönni dolgozni."

„Ki én?"

„Igen, te. Most pedig menj dolgozni."

„El kell tennem a kabátomat hátra. Sajnálok mindent."

Ahogy elhaladt a munkatársai mellett, emelt fővel ment el. Nem tudta elhinni. Andrew őt ajánlotta a vezetőasszisztensi állásra - a többi munkatárssal szemben -, azokkal szemben, akik mindig időben beértek a munkahelyükre. Túl hihetetlen volt ahhoz, hogy f elfogja.

Miranda azon tűnődött, hogy talán rosszul ítélte meg Andrew-t. Mindig is egy kis Hitlernek látta őt. Lepúderezte az orrát, és felkent egy kis ajakápolót, mielőtt a hátsó szobából belépett, készen arra, hogy elkezdje a napot. Körülnézett. Andrew eltűnt, ahogy Sarah és Lisa is.

Milyen felelőtlen! gondolta Miranda, hogy *mindenkit hazaküldött, miközben én még a hátsó szobában voltam. Ha az enyém lenne ez a hely, annyira dühös lennék, hogy a pénztárgépet őrizetlenül hagyták. Úgy értem, honnan tudhatták, hogy meddig maradok ott hátul?*

Megszólalt a csengő, és belépett egy vásárló. „Jó reggelt - mondta Miranda, miközben elfoglalta a helyét a pult mögött. A vásárló pontosan tudta, mit keres, és hogy hol találja. Beolvasta a *Gladiátort* és a *Casablancát*, és átadta a videókat. „Szép napot kívánok - mondta mosolyogva. *Beszéljünk a világkülönbségekről a filmválasztásban*, gondolta Miranda.

A következő harminc percben fel-alá csengettek, és Mirandának sikerült lefoglalnia magát. Aztán már nem volt mit tennie. *Igazgatóhelyettes-alapanyag vagyok*, gondolta, *el kell foglalnom magam!*

Csak egy újabb nap Miranda Evans unalmas életében. Mikor változik már meg valaha az életem, és lesz izgalmas?

Miranda hangosan felsóhajtott, és körülnézett, hátha talál valami más elfoglaltságot. Hallotta a csengő csengését, ahogy új vásárlók érkeztek az üzletbe. *Hurrá*, gondolta, *van mit csinálni!*

„Helló Aldo és Allan. Örülök, hogy látlak titeket!"

„Hol van ma az öreg Andrew, a seggfej?" Aldo megkérdezte.

„Fogalmam sincs. Megint rám bízta a feladatot. Mit tehetek értetek?"

„Csak azért jöttünk, hogy megnézzük, mit csinálsz péntek este. Akarsz megnézni egy filmet vagy valamit?" Allan megkérdezte.

„Úgy érted, egy randira?"

„Nem, a pokolba is, dehogy" - mondta Allan. „Egy csomóan összejövünk, és arra gondoltunk, hogy ti lányok talán csatlakoznátok hozzánk. Semmi kötöttség, csak egy nevetéssel teli péntek este."

„Nem is tudom" - mondta Miranda. „Lehet, hogy péntek este dolgoznom kell. Andrew, a seggfej eléggé lefoglal mostanában."

Andrew felállt egy polc mögül. Miranda arcszíne skarlátvörösre változott. Péntek este nem dolgozott, és ezt ő is tudta. Arra használta őt, hogy lerázza ezeket a fickókat.

„Uh, igen, srácok. Miranda péntek este dolgozik. Ki fogtok venni néhány videót? Ha nem, akkor tényleg hagynotok kéne, hogy visszamenjen dolgozni."

„Ezzel a másnapossággal nem tudok ma filmre koncentrálni" - mondta Aldo. „Menjünk. Viszlát, Miranda. Szia, Andrew."

Allan integetett.

Andrew Mirandát bámulta. Arra gondolt, milyen csinos a lány. *Hálás és erőtlen - micsoda kombináció*, gondolta Andrew.

„Köszönöm Andrew, nem éppen az én esetem."

„Bármikor" - mondta Andrew.

Miranda elképedt. Azon tűnődött, vajon mióta guggolhatott ott a férfi. Kémkedett utána.

Micsoda seggfej! Most már tartozom neki, és ezt ő is tudja. Muszáj rendbe szednem az életemet.

FEJEZET 2

E LÉRKEZETT A PÉNTEK ESTE, és Miranda a két legjobb barátnőjével, Cheryllel és Terrivel indult a városba. Néha a barátnőjük, Linda is csatlakozott volna hozzájuk, de az utolsó pillanatban lemondta, mert jobb dolga akadt. Linda ismét randevút csípett el egy álompasival, akivel nemrégiben találkozott, amikor a Joie de Vivre kávézójában dolgozott. A világon senki más nem nevezhette volna el az üzletét Joie de Vivre-nek, csak Linda, és büszkén viselte ezt a nevet.

Úgy tűnik, legújabb kedvese a helyi újságnál dolgozott. Egy ideje már ott kávézott, és figyelte Lindát. Próbálta összeszedni a bátorságát, hogy randira hívja.

Miranda, Cheryl és Terri azon tűnődtek, hogyan csinálja Linda! Mindig voltak randevúi. Minden hétvége tele volt. A kávézója biztosan jó helyen volt, a város központjában, és ebédidőben nagy tömegeket vonzott. Nem akartak rosszindulatúak lenni, de a lányok tudták, hogy ők jobban néznek ki, mint Linda. Igaz, hogy szőke volt és dús, és buborékos, és - nos, mindannyian tudták, miért. Linda e gy „*igen*" *nő* volt, és a férfiak úgy vonzódtak hozzá, mintha mágnesek lennének a melltartójában.

„Szóval, hová megyünk?" Miranda megkérdezte.

Cheryl és Terri a szokásos vállvonogatással válaszolt.

„Akkor legalább mindannyian ugyanazon az úton járunk... Egyikünknek sincs fogalma arról, hogy mit csináljunk péntek este."

„Tudom, menjünk, együnk valamit" - mondta Terri.

Milyen újszerű ötlet, gondolta Miranda, *hiszen mostanában csak eszünk.*

„Menjünk, és együnk egy cézársalátát a Spice It Up-ban, abban az étteremben, ahol a sok dögös pincér van."

„Spice It Up, igen, pár hete nem voltunk ott, hogy a személyzetet bámuljuk" - mondta Cheryl. „A fenébe is, bárcsak rajtam lenne az új piros selyem felsőm. Tudod, mármint azt, amire Mirandára gondolok? Úgy nézek ki benne, mintha dekoltázsom lenne."

„Ó, igen, kár, hogy nem vetted fel, de én nem vagyok kiöltözve. Nézz rám a kopottas, régi farmeremben és pólómban. Teljesen szarul nézek ki, de ha ti ketten is, én is szívesen beütöm a Spice It Up-ot. Mindannyian alulöltözöttek vagyunk. Különben is, éhen halok!"

„Én is - mondta Terri.

„Én három - mondta Cheryl.

A három barátnő beszélgetett, miközben befelé haladtak a forgóajtón. Hamar észrevették, hogy a hely tele van, és sorban állás volt, tisztán az előcsarnok körül.

Észrevettek egy nőt a foglalási pult mögött, aki egy írótáblával a kezében, és úgy tűnt, hogy éppen az idegösszeomlás felé tartott. Egérbarna haja volt, ami úgy nézett ki, mintha korábban kontyba volt kötve. Most viszont tincsekben lógott ki, és a hajcsat minden fejmozdulatnál lecsúszott, lefelé. Most az életéért kapaszkodott. A rúzsa maszatos és foltos volt. A kétrészes öltönye és a blúza úgy nézett ki, mintha aludt volna benne, és a homlokán csorgott az izzadság. A kabátja ujjával törölgette le.

„Na, na, mindenki" - mondta kocsonyás hangon. „Megtesszük a tőlünk telhető legjobbat, a legjobbat". A nő hangja rokonszenves, megnyugtató volt, de a testbeszéde inkább valami olyasmit mutatott, hogy menjetek, ugorjatok a tóba!

A nő utat tört magának a tömegben, firkálgatva, motyogva, magában beszélgetve. „Hányan vannak?" - kérdezte, amikor rövid időre megállt a három barát közelében. Mielőtt megvárta volna a válaszukat, továbbindult.

„Elnézést - mondta Cheryl, miközben finoman megérintette a zilált nő könyökét. „Három. Nem vártad meg, amíg válaszolunk." Cheryl elolvasta a nő névtábláját: Ms. Marty Mantle, a S.I.U. igazgatóhelyettese.

„Annyira sajnálom" - mondta a nő. Könnyekben tört ki, és amint megnyíltak a zsilipjei, nem tudta abbahagyni a zokogást.

A tömeg Martyra meredt. Suttogtak. Néhányan nevettek.

„Marty, szükséged van egy kis szünetre. Gyere velem. Minden rendben lesz. A barátaim majd gondoskodnak a dolgokról. Bízz bennem - mondta Cheryl, miközben kivette Marty bal kezéből az írótáblát, és átadta Mirandának, aki tiltakozásul eltolta magától. Cheryl tovább kísérte Martyt a szobából.

„Már megint itt van" - mondta Miranda -»Avon Park szociális munkása a világnak«.

„Imádni kell őt" - mondta Terri. „Most pedig lássuk, hátha sikerül ezt elrendezni."

Eltartott néhány pillanatig, amíg Cheryl megnyugtatta Martyt.

„Fogalmuk sincs, milyen ez. Péntek este. Konvenció van. Senki sem tudta. Nők az üzleti életben mindenféleképpen. Az egész hely tele volt. Nem volt elég személyzet. Teljesen leállt a forgalom. A konyhában rendetlenség. Legalább másfél órás várakozás. Nem lehet elég gyorsan be- és kivinni az embereket. El fogom veszíteni a munkámat. Nem veszíthetem el a munkámat, kell a pénz."

„Vegyél egy mély lélegzetet" - mondta Cheryl. „Hozok egy pohár vizet. Minden rendben lesz. A barátaim csodákra képesek. Majd meglátod."

„Nagyon szépen köszönöm."

„Elnézést, hölgyeim és uraim - mondta Miranda. „Kérhetném a figyelmüket? Előre nem látható körülmények miatt a Spice It Up túl van foglalva. Elég hosszú a várakozási idő."

„Azt mondta nekünk, hogy több mint másfél óra" - mondta egy nő a tömegből.

„Ő tudná" - mondta Terri. „Ha nem tudnak várni, akkor talán fontolóra vehetik, hogy ma este máshol vacsorázzanak."

„Mielőtt az összes többi étterem bezár" - mondta Miranda.

Őrült rohanás indult az ajtó felé, és a tömeg nagyon hamar kezelhető falkává változott.

Amikor Cheryl visszahozta Martyt - nem hitt a szemének. „Csak három olyan angyalra volt szükségem, mint te, hogy eljöjjön, hogy levegőhöz jussak. Az elmúlt öt órában egyenletes volt, és az a néhány perc tényleg segített. Gyertek be valamikor rám egy italra, vagy ti, lányok, várni fogtok?"

„Nem - mondta Cheryl. „Azt hiszem, inkább eltűnünk az utadból. Megkívántam a kínai kaját."

„Köszi lányok, és ne feledjétek, az italokat bármikor én állom" - mondta Marty.

Úgy integettek Martynak, mintha régi barátok lennének. Az Avon Park ilyen volt. A város, amelynek a Welcome tábláján örökké az állt, hogy „27 000 lakos", függetlenül attól, hogy hányan jöttek vagy mentek.

FEJEZET 3

A HÁROM BARÁT A legközelebbi kínai étterem felé vette az irányt, amely mindössze három háztömbnyire volt. Már majdnem éjfél volt, és éhesek voltak!

„Azt hiszem, zárva vannak - mondta Miranda.

„Igen, biztosan zárva vannak. A hely kihalt" - mondta Terri.

„Biztos vagyok benne, hogy jártunk már itt korábban is, hajnali kettőhöz közelebb. Főleg péntek esténként rendelnek elvitelre. Menjünk be, mielőtt elájulok."

„Nézd csak", mondta Terri, "ott van a kedvenc pincérnőnk."

May-ling azt mondta: „Helló", miközben gondosan az asztalra tette a három étlapot. Aztán eltűnt, de hamarosan visszatért egy kancsó jeges vízzel, amelyben citromszeletek úszkáltak. Mindegyik lánynak adott egy-egy poharat, majd a pohárral teletöltötte. Aztán ismét elment, és egy kanna forró kávéval a kezében tért vissza.

„Imádom ezt a lányt - mondta Terri -, olyan hatékony, olyan, mint az anyukám".

„Készen áll a rendelésre?" May-ling megkérdezte.

„Szükségünk van még néhány percre" - mondta Cheryl.

„Okie dokie. Csak integessenek, ha készen vannak, és visszajövök."

„Ó, várj egy percet - rendeljünk most tojástekercset" - mondta Cheryl - »Kettőt kérek«.

„Én egyet kérek" - mondta Miranda. „Muszáj helyet hagyni a finomságoknak."

„Egyet nekem is" - mondta Terri.

„Pár perc múlva jövök - mondta May-ling.

„Nem hiszem el, hogy még mindig pincérnő itt" - mondta Terri. „Emlékszel arra az időre, amikor végigkergetett az utcán, és azt kiabálta, hogy 'Kié volt a plusz tojástekercs?'. Majdnem meghaltam - de őszintén szólva észre sem vettem, hogy nem számolta fel nekem."

„Persze, persze" - felelte Miranda. „Ismerlek, Terri, az életre szóló vágyad, hogy megcsináld a nagy tojástekercs-rablást!"

„Igen, tudtuk, hogy van benned egy *Bonnie és Clyde-os* oldalad" - mondta Cheryl.

„Nem tudom, ti hogy vagytok vele, de ilyen nap után - nekem szükségem van egy pohár borra. Rendeljünk egy üveggel, amikor hozza a tojástekercset. Ó, már jön is. Köszönöm. Rendelhetnénk egy üveg Chardonnay-t?"

May-ling a pult mögé ment. Hallották a dugó pukkanását. Visszatért az asztalhoz, és kitöltött egy kis bort, hogy Miranda megkóstolhassa. A lány tetszését elnyerte, és a poharak mindenütt megteltek.

„Köszönöm. Mit szólnál egy tószthoz, ránk?"

„Tessék, tessék" - mondta a három barát, és koccintottak a poharakkal.

„Egyébként elfelejtettem mondani nektek, hogy tegnap majdnem kirúgtak."

„Már megint!" Terri felkiáltott.

„Ezúttal mit csináltál?" Cheryl megkérdezte.

„Hát, hadd fejezzem be, és elmondom. Tegnap Andrew majdnem kiakadt rám. Őszintén szólva, néha olyan görény. Nem indult jól a nap. Késésben voltam, aztán le kellett kaparnom az ablakokat. A padlóra tettem, de így is későn érkeztem, és Andrew már az ajtóban várt rám. Miranda Evans rövid életű karrierje a Vids-R-US-nál lepergett a szemem előtt".

„Ugyan már, ne hagyj minket bizonytalanságban" - mondta Terri.

„Készen állsz a rendelésre?" May-ling megkérdezte.

„Igen, Mandulás Guy Ding, Csirke Soo-Guy - a szósszal az oldalán, kérem. Különleges rántott rizs és mézes-fokhagymás oldalas. Ez elég lesz, nem igaz?" mondta Cheryl.

„Nos, azt hiszem, ez elég lesz, és még marad hely a desszertnek is" - mondta Terri.

„És szerencsesütikre" - mondta Miranda.

„Szóval, meséld el, mi történt Andrew-val?" Kérdezte Cheryl.

„Andrew leszólt nekem két másik munkatárs előtt. Egyenesen a parázson keresztül szidott, aztán megfordult, és azt mondta nekem - és nekik -, hogy engem ajánlott az igazgatóhelyettesi pozícióra. Hallani lehetett volna, ahogyan egy gombostű leesik!"

„Te jó ég! Micsoda fordulat. De azért sikerült?" Kérdezte Terri.

„Azt mondta, hogy van bennem 'potenciál' idézőjelben. Aztán Aldo és Allan bejöttek a boltba, és ekkor majdnem megint szétesett a dolog".

„Allan és Aldo, nem az a két lúzer" - mondta Terri.

„Igen, megjelentek, hogy meghívjanak minket egy buliba. Hazudtam nekik, és azt mondtam, hogy dolgoznom kell. Andrew-nak hívták a becenevén, és tudtom nélkül végig polcokat pakolt az egyik vitrin mögött. Majdnem elájultam."

„Ekkor borult ki?" Cheryl megkérdezte.

„Nem, nem borult ki. Azt mondta Allan-nak és Aldónak, hogy péntek este dolgozom. Teljes hazugság volt. Fedezett engem. Megköszöntem neki, de most már tartozom neki. Ő i s tudja. Tudom."

„Csak remélem, hogy nem használja fel a pozícióját arra, hogy szexuálisan zaklasson téged" - mondta Terri.

„Nem hinném, hogy ő olyan ember lenne. Olcsó, szűk látókörű, de nem nőcsábász. Az idő nagy részében jó főnök. Meghallgatja a javaslatainkat, még ha nem is valósítja meg őket. Például mi javasoltuk, hogy mindig ketten legyünk az üzletben a nyitásoknál és a zárásoknál."

„Két embernek kellene lennie. Mi van, ha pisilni kell? Be kell zárni az összes ajtót?" Kérdezte Terri.

„Mi tartjuk. Így, amikor valaki bejön, hogy leváltson minket, többféleképpen teszi!"

„Ez nem tesz jót a hólyagodnak" - mondta Cheryl.

„Gondolod, hogy elfelejti, vagy megpróbálja behajtani a szívességet?" Miranda megkérdezte.

„Nem házas?" Kérdezte Terri.

„Azt hiszem, valahol olvastam, hogy a gyerekkori szerelmét vette feleségül" - mondta Cheryl.

„Nem tudtam, hogy Andrew nős volt" - mondta Miranda.

„Nem is néz ki olyan rosszul - mondta Cheryl. „Ráadásul a Vids-R-Usnál van állása élete végéig, ha akarja. Azt hiszik, hogy a fenekéből süt a nap. Emlékszem arra a cikkre a helyi újságban, ami róla szólt. Megvan benne a lehetőség, hogy a Vids-R-US-szal bárhová eljuthat a világon. Ó, itt jön a kajánk. Mennyei illata van."

A három barát pálcikákkal erősítette meg magát, és felkészült az egész kaja megsemmisítésére.

„Szóval, még nem mondtam el nektek, miért aludtam ki magam és miért késtem tegnap reggel a munkából, ugye? Nos, előző este találkoztam a szüleimmel, és elmondtam nekik, hogy egy hónapra Ausztráliába megyek. Teljesen kiakadtak. Mintha azt hitték volna, hogy az engedélyüket kérem, vagy ilyesmi. Törvényes vagyok! Oda megyek, ahová akarok, amikor csak akarok!"

„Ausztráliába azonban - mondta Terri. „Miért olyan messze?"

„Valahol el kell kezdeni, és engem mindig is lenyűgözött Ausztrália. Elegem van abból, hogy olvasok a helyekről, el akarok menni és a saját szememmel látni őket. Nem akarok azzal a várakozással békülni a Vids-R-Usban, hogy örökké ott leszek. Valami többet akarok az életemtől."

„Mindig is el akartam menni Ausztráliába is" - árulta el Cheryl. „Apám járt ott, amikor a hadseregben szolgált, és gyakran mesélt nekem róla. Mikor tervezed, hogy elmész? Szeretnél társaságot?"

„Decemberben/januárban, és nagyon szeretnék! Annyira jól éreznénk magunkat!"

„Nekem tökéletes lenne. Decemberben és január első hetében bezárjuk a gyárat, szóval számíthatsz rám" - mondta Cheryl.

„Én is szívesen igent mondanék - mondta Terri -, de nem tudom, hogy Travetti úr kibírja-e nélkülem egy egész hónapig. Mindenben teljesen rám támaszkodik."

„Gondolj csak bele. Majd szólj nekem. Nem lenne ugyanaz a Három szűz muskétás nélkül, mint egy teljes garnitúra."

A Három szűz muskétás tényleg én találtam ki. Ez egy titkos név volt, amit nem osztottunk meg senki mással. Manapság nem igazán akarod azt mondani vadidegeneknek, hogy szűz vagy. Azt gondolnák, hogy furcsa vagy, vagy valami ilyesmi, amikor még nem találkoztál a megfelelő sráccal. Huszonöt éves vagyok, és büszke vagyok arra, hogy a Három Szűz Muskétás tagja lehetek. A mottónk: Várj 4 az 1-re.

Néha azért aggódom értünk. Huszonöt évesen szűznek lenni ritka, de nem elképzelhetetlen. Szerintem még rengeteg hozzánk hasonló lány van, akik túlságosan félnek bevallani, hogy még nem csinálták. A szüleim idejében egy lány kitaszított volt, ha házasság előtt csinálta. Ma, ha nem csinálod, akkor egy szörnyszülött vagy.

„Miranda, Miranda - yoo-hoo!" Terri mondta.

„Ó, bocsánat, egy másik bolygón vagyok."

„Mondtam, hétfőn megkérdezem a főnökömet, és visszahívlak. Tényleg rengeteg szabadságom van felhalmozódva. Nem voltam szabadságon, mióta két éve ott d olgozom."

„Akkor tessék, megérdemled!" Mondta Miranda.

Miranda kiment a női mosdóba, míg Cheryl és Terri azon veszekedtek, ki kapja az utolsó adag csirke Soo Guy-t.

„Jobb, ha várunk, biztos, ami biztos, Miranda is akarja, nem gondolod?" Cheryl megkérdezte.

Miranda leült. Az ujjaival az asztalon kopogtatott, és addig dobolt, amíg észre nem vette, hogy a két barátnője őt b ámulja.

„Mi az?"

„Nem baj, ha Cheryl lenyeli az utolsó Soo-Guy-t?"

„Ó, az isten szerelmére, csak rajta! A combjaimnak úgysem kell, és tele vagyok. Elnézést, May-ling, hoznál még egy üveg Chardonnay-t?"

„Hamarosan zárunk, nagyon hamar. Gyorsan kell inni."

„Ó, te jó ég!" Cheryl felkiáltott. „Már elmúlt két óra."

„Akkor ne törődj a borral. Csak a számlát kérem" - mondta Miranda. „Kikölcsönöztem a Mission Impossible II-t és a Muriel esküvőjét - mindkettőt Ausztráliában forgatták, hozzátenném. Rengeteg borom van otthon."

„Ez jól hangzik, menjünk" - mondta Terri.

Elindultak, három barátnő, reménytelenül és randevútlanul egy péntek este.

FEJEZET 4

A PADLÓ MEGREMEGETT ALATTUK. A zene dübörgött. *DOBB, DOBB, DOBB, DOBB.* Miranda feje szétrobbanni készült a másnaposságtól, amelynek fájdalmát csak fokozta a hangos zene, amely az egy emelettel alatta lévő lakásból jött.

„Mi a fene?" Kérdezte Cheryl.

„Ez az a rock and roll idióta, aki alattam lakik. Minden szombaton pontosan ugyanazt csinálja. Általában nem zavar, de ma megöl a fejem".

„Az enyém is" - mondta Terri. „Felteszek egy kanna kávét. Miért nem mész, és nézed meg, hátha egy kicsit lejjebb kapcsolja?"

„Megpróbálhatom. Bár elég vicces fickó. Legutóbb, amikor megkértem, pár percre lehalkította, aztán még hangosabbra hangosította, mint előtte. Ez hajnali háromkor volt."

„Igyunk meg egy csésze kávét, készüljünk fel, és menjünk ki. Megreggelizhetünk Linda kávézójában, és ő beavathat minket a tegnap esti nagy randevújáról."

„És ha már a tegnap esténél tartunk, sajnálom, hogy sírva fakadtam, tudod, kiről" - mondta Miranda.

„Semmi baj, de tényleg el kell engedned, el kell engedned őt. Úgysem volt elég jó neked" - mondta Cheryl.

„Kávét, kávét - mondta Terri -, erőset akarok. Feketén kell, és most azonnal."

„Úgy hangzik, mintha nekem is ilyen férfira lenne szükségem" - mondta Miranda, miközben kinyitotta a nappali redőnyét. Gyönyörű téli nap volt. Észrevette, hogy az egyetlen juharlevél még mindig egy ágon kapaszkodott az életéért. Ősz kezdete óta minden egyes nap ellenőrizte. Tudta, hogy a szél egyszer majd elviszi. Egyelőre az erkélye előtt táncolt. Mély levegőt vett, és a téli levegő köhögést okozott neki.

Tegnap este néhányszor *szóváltásba kevere*dtek a lányok. Heves vita tört ki, és az egész Mirandán múlott. A három barátnő nem vitatkozott túl gyakran, de ha mégis, az általában nagy balhéba torkollott.

„Találkozunk valaha is kedves srácokkal?" Kérdezte Miranda a szavait elkeveredve. „Én csak azt akarom, hogy találjak egy jó férfit, megházasodjak, vegyek egy házat, legyenek gyerekeim, egy kutyám, talán egy macskám."

„Szerintem valószínűleg mi vagyunk az egyetlen huszonöt éves szüzek Avon Parkban, nem is beszélve egész Ontarióról, és minket tisztelni kellene" - mondta Cheryl.

„Szűznek lenni már rég nem divat - mondta Terri -, én biztos nem reklámoznám mindenkinek. Ez egy személyes döntés."

A választás mindhárom lány számára személyes volt, különböző szinteken. Nem mintha nem lett volna randevújuk, vagy lehetőségük. Csak nem találták meg az igazit. Azt a srácot, akinek a csókjától bizseregni kezdett a lábujjuk. Azt a srácot, akinek a csókja tűzijátékot tudott volna csapni, mint a *Love American Style*-ban. Azt a pasit, akivel úgy érezhették, mintha ők lennének az egyetlen nők a világon. Aki nem futott el a másik irányba, amikor meghallotta az elkötelezettség szót.

Kicsit több mint egy évvel ezelőtt Miranda azt hitte, megtalálta ezt a pasit. Charlie Smith-nek hívták. Megnevettette Mirandát. Mindenről beszélgettek. Olyan jó volt a kapcsolatuk, hogy ő lett a negyedik barát. Miranda és Charlie három hónapig jártak. Beszélgettek a házasságról, a gyerekvállalásról. Miranda biztos volt benne, hogy szereti a férfit. Soha nem mondta neki, de úgy érezte, a férfi tudja. Aztán a férfi szó nélkül elment.

Miranda sosem tette túl magát rajta. Még mindig sóvárgott utána. Azon töprengett, hogy mit követett el rosszul. Emlékezett az utolsó éjszakára, amikor együtt voltak. Moziba mentek. Charlie hazakísérte. A szemébe nézett, és szenvedélyesen megcsókolta. Mirandának fogalma sem volt róla, hogy ez egy búcsúcsók volt.

„Annyi minden volt benne. Nem csoda, hogy nem akart engem" - mondta Miranda.

„Egy töketlen szemétláda" - mondta Terri. „Vége a történetnek. Nem éri meg. Engedd el."

„Fogadok, hogy most már házas, gyerekei vannak, és valaki mással éli az álmainkat. Valószínűleg egy szőkével. Mindig is kedvelte a szőkéket."

„Ha ennyire érdekel, miért nem hívod fel a bankot, és deríted ki, hol van? Tegyél pontot az ügy végére, most és mindörökre. Megteszem neked" - mondta Cheryl. „Ez nem egészséges, Miranda."

„Csak el kell mennem, hogy másra gondoljak. Valami izgalomra az életemben, és akkor képes leszek Charlie-t a múltba helyezni. Ez az ausztráliai utazás nagyon jót fog tenni nekem. Pontosan ezt rendelte az orvos."

„Biztos vagy benne, hogy Andrew megengedi neked a szabadságot?" Kérdezte Terri.

„Vannak mások is, akiket fedeznie kell, nem nagy ügy. Ráadásul egy kis kutatást végzek Ausztráliában, megnézem, hogyan működtetik az ausztrálok a Vids-R-Us-t, és beszámolok neki. Ne feledd, hogy én vagyok a menedzsment asszisztense potenciálisan. Minden rendben l esz."

Eljutottak a Joie de Vivre-ig. Linda sehol sem volt a láthatáron.

„Hé, Sal, hol van Linda?" Terri kérdezte.

„Uh, késő este volt."

„Ez Linda. Mondd meg neki, hogy hamarosan várjuk a teljes részleteket" - mondta Miranda.

Cheryl szalonnát és tojást rendelt, Terri pirított westernszendvicset, Miranda pedig bagelt rendelt krémsajttal az oldalán. Annyi kávét ittak, hogy mire a számlát ki kellett fizetniük, már teljesen be voltak állva.

„Nem bánod, ha beugrunk a plázában lévő utazási irodába? Szeretnék néhány prospektust és árajánlatot kérni a repülőjegyekről?" mondta Miranda.

„Jó ötlet" - válaszolta Cheryl. „Minél többet tudunk, annál jobb."

Amikor megérkeztek az utazási irodához, sorban álltak, és Joe Cool a pult mögött azt mondta, hogy „hamarosan velük lesz". Felkaptak néhány ausztrál utazási prospektust, és elkezdték lapozgatni.

„Segíthetek?" kérdezte végül Joe Cool.

„Igen, decemberben/januárban szeretnénk Ausztráliába menni. Meg tudná mondani, hogy mennyi pénzre számíthatunk?" Kérdezte Miranda.

„Az a főszezon, akkor a legdrágább az utazás. Három hely?" Joe Cool megkérdezte: „Van preferált légitársaságuk?"

„Air Canada, talán Qantas - az ártól függően" - mondta Miranda.

„Történetesen az Air Canada partneri viszonyban van az Air New Zealanddal, és karácsonyra van egy ajánlatuk. December 1-jén kellene indulni, és vagy december 31-én vagy január 1-jén kellene visszatérni. Az ár 2299 dollár. Azonnal kell foglalni, és előleget kell hagyni."

„Micsoda üzlet!" Miranda felkiáltott: „Mit akartok csinálni, lányok?"

„Ma nem tudok foglalót letenni" - mondta Terri. „Meg tudnád tartani a helyünket hétfőig? Meg kell erősítenem a főnökömmel. Akkor majd megszervezzük a fizetést."

„Két helyet biztosan megtarthatsz, és mi odaadjuk a foglalónkat" - mondta Miranda. „Már csak az egyik helyről kell megerősítés."

„Mindannyiuknak van útlevelük?" Joe Cool megkérdezte.

„Egyikünknek sincs!"

„Akkor itt vannak a nyomtatványok. Intézzétek el a fényképeket stb. minél hamarabb, mert december 1-jén fogtok elrepülni. Az önök neve felkerül az elsőbbségi listára, mivel már foglalt repülőjegyük van. Hitelkártyás befizetés?"

„Nem, Interaccal" - mondta Miranda.

„Nekem ugyanez a helyzetem" - mondta Cheryl.

„Köszönöm a segítséget" - mondta Miranda. „Mikorra kell a többi pénz?"

„Mához egy hétre - aztán segíthetek a napirenddel is. Ez egy nagy ország, és egy hónap alatt sok mindent kell látni."

„Akkor majd találkozunk."

„A fényképeket megcsináltathatjuk az utca túloldalán, amikor jövő héten visszajövünk" - mondta Miranda. „Minden szépen fog gördülni. Ausztráliába megyünk! Tényleg Ausztráliába megyünk!"

„Éhes vagyok" - mondta Terri.

Ez a három barátnő valóban elég sokat evett, hogy kárpótoljon a férfiatlan létükért.

„Együnk egy hotdogot a parkban. Tökéletes nap van hozzá!" Mondta Terri.

„Még mindig nem hiszem el, hogy elmegyünk" - mondta Miranda. „Már látom is magam előtt, mi a fehér homokon a tengerparton, és nézzük a gyönyörű ausztrál szörfösöket. Gondolva az összes itteni szörfösre, akik itt hátul - lefagyasztják a hátsójukat!"

Miranda kitette Cherylt a lakásán, Territ pedig a sajátjánál. Beugrott a 7-11-be, vett egy kis csokoládét, kenyeret és tejet, majd hazament.

Cheryl az anyjával és két fiatalabb testvérével élt. Terri az anyjával, az apjával és az idősebb testvérével élt.

Miranda azonban soha nem lakott a szüleivel. Kellemes hely voltak, de mióta kiköltözött, nagyon sokat nőtt, és szerette a szabadságot. Soha többé nem tudott volna visszatérni ahhoz, hogy az ő tetőjük alatt és az ő szabályaik szerint éljen. Persze, nem volt könnyű a furcsa munkaórákat, a Vids-R-Us-ban dolgozni, műszakban vállalni, de mivel hajlandó volt bármilyen órát elvállalni, hogy megéljen, az egyedüllét megkönnyítette a dolgát. Szerinte ez volt a fő oka annak, hogy Andrew, a seggfej megtartotta őt, mert több órát dolgozott, mint bárki más, és nem panaszkodott emiatt.

Jegyezzük meg, hogy sosem ért be időben a munkahelyére. Miranda tudatta Andrew-val, hogy mennyire szüksége van a plusz órákra, hogy meg tudjon élni. Tudta, hogy számíthat rá, ha szorult helyzetbe kerül. Miranda szerencsésnek tartotta magát. Sokat dolgozott. Otthont csinált a lakásból. Ez volt Miranda első otthona. Nagyon büszke volt rá.

Elhúzódott a kanapén, végigpörgette az összes tévécsatornát, és megállapította, hogy nincs semmi, amit érdemes lenne nézni. Úgy tűnt, minden csatorna sportot, sportot és még több sportot közvetít. Megnyomta a kikapcsoló gombot. Bekapcsolta a CD-lejátszót, és meghallotta Chris DeBurgh hangját. Visszadőlt a kanapén, é s elolvasta a *The Poisonwood* Bible néhány fejezetét. Ez a könyv, Oprah Könyvklubjának egyik választása volt az, amely először inspirálta Mirandát az utazásra. Rájött, hogy odakint egy teljesen más világ várja, hogy eljöjjön és felfedezze.

Ha egyszer eljutunk Ausztráliába, a határ a csillagos ég. Aztán Afrika, India, Kína…Nincs megállás!

Miranda végül elaludt, miközben arról álmodott, hogy tevén lovagol az Outbackben.

FEJEZET 5

TERRIÉKNÉL NEM VOLTAK ENNYIRE nyugodtak és pihentetőek a dolgok. Sőt, inkább olyan volt, mintha kitört volna a harmadik világháború.

„Megtiltom, hogy elmenj - kiabálta Angelo, Terri apja.

„Apa, nyugodj meg! Felnőtt vagyok, oda megyek, ahova akarok. Nincs szükségem az engedélyedre."

„Az én tetőm alatt élsz, te hálátlan lány. Követed a szabályaimat. Nem fizetsz lakbért, és nem veszel kaját. Fogalmad sincs a való világról."

„Nem megyek egyedül, apa. Mirandával és Cheryllel megyek."

„És mi lesz a munkáddal? Felmondtál Mr. Travettinek."

„Nem, engedélyt kell kérnem tőle, hogy elmehessek. Holnap megkérdezem tőle. Csak előbb veled és anyával akartam beszélni erről. Azt hittem, örülni fogtok nekem."

„Teresa, Teresa" - mondta Angelo.

Amikor dühös volt, Angelo mindig Teresának szólította a lányát. Amikor Terri ezt hallotta, tudta, hogy az apja kolosszális robbanásra készül.

„Teresa, három fiatal, feltűnően fiatal, egyedülálló, naiv lány nem utazhat körbe Ausztráliában. Mit tudtok ti hárman a világról? Dolgoztok, semmit sem tudtok a férfiakról."

„De papa, én huszonöt éves vagyok."

„Nem számít, hány éves vagy, Teréz, amíg az én tetőm alatt élsz, az én szabályaimat fogod követni. Most már felejtsd el. Így lesz a legjobb. Meg fogod nekem köszönni."

„Papa, minden nap fel foglak hívni."

„NEM!"

Terri könyörgött, és az anyja felé nézett, hogy némi támogatást kérjen. Terri anyukája hallgatott.

Maria tudta, hogy Angelo még nem jutott el a forráspontra. Csendben, lehajtott fejjel, az oldalvonalon várakozott, mintha teljes figyelmét az ölében lévő keresztszemes hímzésre fordítaná.

Terri figyelte az anyját, ahogy a kézimunka körül babrál, és dühösnek érezte magát rá. Szövetségesre vágyott, valakire, aki mellette áll. Az anyja bizonyára együtt tudott volna érezni vele. Valójában Terri tudta, hogy együtt érez, de jelenleg az anyja láthatatlan nőként ült a családi szoba túlsó felén.

Terri az apjára nézett - aki vörös volt az arca. Angelo fel-alá járkált a szobában, mint egy várandós apa. Időnként leült, az öklével az asztalra csapott, mint egy gyerek, aki nem tudja érvényesíteni a saját akaratát, aztán felpattant, és újra járkálni kezdett.

Az akarat harca volt ez. Terri számára annak bizonyítása, hogy felnőtt. Angelo számára, hogy beleegyezett, hogy elengedje a lányát.

„Papa, elkezdem fizetni a lakbért."

„Teresa! Ne! Nem a pénzről van szó. Nem akarom, hogy elmenj!"

Terri nagy testvére, Giovanni lépett be a szobába. „Hova menjek? Papa, hallottam, hogy végig kiabálsz az utcán."

„A nővéred el akar hagyni minket, hogy Ausztráliába menjen a barátaival."

„Szó sem lehet róla, ti lányok nem mehettek oda egyedül. Az veszélyes. Kemény vidék, és nektek hármótoknak fogalmatok sem lesz, hogyan kell túlélni a vadonban. Fogalmatok sincs."

„Nem leszünk a *Survivor* szereplői, tudod Giovanni! Azt tervezzük, hogy hostelekben, panziókban és reggelizőhelyeken szállunk meg, olyan helyeken, ahol tökéletes biztonságban leszünk."

Ahogy a hostelek szó kiesett a száján, Terri látta Giovanni reakcióját. Azt kívánta, bárcsak visszavehetné ezeket a szavakat. Forró könnyek csorogtak az arcán.

„Hostelek!" A férfi felnevetett. „Ti hárman nem boldogulnátok saját fürdőszoba nélkül. Fogalmatok sincs, fogalmatok sincs róla."

Maria nyugodtan felállt.

A fiúk felé fordultak, és figyelték, ahogy a lány finoman az asztalra fekteti a kézimunkáját. A szeme lefelé fordított maradt, miközben végigsétált a szobán.

„Menj a szobádba, gyermekem, és hagyd őket rám. Minden rendben lesz. Menj most."

Terri tudta, hogy vitatkozni felesleges lenne. Hitte, hogy az anyja mindent megtesz, hogy meggyőzze az apját. Visszatérve a szobájába, Terri bemászott a pizsamájába, és az álláig húzta a takarót. Semmi vigaszt nem nyújtottak neki. A plafont bámulta, és álomba merült.

Terri az ausztrál vadonban volt a két barátjával. Nagyon szomjasak voltak. A vörös por fújt rájuk, és gomolygó gyomnövények jöttek fel, hogy üdvözöljék őket. Stoppal m entek.

A távolban egy égszínkék, vörös földdel poros kisteherautó haladt a három barát felé. Amikor a kocsi elérte a lányokat, a Marlboro férfi kinyitotta nekik az ajtót, és behívta őket.

„Kell egy fuvar?" Kérdezte.

„Kösz, eltévedtünk" - mondta Terri, miközben bemászott mellé, őt követte Cheryl és Miranda. Szorosan összepréselődtek.

Izzadtan, testestül-lelkestül, a hőség fojtogató volt. Terri jobb oldala a Marlboro Man-nek volt támasztva. Látta az állán a borostát, és érezte a pézsmaillatot.

„Honnan jöttél?" - kérdezte a férfi.

„Kanadából jöttünk, és eltévedtünk." Terri nem tudta megállni, hogy ne nézze a férfi száját.

„O I C, nektek Sheiláknak nem kéne itt lennetek, visszaviszlek titeket *A Town Called Alice-be."*

Egy Alice nevű városba? Terri elgondolkodott. *Ismerem azt a helyet. Láttam róla egy tévéfilmet a PBS-en.*

A kocsi kopogni és ringatózni kezdett. A kopogás egyre hangosabb lett.

Valaki állt az ajtóban. Maria volt az.

„Apád büszke ember, de nagyon makacs ember. Jól van, jól van, elmehetsz. Elmehetsz, minden héten felhívhatod, és vehetsz apádnak ajándékot."

„Köszönöm, anya" - mondta Terri, és megölelte a nőt.

„Most menj aludni. Reggel ne beszélj erről. Adjatok neki időt."

Terri hátradőlt, és megpróbált visszatérni az álmához. A Marlboro-ember eltűnt.

Néha Terri úgy érezte, hogy olyan erős a vágya egy férfi iránt, hogy mindjárt szétrobban. A szülei egy reggel bejönnének, és megtalálnák őt - darabokban.

Vajon hiányoznék-e valakinek, ha mégis elmennék POP?

A szülei igen. A bátyja hiányozna. A főnöke hiányozna. Hogy boldogulna nélküle? Úgy költötte a pénzt, mintha kiment volna a divatból, és Terrinek meg kellett mondania neki, hogy hagyja abba.

Terri emlékezett arra az estére, amikor Travetti úr mesélt neki a családja történetéről:

„A szüleim Olaszországból jöttek, 1921-ben. Nem volt pénzük. A papa szabó volt, a mama szabó volt, csomagokat készítettek. Most, ötven évvel később még mindig csomagokat készítünk. Nélkülük semmi sem l ennék".

Terri rögtön tudta, hogy Travetti úrnak akar dolgozni, hogy részese lehessen családja víziójának, álmának.

Miután holnap beszélek Mr. Travettivel, és igent mond, megnézem, hogy tudunk-e néhány kiváló ajánlatot tenni a poggyászokra.

Terri nagyon izgatott volt!

Eleinte nem tudott aludni, de amikor mégis, akkor plüss koalákról álmodott.

FEJEZET 6

Anya, izgalmas híreim vannak - mondta Cheryl. „Mindjárt szétrobbanok!”

„Mi az?” Janet megkérdezte.

„Craig és Evelyn már itthon vannak? Szeretném mindannyiótoknak együtt elmondani.”

„Igen, Craig a nappaliban van és tévét néz, Evelyn pedig a szobájában. Craig! Evelyn! Gyere ki, a nővérednek bejelenteni valója van.”

„Megházasodtok?” Craig megkérdezte.

„Terhes vagy” - mondta Evelyn.

„Evelyn, te undok kislány - mondta Janet -, csak ne törődj vele, Cheryl. Most mi a nagy titok?”

„Bárcsak apa is itt lehetne” - mondta Cheryl.

„Itt van, drágám” - mondta Janet. „Folytasd csak, mindannyian hallgatjuk.”

„Ausztráliába megyek!”

„Micsoda?"

„Mikor?"

„Decemberben. Már le is tettünk egy kis pénzt a repülőjegyre. Én biztosan Mirandával megyek, és talán Terri is. Reméli, hogy szabadnapot kap a munkából."

„Ez nagyon izgalmas!" Janet felkiáltott. „Az első tengerentúli nyaralásod, és már értem, miért gondolsz most az apádra. Ő imádta Ausztráliát. Hihetetlenül különleges volt számára."

„Hoznál nekem egy bumerángot?" Craig, Cheryl tizenhét éves öccse kérdezte.

„Hogyne. Ausztráliában könnyű lesz találni néhány bumerángot."

„Hozd vissza az úszót, Ian Thorpe-ot. Igen, az jó lenne" - mondta Evelyn, a tizenhat éves, huszonöt felé járó Evelyn.

„Szép." Janet megkérdezte: „Hová tennéd?"

„Találnék egy helyet, anya, ne aggódj."

„Ha összefutok Ian Thorpe-pal, megkérdezem, hogy van-e egy idősebb testvére nekem - akkor mindketten készen állunk."

„Ó, te jó ég! Most jutott eszembe valami. Mindjárt jövök" - mondta Janet.

„Mi az?" Craig megkérdezte.

„Remélem, nem sír odabent, biztosan hiányozni fogsz nekünk, hugi" - mondta Evelyn.

„Csak egy hónapra megyek el. Visszajövök, mielőtt észrevennétek."

„De a karácsony azért hiányozni fog" - mondta Evelyn.

„Tudom, de ezen nem lehet segíteni. Remek üzletet kötöttünk ezekre a járatokra, és főszezon van, meg minden. Arról nem is beszélve, hogy tökéletes az időzítés, hiszen a gyár decemberben bezár. Az időzítés tökéletes. Ez a lehetőség túl jó ahhoz, hogy kihagyjuk."

Lépéseket hallottak a pince felől. Janet egyértelműen valami nehéz dolgot cipelt.

„Segítsek, anya?" Craig megkérdezte.

„Igen, az jó lenne, Craig" - mondta Janet, miközben az öreg ládáról átruházta a súly egy részét a fiára. „Hú, ez nehezebb, mint amire emlékszem".

„Az biztos, anya, hívhattál volna" - mondta Craig.

„Ó, hát, most már a csúcson vagyunk - tegyük le ide, oké. Egy, kettő, három. Remek, most lássuk, hogy emlékszem-e, hol van a kulcs. Ó, már emlékszem, a Toby-üvegben van a szekrényben. Igen, itt van. Gyertek ide. Mint mindannyian tudjátok, ez valaha az apátoké volt. Hadd nyissam ki, és igen, itt van neked valami, Cheryl, valami, amit szerintem apád is szeretne, hogy megkapj az utazásodra".

Az apja tengerész táskája volt. Cheryl az arcához szorította. Még mindig olyan illata volt, mint neki - Irish S prings.

„Köszönöm, anya. Én, nem is tudom, mit mondjak. Már eddig is boldog voltam, de most még boldogabbá tettél." Megcsókolta Janetet, és megölelte.

„Van néhány kép is, nézzük meg. Igen, itt van az apád a Sydney Harbour Bridge-en, és a Kék Hegyekben, és a Sydney-i Operaházban. Olyan jóképűen néz ki. Még csak huszonöt éves volt, amikor ezek készültek."

„Apa annyi idős volt, mint én, amikor Ausztráliába ment?"

„Igen, most már igen, erre nem is gondoltam korábban. Azt hiszem, talán neked is az a sorsod, hogy menj, és mivel te vagy a legidősebb, azt hiszem, itt az ideje, hogy ezt a táskát használd. Apukád lélekben mindig veled van, és most a táskája is veled lehet. Szerencsét fog hozni neked. Most azonnal - csak nézd meg az időt. Mindjárt éjfél."

Craig, Evelyn és Cheryl felvonultak az édesanyjuk mellett, és arcon csókolták.

Janet órákig a ládával maradt. Mindent kihúzott belőle. Megtalálta a szerelmes levelet, amelyet Martinnak írt. Valójában minden egyes levelet, amit valaha is írt neki, masnival összefogva. Szorosan a szívéhez szorította őket, és a könnyei hullani kezdtek.

Egyesek szerint az idő mindent gyógyít, de Janet szíve továbbra is fájt. Rendet rakott a konyhában, és kitette a reggeli tányérokat. Csak akkor feküdt le, amikor már teljesen kimerült volt. Nem tudott volna még egy éjszakát egyedül tölteni abban az ágyban, amelyet egykor Martinnal közösen használtak.

Cheryl a mellkasára terítette a táskát, és ott aludt vele.

Azt álmodta, hogy az apja vele van, és az ausztráliai kalandjairól mesél: „Ez egy nagyon kemény és veszélyes ország lehet, Cher. Mindenképpen nézd meg a Kék-hegységet, és amikor átmész a hídon a Három nővér sziklaalakzathoz, akkor gondolj rám. Ott leszek veled. Én leszek a szél, aki megérinti az arcodat."

Cheryl felébredt.

Az egész olyan valóságos volt, olyan nagyon is valóságos. Annyira hiányzik, apa, annyira hiányzol. Senki sem hív már Cher-nek. Nem igazságos, hogy te elmentél, mi meg itt vagyunk.

FEJEZET 7

VASÁRNAP REGGEL 10 ÓRAKOR Miranda nyitotta meg a Vids-R-Us-t. Andrew ma nem volt bent, de a lány tudta, hogy mindig ellenőrizte, hogy aki nyit, az időben érkezik-e. Reggel 9:50-kor már ott volt, és bőven volt dolga, hogy feltöltse a polcokat videókkal, amelyeket az éjszaka folyamán visszahoztak.

10:03-kor érkezett meg az első vásárlója. Két videót választott, és rájött, hogy elfelejtette a személyi igazolványát.

„Sajnálom" - mondta Miranda. „A cég szabályzata. Nincs kártya, nincs videó."

„Ribanc" - mondta, miközben benyomult a forgóajtón.

„További szép napot" - mondta Miranda.

Ma semmi sem fog felzaklatni. Mert Ausztráliába megyek egy igazi nyaralásra. Először ülök repülőn. Először repülök a tengerentúlon. Semmi sem fogja ezt elrontani nekem.

A telefon 10:05-kor csörgött, és a nő az első csörgésre felvette.

„Szia Andrew. Igen, már negyed órája itt vagyok. Bár későn jöttél, hogy megnézz engem. Ezt fel kell jegyeznem a nyilvántartásodba. Ha ha. Érezd jól magad a szabadnapodon, és ne aggódj. Minden rendben van. Ne feledd, hogy van bennem menedzserasszisztensi p otenciál."

„Csak így tovább, Evans."

„Ó, most mennem kell. Most érkezett egy új ügyfél."

Miranda letette a telefont, és egy szívélyes „Jó reggelt!"-tel köszöntötte az ügyfelet.

A férfi válasza egy morgás volt. A testszaga szállt, és még akkor is megmaradt, amikor már a szoba másik felén tartózkodott. Miranda Windexet fújt a pultra, hogy megpróbálja eloszlatni a szagot. Miközben letörölte a pultot, észrevette, hogy a férfi mintha elszabadult volna.

Figyelte, ahogy a férfi az Újdonságok részlegében turkál, és videókat dobál a padlóra. A harmincas évei végén járt, szőke volt, bőrdzsekit és ócska, régi bőrcsizmát viselt. Zaklatottnak tűnt, amikor nem talált egy adott címet.

„Segíthetek valamiben?" Miranda megkérdezte.

„Nem" - mondta, megrázta a karját, és még több testszagot fújt a lány irányába. Ekkor egy másik szagot is észlelt: whiskyt. Visszatartotta a lélegzetét.

Visszatérve a pult mögé, Miranda azzal foglalatoskodott, hogy visszatette a DVD-ket az aktákhoz. Háttal állt a pénztárgépnek, amikor lépéseket hallott. A pult mögé tartott vele.

„Add át a pénzt babapofa. Van egy pisztoly a kabátom alatt, és használni fogom."

Miranda először azt hitte, hogy biztos kandi kamerába került, vagy ilyesmi. *Mármint, babaarcú. Hol volt ez a fickó az elmúlt ötven évben, egy időzavarban, Al Capone-filmeket nézett, vagy ilyesmi?*

„Még nincs sok minden a kasszában. Tényleg, csak egy úszógumim van. Alig egy órája vagyunk nyitva. Miért nem mész el, és elfelejtjük az egészet? Nem mondom el senkinek."

„Add ide a pénzt!"

Miranda átnyújtotta neki az ötven dolláros úszópénzt.

„Ennyi? Hol a széf?"

Miranda a falon lévő táblára mutatott, amely jelezte, hogy a helyiségben nem tartanak széfet.

„Menjen az útból!" - mondta a férfi, félrelökte Mirandát, és a táskájáért nyúlt. A férfi átkutatta a tartalmát, és kevesebb mint 10 dollárt vett ki belőle. Csalódottan a pultot ütötte.

Közben Miranda felmérte a lehetőségeit #1. Segítségért kiáltani. Nem volt odakint egy talpalatnyi sem. Senki sem hallotta volna meg. #2. Tárcsázza a 911-et. A telefon a pult másik oldalán volt. Rá tudott volna rohanni, mint bika a porcelánboltban, leütni, és még mindig elég ideje lett volna beütni a 911-et, mielőtt a férfi felkel? Nem. #3. Imádkozz. Ez volt a legjobb választás a három közül, és Miranda elkezdte s zavalni a Miatyánkot.

A férfi belerúgott a pénztárgépbe, és a számítógépet a földre küldte.

Segíts, Istenem! Küldj bárkit. Andrew-t? Andrew-t.

Miranda imái nem találtak meghallgatásra.

A férfi megragadta a vállát, és egy pillanatra azt hitte, hogy fejbe akarja verni. Ehelyett a férfi csak megütötte, elég erősen ahhoz, hogy felboruljon.

„60 dollár!" - kiáltotta, ökölbe szorítva a kezét. „Csak 60 dollár!"

„Nézze, mindannyian követünk el hibákat. Fogja a 60 dollárt és menjen, ígérem, nem szólok senkinek. Elmehetsz innen."

Miranda látta, hogy szavai süket fülekre találtak. A férfi pánikba esett.

„Adja ide a hitelkártyáját!"

„Nekem..., nekem nincsenek" - mondta a lány. *Jegyzet magamnak - Szerezzek hitelkártyát vészhelyzetekre.* Megijedt a gondolatra, ahogy egy apró kuncogás hagyta el az ajkát. Megpróbálta visszaszorítani, de a férfi meghallotta, és kiakadt. Amilyen gyorsan csak tudott, talpra állt, és megpróbált az ajtó felé menekülni, de nem sikerült. A férfi másodperceken belül elkapta.

Bal karját a lány nyaka köré fonta, foglyát a markában tartva. A másik kezével addig turkált a lány zsebeiben, amíg meg nem találta, amit keresett. A kulcsokat.

A bejárati ajtóhoz vonszolta, bezárta, majd a földre lökte a pult mögé. Valamilyen fegyvert keresett, de nem talált semmit. Küszködött, miközben a férfi letépte szeretett fehér blúzának gombjait, és addig tapogatta a melltartóját, amíg a mellei előre nem pattantak. A lány nyálcsorgatva tapogatta őket. A b.o. és a whisky szagától felfordult a gyomra.

Felsikoltott, de ez volt az utolsó, ami ezen a reggelen elhangzott, amikor a férfi a szájába nyomta a kendőt, amivel a pultot törölgette. Olyan szaga és íze volt, mint a Windexnek és a pornak.

A férfi tépte, és a lány vergődött, miközben a férfi letépte róla a maradék ruháját. A melltartóját használta, hogy a kezét a feje mögé kösse, így nem tudott ellenállni. Tehetetlen volt, miközben a férfi a melleit nyalogatta. Sikoltott, de csak magának, mert egy elfojtott sikoly nem is sikoly, ahogy a férfi elélvezett benne.

Amikor vége lett, azt mondta. „Csak a pénzt akartam, de köszönöm". Ránézett a névtáblájára, és elolvasta a nevét.

Egy pillanatra Miranda azt hitte, hogy meg akarja csókolni. A gyomra összeszorult.

A férfi odahajolt hozzá, és szájon vágta.

„Ne hívd a rendőrséget, különben visszajövök érted megint. Kicsit ízletes vagy."

Felhúzta a nadrágját, és felvette a kabátját. Belenyúlt Miranda táskájába, és elvette a pénztárcáját. A zsebébe dugta.

„Ne feledd, megtalállak, és megöllek téged és mindenkit, akit szeretsz, ha szólsz a zsaruknak".

Vége volt. A férfi eltűnt.

Mirandának sikerült kis idő múlva kiszabadítania a kezét. Miközben a férfi megerőszakolta, ő eltűnt a biztonságos falak között. Ott nem tudott hozzáérni. Amikor kiszabadult, összeszedte a ruháit, mint szirmokat a padlóról, és felöltözött.

Tudta, hogy bajban van; nagy bajban, és nem tudta, hogyan kezelje. A férfinál volt az igazolványa, a címe.

Már nem volt szűz. Nem volt többé a három szűz muskétás egyike.

Nem volt biztos benne, hogy hangosan kimondta-e, de a szavak mintha visszhangoztak és visszhangoztak volna az egész szobában. Ő volt a vigaszdíja. Huszonöt évig várt rá, és a férfi akarata ellenére elvitte. A nő nevetett, majd kontrollálatlanul zokogni kezdett.

Felállt, és két embert látott, egy férfit és egy nőt, akik arcukat az üveghez szorították. Be akartak jutni.

Jobb később, mint soha.

Észrevette a nő riadt arckifejezését, ahogy tudatosult benne, hogy az egyik melle még mindig teljesen szabadon van. Tudta, hogy pokoli látványt nyújthat. Még mindig érezte, ahogy a vér végigcsorog az arcán. Zavarodott volt, és valószínűleg sokkot kapott.

Miranda felvette a telefont, és megkönnyebbülten lélegzett fel, amikor meghallotta a tárcsahangot. Megnyomta a gyorshívást, Andrew számát. A férfi vette fel. Nem azonosította magát.

„Kilépek! Épp most erőszakoltak meg, miközben a műszakomat fedeztem! Mindig is mondtuk, hogy két embernek kell nyitásra és zárásra lennie!"

Válaszra váratlanul letette a telefont.

Tárcsázta a 911-et, és elmondta egy kedves hölgynek, mi történt. A nő azt mondta, hogy átküldi a mentőket és a rendőrséget. A nő megkérdezte, hogy jól van-e.

„Nem, nem vagyok jól. Egyáltalán nem vagyok jól! Sőt, valószínűleg soha többé nem leszek jól!" Miranda beleordított a kagylóba.

A földre zuhant. Nem tudott másra gondolni, csak a vízre. Forró vízre. Forró víz. Ami átfolyik rajta. Mindenhol. Legszívesebben letépte volna az összes bőrt a testéről. Kíváncsi volt, vajon a fehérítő eltünteti-e a bűzt.

Aztán Ausztráliára gondolt. Pár hét múlva oda készült. Soha többé nem jönne vissza a Vids-R-Usba.

Amikor megérkeztek, az ajtó mellett ült magzati pózban, és egy Ausztráliáról szóló dalt dúdolt.

FEJEZET 8

NEM TELT EL SOK idő, és Miranda azt kívánta, bárcsak csendben maradt volna. Andrew egy öleléssel próbálta megvigasztalni. A lány visszahúzódott tőle.

A rendőrség egy nőt és egy férfit küldött: Jim Miller őrmestert és Gerri Mitchell rendőrtisztet. A jó zsaru, rossz zsaru játékot játszották. Miller őrmester jó volt, Mitchell rendőr pedig egy teljesen érzéketlen boszorkány. Olyannyira, hogy Miranda legszívesebben sírva fakadt volna.

Miranda többször is elmondta nekik, mi történt. Azt kívánta, bárcsak ne tennék fel neki folyton ugyanazokat a kérdéseket. Ami történt, megtörtént, és ez nem fog megváltozni, akárhányszor is kellett elismételnie.

„A mai nap előtt soha nem láttad a férfit?"

„Nem."

„Tag volt?"

„Nem tudom. Nem akart videókat. Készpénzt akart."

„Mit viselt? Kék farmert? Boxert vagy alsónadrágot viselt?" Mitchell rendőr kérdezte.

„Bőrdzsekit viselt. Bűzlött a testszagtól és az állott whiskytől. Kék farmert és csizmát viselt. Azt hiszem, cowboycsizmát. Nem vettem észre, hogy boxert vagy alsónadrágot viselt-e".

Miranda kizárta őket, miközben a fejében a U2 egyik dalát énekelte.

Amikor a kihallgatás véget ért, úgy harminc perccel később Miller őrmester így szólt: „Ön rendkívül segítőkész volt, Ms. Evans. Most pedig tegyük be a mentőautóba. Megtisztálkodhat. Akkor majd jobban érzi magát."

Miranda azt hitte, hogy soha többé nem érzi magát jobban. Örült a nyugalomnak és a mentőautó sziréna dübörgésének. Bármi jobb volt, mintha Gerri Mitchell rendőrtiszt vallatta volna.

A kórházban levetkőzött, és várta, hogy egy orvos megvizsgálja.

„Elnézést, Ms. Evans - mondta Gerri Mitchell rendőr. „Azért jöttem, hogy felvegyem a ruháit néhány vizsgálathoz."

„Elégetheti őket, miután végzett velük."

„Soha többé nem kell látnia őket."

„Köszönöm."

Fizikai vizsgálatot végeztek, és mintákat vettek a bizonyítékokhoz. Vérvizsgálatot végeztek, hogy ellenőrizhessék, az elkövetőnek nincs-e nemi betegsége vagy HIV-fertőzése. Az orvos azt mondta, hogy a következő két évben havonta egyszer be kell majd jönnie, hogy megvizsgálják, mielőtt százszázalékosan biztosak lennének benne, hogy tiszta az AIDS-vírustól.

Végül Mirandának megengedték, hogy lezuhanyozzon.

„Van valaki, akit szeretne felhívni, Ms. Evans, szülők, barátok? Felhívhatom őket ön helyett, ha szeretné?" Gerri Mitchell rendőr kérdezte.

Miranda azt mondta: „Nem".

„De, Ms. Evans, szüksége van valamire, amit felvehet. Hozhatok önnek néhány ruhát? Bármit?"

„A kulcsaim, elvitte a kulcsaimat."

„Van még valakinek?"

„A házinénimnek, Mrs. Pierce-nek van."

„Oké, Ms. Evans, elmegyek és hozok magának néhány ruhát, ha nem bánja."

„Igen, köszönöm."

„És szólok a házinéninek, hogy cserélje le a zárakat is, ha már ott vagyok."

„De nem mondasz neki semmit arról, ami velem történt?"

„Egy szót sem, Ms. Evans. Most pedig zuhanyozzon le. A ruháit az ajtó előtt hagyom."

„Mitchell biztos úr, köszönöm."

„Csak a munkámat végzem."

Teljes erővel bekapcsolta a forró vizet. Hagyta, hogy a víz leperegjen a bőréről, lefolyjon a lefolyóba, és kimenjen a tengerbe. Amikor már nem érezte magát szennyezettnek, észrevette, hogy Mitchell rendőr letette az éjszakai táskáját a székre, közvetlenül az ajtó előtt. Hálás volt, hogy nála vannak a holmijai, és néhány pillanatra magához ölelte őket, mielőtt elkezdett felöltözni.

Aztán átfutott az agyán egy gondolat, *az egyik percben még szűz, a másikban meg mint egy béka a vizsgálóasztalon, hogy mindenki tapogassa.* Megborzongott a gondolatra, visszaszorította a könnyeit, és úgy döntött, hogy egy kis tanácsadás talán nem ártana. *Ha még egyszer látom, már halott lesz. Megígérem neked!* Mondta Miranda a tükörképének.

Mitchell rendőr hazavitte Mirandát a fekete-fehérben.

„Van valaki, aki ma éjjel veled maradhat? Mrs. Pierce csak holnap tudja kicseréltetni a zárakat."

„Nem, duplán bezárom az ajtót. Nem lesz semmi baj. Köszönök, mindent. Sajnálom, hogy félreismertem magát, amikor kikérdezett. Azt hiszem, túl érzékeny v oltam."

„Sajnálom, hogy ilyen kemény voltam veled. Csak a munkámat végeztem. Vigyázz magadra."

Miranda keze megremegett, amikor kinyitotta az ajtót. Miután bejutott, töltött magának egy csésze gőzölgő, forró teát. Fontolóra vette, hogy beleönt egy feles whiskyt, de a szagától hányingere támadt.

A tévében ment *aKi lesz a milliomos*? Regis kétségbeesetten osztogatta a pénzt. Próbált koncentrálni, de a gondolatai folyton a nap eseményeire vándoroltak vissza.

Konferenciabeszélgetést kezdeményezett Terrivel és Cheryllel. „Én, én szeretném, ha ti ketten azonnal átjönnétek. Nem tudom megmagyarázni."

Tíz percen belül mellette voltak.

Miranda nem bírta elviselni, hogy újra végigmondja az összes részletet. Annyit mesélt a barátainak, amennyit csak tudott, aztán álomba sírta magát a kanapén. Terri és Cheryl bementek a konyhába. Nem ismerték a részleteket, de eleget tudtak. Obszcén volt.

„Szerinted fel kellene hívnunk a szüleit?" Kérdezte Cheryl.

„Nem, Miranda nem áll közel hozzájuk. Csak rajta múlik, hogy mikor és elmond-e nekik bármit is arról, ami ma történt."

„De nekik tényleg el kellene mondani. Ők a szülei" - magyarázta Cheryl.

„Ha én lennék, igent mondanék, de Miranda nem, ő nem akarná, hogy elmondjuk nekik."

„Oké" - mondta Cheryl, megkínálta Territ egy konyakkal, és töltött magának is egyet.

„Az olyan állatoknak, mint ő, állatkertben lenne a helyük. Nem alkalmas arra, hogy kint legyen a világban" - mondta T erri.

„A kasztrálás túl jót tenne neki."

A kanapén Miranda hallotta a barátai megjegyzéseit. Remélte, hogy az egész csak egy rossz álom volt, de a teste fájt, és tudta, hogy ez a valóság. Erősen próbált nem érezni s emmit.

Jól *zsibbadt* volt az a lelkiállapot, amit remélt.

FEJEZET 9

„SZIA ROSA, TRAVETTI ÚR nem ér rá? Tényleg beszélnem kell vele" - mondta Terri.

„Éppen Rómával beszél telefonon. De nem tarthat sokáig. Foglaljon helyet."

„Köszönöm Rosa."

„Mr. Travetti, Terri szeretné látni önt."

„Küldje be." Örült, ó, annyira örült, mert a fia, Amadeo hazajött az ünnepekre. Amadeo a cég olaszországi leányvállalatát vezette, és már majdnem két éve nem járt itthon. Hátradőlt a székében, és rágyújtott egy szivarra. Nagyot szívott belőle. „Terri, hogy van ma a legkeményebben dolgozó alkalmazottam?"

„Nagyon jól, köszönöm, és te?"

„Teljesen odavagyok! A fiam hazajön az ünnepekre. Alig várom, hogy elmondhassam a feleségemnek és a család többi tagjának. Már két éve nem volt itthon. Ő vezeti az üzletünket Rómában."

„Annyira örülök önnek és Travetti asszonynak. Kérhetnék egy szívességet?"

„Ha bárkinek teljesíthetnék egy kívánságot, az a kívánság az öné lenne, Terri."

„Köszönöm, uram. Szeretnék egy hónap szabadságot kivenni, decemberben, hogy Ausztráliába menjek a barátaimmal."

„Rendben."

„Szeretné, ha beszélnék a munkaközvetítővel? Hátha tudnak szerezni valakit, aki helyettesít?"

„Nem, Terri, erre nem lesz szükség. A fiam tud segíteni nekem, amíg te távol vagy. Ne aggódj, csak érezd jól magad."

„Nagyon szépen köszönöm, jobb, ha visszamegyek dolgozni." *Hahó! Elmegyek Ózsiába!*

FEJEZET 10

AZ IDŐ HALAD ELŐRE, és Miranda továbblép. Az élet néhány hónap múlva másképp alakul számára. Lenyűgöző átalakulás következik be.

Miranda 100%-ban elkötelezte magát az utazása kutatásának. Csatlakozott a könyvtárhoz. Elmerült mindenben, ami ausztrál. Tankönyvek, CD-k, filmek, dokumentumfilmek és újságok. Élt és lélegezte Ausztráliát. Valójában csak erről tudott beszélni.

Lelkesedése ragályos volt, és ez segített neki, amikor állásinterjúra ment. Az állás Travetti úr egyik leányvállalatánál volt. Terri ajánlotta Mirandát az állásra, ahol titkársági/recepciós tapasztalatra volt szükség.

Miranda aggódott, hogy nem rendelkezik a szükséges képesítéssel, de Travetti úr és új főnöke, Mandelbaum úr úgy vélte, hogy sokat tudna nyújtani a cégüknek.

„Már a lelkesedése is arra késztet, hogy felvegyük ezt a lányt" - mondta Mr. Mandelbaum.

„De csak januárban kezdhet" - említette Travetti úr.

„Tudunk várni; jó érzésem van ezzel a lánnyal kapcsolatban."

Nyaralás Ausztráliában. Egy új állás. Az élet jobb volt, mint amilyennek valaha is képzelte. Egészségmegőrzésbe kezdett, és kocogni kezdett. Jógázni kezdett. Megtanult ú szni.

Miranda Evansnek most először volt célja az életében.

FEJEZET 11

H A EZ A GONDOLAT megfordult a fejedben, és aggódsz Miranda miatt, kérlek, ne tedd. Nem rejtőzködött az igazság elől. Sőt, szembesült vele, amikor felfedte a rablás részleteit a szüleinek. Úgy döntött, hogy nem beszél nekik a nemi erőszakról. Csak fájdalmat okozna nekik.

Tekintve, hogy Miranda nem állt közel a szüleihez, az a szándéka, hogy megvédje őket a fájdalomtól, óriási fejlődésről tanúskodott. A múltban valószínűleg örült volna annak az érzelmi felfordulásnak, amit az életükben okozhatott volna. Úgy érezte volna, hogy eljött a bosszú i deje.

Miranda Evans 1977. augusztus 1-jén született az Avon Park Kórházban, reggel 5 óra 22 perckor. 7 font 2 uncia volt. Makacs baba volt, két héttel késett, és Elizabeth és Tom Evans nagyon megkönnyebbült és izgatott volt, amikor végre debütált.

Elizabeth és Tom mindketten a negyvenes éveik végén jártak, és Miranda nem tervezett baba volt. Hamarosan rájöttek, mennyi munkával jár egy baba felnevelésének mindennapi rutinja, és túlterheltek voltak.

Ahogy nőtt fel, a Miranda szülei és a többi szülő közötti korkülönbség egészen nyilvánvalóvá vált, amikor Miranda iskolába került.

'Olyan szép, hogy a nagyszüleid elhoznak az iskolába' - mondták a többi gyerek.

Nevettek, amikor megtudták az igazságot, Miranda pedig szégyellte magát.

„Minden nap hazasétálok a barátaimmal" - mondta Miranda a szüleinek. Gyakran egyedül sétált haza. Soha nem tudták meg.

„Ha nem beszélsz róla, akkor nem is történt meg" - mondta gyakran Elizabeth és Tom Evans.

„De apa, megtörtént" - válaszolta Miranda.

„Ne törődj vele. Csak ne törődj velük, holnap majd találnak valaki mást, akit piszkálhatnak" - válaszolta Elizabeth.

De ők soha nem tették. A gyerekek azt tették, amit a gyerekek szoktak. Megláttak egy érzékeny virágot. Valakit, aki más volt. Valakit, aki a szívét az ingujján hordta. És a gyerekek könyörtelenül erőszakoskodtak.

„Nem akarok többé iskolába menni - soha többé!" Miranda egy reggel azt mondta az anyjának.

„Mi a baj?" Kérdezte Elizabeth, miközben a lánya haját fésülgette.

„A többi gyerek miatt. Rézfejűnek hívnak, lökdösnek és ütnek. Az egyik lány, azt mondta, ma megver, ha nem hozok neki egy dollárt."

„Csak ne törődj vele, és el fog menni. Engem is terrorizáltak, amikor annyi idős voltam, mint te. Erősebb emberré tett."

„De anya!" Miranda felkiáltott, amikor az anyja kilökte a bejárati ajtón, és búcsút intett neki.

Később a vacsoraasztalnál Miranda leült. Egy monoklija volt. Egyik szülője sem említette. Látta, hogy nézik őt. Nem törődtek vele. Folytatták az étkezést. Kenyeret, sót és borsot adtak egymásnak. Ettek, és senki sem beszélt.

Más estéken Miranda szülei leültek a vacsoraasztalhoz, és olyan jelentéktelen dolgokról beszélgettek, mint az időjárás vagy a tévé.

A monoklis incidens után Miranda rájött, hogy nincs értelme érzelmeket mutatni. Ehelyett falat épített.

Ahogy idősebb lett, elfogadta a szüleit olyannak, amilyenek voltak, mert nem tudta, mennyire más a kapcsolata a szüleivel, mint más tinédzsereknek.

Megismerkedett Terrivel és Cheryllel. Látta, hogy a családjaik, hogyan viszonyultak egymáshoz. Jól érezték magukat egymással. Tisztelték egymást, és ő többet akart. Azt akarta, hogy az ő családja is olyan legyen, mint a többi c salád.

Miranda szülei sosem rajongtak érte, és sok szempontból tudta, hogy a születése *hiba* volt. A szülei sosem mondták ki neki ezt a szót, de ő tudta, hogy ez igaz. A szülei nem akartak gyereket. Az anyja a menopauza első szakaszában volt, amikor teherbe esett. Biztosan megfordult a fejükben a z abortusz.

Mindezeket a tényeket Miranda tudta és elfogadta. Elfogadta a gyermekkorában keletkezett hiányosságokat is. Azokat az éveket, amikor nem emlékezett semmire. A barátai el tudták mondani, hogy mit csináltak ilyen és ilyen napon, ilyen és ilyen időben, mert a szüleik beszéltek róla. Miranda úgy érezte, mintha kitörölték volna az emlékeit.

És így Miranda barátai a családjává váltak, és az ő családjaik az ő családjává.

Egyszer Mirandának volt egy őrült terve. Úgy gondolta, ha összehozza a barátai családját a szüleivel, akkor talán rájönnek, mennyire más a családjuk, és megpróbálnak változtatni rajta. Elizabeth és Tom Evans vacsora után rögtön h azamentek.

Miranda a nemi erőszak óta többet gondolt az anyjára. Arra gondolt, milyen lehetett, amikor az anyja megtudta, hogy terhes. Miranda elgondolkodott ezen, mert lehet, hogy ő is terhes lett volna. Vajon elvetette volna a babát? Erre a kérdésre soha nem tudta volna meg a választ.

FEJEZET 12

M IRANDA FELKOCOGOTT A LÉPCSŐN a lakásához. A bejárati ajtóra ragasztott cetlit fedezett fel. A főbérlője, Mrs. Pierce küldte. Egy szelíd emlékeztető, hogy késik a lakbér.

Miranda előkotorta a csekkfüzetét az íróasztala fiókjából, és visszakocogott a lépcsőn. Kifizette a lakbért, és kihasználta az alkalmat, hogy Mrs. Pierce-nek előálljon egy ötlettel.

„Üdvözlöm, Mrs. Pierce - mondta Miranda. „Itt a lakbércsekk. Elnézést a késésért."

„Ó, megértem, kedvesem, sok dolga volt mostanában."

„Az biztos."

„De szenzációsan nézel ki, Miranda, megváltoztál, ugye?"

„A világ citromot adott nekem, ezért citromos habcsókos pitét sütöttem."

„Jó neked Miranda, jó neked. Szeretnél bejönni egy csésze teára?"

„Igen, köszönöm, ha nem okoz gondot. Valami meglehetősen fontosat kell kérdeznem."

„Jöjjön be kedvesem, foglaljon helyet, felteszem a teáskannát."

Miranda már járt korábban is Mrs. Pierce lakásában. Mindig volt valami dohos illata, mint a növényeknek és a hintőpornak együtt.

„Kérsz egy-két kekszet?"

„Megkísérthetsz eggyel, de ne mondd el senkinek, jó? Próbálok formába lendülni, hogy ne ijesszek meg mindenkit, amikor fürdőruhát veszek fel."

„Szép alakod van. Na, mit akartál kérdezni tőlem?"

„Van egy barátom, aki szeretné albérletbe adni a lakásomat, amíg távol vagyok. Nem lenne gond?"

„Hogy hívják?"

„Christina."

„Mióta ismered őt?"

„Még nem találkoztunk - igazából - ő egy barát barátjának a barátja barátjának a barátja. Van egy drága lakása Torontóban. Az Univerzum Legnagyobb Könyvesboltjában dolgozik. Vannak itt barátai, és szüksége van valahol lakhatásra karácsonyra."

„Nos, Miranda, ha gondoskodsz róla, hogy ismerje a szabályokat, és hogy hol talál meg, ha szüksége lenne rám, akkor nincs ellene kifogásom. Köszönöm, hogy megkérdeztél. Sokan nem tették volna."

„Köszönöm, Mrs. Pierce, majd beugrom, amikor megérkezik, és bemutatom Christinának. Élveztem a csésze teát és a beszélgetést, de jobb, ha megyek. Még pakolnom k ell."

„Holnap találkozunk. Akkor majd jó utat kívánok."

Útban a lakása felé Miranda egyfajta bűntudatot érzett. Nem mondott el mindent Mrs Pierce-nek. Eredetileg Christina egy szállodában akart megszállni. Miranda hallotta, ahogy a barátnője barátnője ezt magyarázza, és meggyőzte, hogy adja át Christina telefonszámát. Miranda felhívta, bemutatkozott neki, és elmagyarázta, hogy a tengerentúlra utazik, és a lakása az ünnepek alatt kiadható albérletbe. Ez minden szempontból tökéletes megoldásnak tűnt. Miranda még egy kis hasznot is húzott, amikor havi 50,00 dolláros plusz bérleti díjat ajánlott. Christina nem bánta - elvégre a torontói árak sokkal meredekebbek voltak.

„Nálam minden kényelmet megkapsz, amit az otthonod nyújt" - mondta Miranda. „És a növényeimet is öntözheted helyettem."

„Ó, jaj", mondta Christina, "nem értek a növényekhez. Valójában megölöm őket."

„Akkor talán hagyjuk, hogy Mrs. Pierce intézze a növényosztályt. Ő a főbérlőm. Már alig várja, hogy megismerje magát."

„Kíváncsi vagyok, hogy úgy nézel-e ki, ahogy gondolom" - mondta Christina. „Úgy hangzik, mintha vörös lenne a f ejed."

„Honnan tudtad? Van valami látnoki kapcsolatod vagy ilyesmi?"

„Nem. Ne feledd, hogy egy barátom barátjának barátja vagy - ők említették a hajadat."

„Alig várom, hogy találkozzunk. Viszontlátásra."

FEJEZET 13

TERRI - MONDTA TRAVETTI úr. „Ma mindenkit összehívtam, **99** hogy bejelentést tegyek. Mindenkinek tele van a pohara pezsgővel? Akkor emeljük fel velem együtt a poharunkat, és koccintsunk az új számviteli alelnökünkre, Miss Terri Russóra!"

„Te jó ég - mondta Terri -, nem is tudom, mit mondjak. Köszönöm, Travetti úr, nagyon köszönöm".

„Köszönöm, kedves lányom. Mindkét cégnél dupla munkaterhelésed van, és ideje, hogy ezt a fizetésed is tükrözze. A fizetésemelésed részleteit itt nem osztom meg veled, hacsak persze nem akarod, hogy megosszam?"

„Nem, azt hiszem, a részleteket megtarthatjuk magunknak. El sem hiszem, hogy ezt az egészet, ezt a partit, a pezsgőt, értem csináltad."

„Megpróbálunk nem szétesni, amikor távol vagy, kedvesem. Most pedig indulj, és bon voyage!"

„Bon voyage" - kiáltották Terri munkatársai. Aztán mindenki énekelni kezdte: „Mert ő egy jolly good fellow, mert ő egy jolly good fellow, mert ő egy jolly good fellow, mert ő egy jolly good fellow, akit senki sem tagadhat le".

Terri hátrált ki a szobából, és még mindig énekeltek, amikor beszállt a liftbe. Nem hitt a szerencséjének, a számviteli alelnöknek. Alig várta, hogy elmondhassa a hírt a családjának és a barátainak.

FEJEZET 14

M IRANDA, TERRI ÉS CHERYL rendkívül izgatottak voltak az
utazás miatt, és Terri szüleinek kombija hátsó ülésén
a repülőtérre tartottak.

„Mit csináltok, amikor először érkeztek?" Angelo
megkérdezte.

„Egyenesen a szállodába megyünk, bejelentkezünk, és
csöngetünk. Oké, apa?"

„Rendben, idegenekkel nem beszélünk."

„Ausztráliában mindenki idegen lesz" - mondta Maria. „Ne
aggódj már. A lányok jól fogják érezni magukat, és óvatosak
lesznek. Ugye, lányok?"

„Igen", mondták, és bólogattak, mint három kutyadísz.

„Anya, apa, köszönjük, hogy elhoztatok minket a
repülőtérre. Találkozunk az új évben."

„Igen, köszönjük, Mr. és Mrs. Russo" - mondta Miranda és
Cheryl.

Angelo szemében könnyek csillogtak. Ahogy Mariának is.

„Legyetek óvatosak, lányok - mondta Angelo.

„Majd mi apa, ne aggódjatok."

Átmentek az elektronikus boltíven, és Cheryl csipogott.

Egy nő egy elektronikus pálcával mutatott rá. Megállt, hogy megnézze, de aztán úgy döntött, hogy átengedi.

„A szüleid túl aranyosak Terri. Az ember azt hinné, hogy soha többé nem látnak téged, vagy ilyesmi" - mondta Miranda.

„Igen, ritka drágakövek - mondta Terri. „Van egy kis időnk, amit el kell ütnünk. Akarsz enni valamit? Úgy hallottam, a repülőgépeken borzalmas a kaja.

„Hé, nézd, Swiss Chalet, akár még egy kiváló utolsó vacsorát is ehetnénk kanadai földön" - mondta Miranda.

„Swiss Chalet, jövünk!" Terri felkiáltott.

„Én csak egy kis levest eszem. Nem hiszem el, hogy a repülőgépes kaja olyan rossz lehet, mint ahogy az emberek mondják" - mondta Cheryl.

„Hát, hamarosan kiderül, de én nem kockáztatok" - mondta Miranda. „Ezek után felhalmozom az egészségtelen ételeket. Ez a repülőút túl hosszú ahhoz, hogy kaja nélkül ragadjunk rajta!"

A kézipoggyász teli volt, és kifolyt belőle a regények és minden elképzelhető junk food. Felszálltak a gépre, elfoglalták a helyüket, és hamarosan a gép a levegőben volt.

„Tudod..." Terri felnevetett. „Meg kellett ígérnem, hogy minden vasárnap este felhívom apámat, bármi történjék is. Ő ismeri a napirendünket, és minden percben tudja, hol leszünk. Ha nem hívom fel a megbeszélt időpontban, biztos lehetsz benne, hogy az ausztrál rendőrséggel fog telefonálni. Őszintén szólva, ő egy igazi aggódó szemölcs!"

„Szerintem a szüleid aranyosak, Terri. Tényleg törődnek veled, és nem félnek kimutatni. Ezt csodálom" - mondta Miranda. Miranda nézte, ahogy a felhők elúsznak, miközben a szüleire gondolt. Tudták, hogy elmegy, és jó utat kívántak neki. Megkérdezték, küld-e nekik képeslapot.

Cheryl anyukája is el akarta kísérni a lányokat, de mindenki nem tudott elmenni. Janet nem aggódott, hogy a lányok bajba kerülnek. Biztonságban érezte magát, hiszen Miranda velük volt. Elvégre Miranda sokkal önállóbb volt, mint a két barátnője. Egyedül élt. Magának fizette az útját.

Bárki, aki valaha is repült már Ausztráliába, tudja, hogy ez nyilvánvaló, de a repülőút HOSSZÚ volt. A lányok mindennek nagyon örültek, és élvezték az olyan apró újdonságokat, mint a mogyoró és a narancslé, valamint azt, hogy a fedélzeten Duty Free-t vásárolhattak. De tizenkét óra, tizenöt óra, stb. stb. után az újdonságok elvesztik fényüket.

A film nem igazán érdekelte őket, hiszen már hetekkel ezelőtt látták. Miranda elővett egy pakli kártyát, és elkezdtek kőröset játszani.

„Ó, itt jön a kaja. Lássuk, mi az" - mondta Cheryl.

„Jó illata van" - mondta Terri.

„Nem nyúlok hozzá" - mondta Miranda. „A gumicsirke sosem tartozott a kedvenceim közé. A zsemle ehetőnek tűnik. Nézd, az első új-zélandi vaj és sajt."

A repülés során a lányok végtelen mennyiségű junk food készletükhöz nyúltak, megkóstolva a Cheeseballs-tól a Twizzlers-en át a Mars szeletig és a Maynard's Wine Gums-ig mindent. Mire az ereszkedés megkezdődött Sydneybe, a készletük teljesen kiürült.

Amikor közel 24 órás repülés után végre megérkeztek Sydneybe, a Sydney Harbour Bridge és a Sydney-i Operaház megpillantásáért küzdöttek. Sydney kikötőjének vize csillogott.

„Tudod - mondta Terri -, Nicole Kidman és Tom Cruise háza valahol errefelé van!".

„Tom azonban már nem lakik ott. Nem értem, hogy Nicole hogyan engedhette el" - mondta Miranda.

„Biztos vagyok benne, hogy többről van szó, mint amit mi tudunk. Senki sem lép ki egy házasságból, ha gyerekekről van szó, hacsak nincs más választása. Én tényleg így gondolom" - mondta Cheryl, miközben leszálltak a repülőgépről.

Amint kiléptek a szabadba, a páratartalom és a fülledt levegő úgy csapott le rájuk, mint egy téglafal. Büdös meleg volt!

„Fúj! Felfogtad, hogy már több mint 24 órája ugyanabban a ruhában vagyunk? Azt hiszem, jobb, ha mindenkitől szélárnyékban maradunk" - mondta Miranda.

„Csak a szerencsémre most fogok találkozni álmaim férfijával" - mondta Cheryl.

„Ó, de jó, hogy senki sem találkozik velünk a repülőtéren" - mondta Terri. „Milyen kínos lenne az."

„Az én szerencsém, hogy Tom Cruise ott fog állni kint" - mondta Miranda, miközben a táblákat böngészte, és próbálta kitalálni, hová kell menniük, hogy átvegyék a vámot, és felvegyék a csomagjaikat.

„Hé, nézd azokat a lányokat, ők is a mi járatunkon voltak, nem igaz?" Terri kérdezte. „De most más ruhát viselnek."

„Biztos a repülőn a mosdóban öltöztek át" - mondta Miranda.

„Ez az ötlet eszembe sem jutott!" Cheryl azt mondta. „A mosdók nem elég nagyok ahhoz, hogy egy macskát hintáztassunk benne!"

„Hát - suttogta Terri -, elég nagyok ahhoz, hogy néhány ember szexeljen bennük. Olvastam valahol."

„Na ne már!" Mondta Cheryl. „Undorító. Beszéljünk a kétségbeesésről!"

„Témát váltok, de azt hiszem, szükségünk lehet némi készpénzre" - mondta Terri.

„Van pár száz kanadai dollárom. Váltsuk át ausztrálra. Megteszi, amíg eljutunk egy bankba" - mondta Miranda.

„Jó ötlet, ez majd segít nekünk átvészelni - mondta Cheryl.

A repülőtér bejáratánál leintettek egy taxit, amely elvitte őket a The Sydney Hiltonba. Miranda kapta meg a zuhanyzót, őt követte Terri, majd Cheryl.

„Épp időben érkeztünk az ebédhez is, milyen tökéletes volt számunkra a legelső ausztrál étkezésünk. Kérdezzük meg a recepciós urat, hogy ajánljon nekünk egy helyet" - javasolta Terri.

„A szállodánk a legjobb étkezési lehetőségeket kínálja hagyományos ausztrál ételekkel és a nemzetközi konyha széles választékával" - tanácsolta a portás.

„Köszönöm - mondta Terri. „Együnk csak itt, aztán elmehetünk felfedezni Sydney-t anélkül, hogy a hasunk miatt aggódnánk".

Egy étteremben foglaltak helyet, ahonnan kilátás nyílt a sydneyi égboltra.

„Segíthetek, hölgyeim, egy kis borral, mielőtt nekilátnának az étkezésnek?"

„Igen" - mondta Miranda. „Szeretnénk megkóstolni egy üveg Cabernet Sauvignont, kérem, ajánljon nekünk egy ausztrál bort."

„Akcentust érzek; önök amerikaiak?"

„Nem, de közel állnak hozzá" - válaszolta Cheryl. „Mi kanadaiak vagyunk."

„Ó, elnézést. Remélem, nem sértettem meg önöket."

„Nem, semmi baj. Ők a szomszédaink - ez tény. Különben is, vannak barátaink és rokonaink az Egyesült Államokban" - mondta Terri.

„Szeretnénk megkóstolni néhány helyi ételt is, mit ajánlana?"

„Ha szeretik a csirkét, akkor próbálják ki a krokodilt vagy az emut. Ha a marhahúst szeretik, nyersen, akkor próbálják ki a kengurut. Ha a halat kedvelik, a tintahalat, a barramundit, ezek kiváló választások. A homár is jó, kiváló Homár Mornay-t készítünk, de borzasztóan drága."

„Mi az a Homár Mornay?" Kérdezte Cheryl.

„Homár, tejszínes mártásban. Nagyon finom."

„Megkóstolom", mondta Cheryl.

„Én a barramundit kérem" - mondta Terri.

„Nem szeretem az emu vagy a kenguru evésének gondolatát. A krokodilt kérem."

A pincér egy üveg Brown Brothers Cabernet Sauvignont ajánlott, amit Miranda meg is kóstolt.

„Gyönyörű" - mondta.

„A Brown Brothers borral nem tévedhet, amíg itt van" - mondta a pincér. „Az étele hamarosan itt lesz."

„El sem hiszem, hogy tényleg itt vagyunk" - mondta Miranda, és könnybe lábadt a szeme.

„Tudom, mit érzel, olyan régóta ez volt a célunk, és hogy tényleg itt vagyunk, ausztrál ételeket eszünk, ausztrál bort iszunk, nos, ez eléggé felemelő" - mondta Cheryl.

„A desszertet azonban hagyjuk későbbre" - mondta Terri. „Már alig várom, hogy kint legyek, és megnézzem Sydney nyüzsgését. A portásnál kell szereznünk egy térképet is, ha esetleg eltévednénk. Aztán el tudunk indulni a legközelebbi látnivalókhoz.

Megérkezett az étel, és a három barát beleásták magukat. Mindhárom étel zamatos és ízletes volt.

„Az internetes oldalon, amit találtam, a turistáknak szóló javaslatokkal azt írta, hogy nincs borravaló. A pincérek itt eleget kapnak fizetést, és azt sértésnek vennék. De nézzétek, a pénztárgép mellett van egy borravalótartó tál. Kell, vagy nem kell? Nem akarok senkit sem megbántani - mondta Miranda.

„Szerintem kellene. Elvégre a pincér kiváló volt" - javasolta Cheryl.

A portaszolgálatnál átvettek egy térképet, és hamarosan rájöttek, hogy a főbb turistalátványosságok, például a Sydney Harbour Bridge gyalogosan is elérhető távolságra vannak.

„Menjünk a Circular Quayhez (ejtsd: KWAY), micsoda furcsa név. Aztán az Operaházra, majd a Sydney Harbour Bridge-re" - javasolta Terri.

„Szerintem KEY-nek ejtik" - mondta Miranda. „Ja, itt van a kiejtés abban a könyvben, amit az ausztrál terminológiáról vettünk".

„Legalább van benne egy U. Soha nem tudtam rájönni, miért írják a Qantas-t U nélkül" - mondta Cheryl.

„Ez egy rejtély, doo-do-doo-do doo-do doo-do doo-do" - m ondta Terri.

„Nézd, ez a Circular Quay, és minden más itt van. Milyen király!" mondta Terri.

„Nézd, csillagok az út mentén a különböző íróknak, akik itt jártak. Mark Twain is ezen az ösvényen sétált, amin most én járok" - mondta Miranda.

„Hű, nézd a sok komphajót, el kell mennünk hajókázni" - mondta Cheryl.

„Először is, nézzük meg közelebbről a Sydney-i Operaházat, és nézzük meg, hogy be tudunk-e menni egy túrára" - mondta Terri. „Fantasztikusan néz ki, mint a felhőalakzatok."

Végigsétáltak a part mentén, majd fel a Királyi Botanikus Kertbe, aztán át a The Rocks nevű városrészen és a Sydney Harbour Bridge-hez. Lefoglalták a Sydney Harbour Bridge megmászását két nap múlva, majd taxival visszamentek a szállodába. Kimerültek voltak.

FEJEZET 15

Ó, Istenem!" kiáltott fel Miranda. „Az egész napot átaludtuk! Nézd csak, máris sötétedik. Ébresztő Terri, ébresztő Cheryl!"

„Mi a baj?" Kérdezte Terri.

„Mi a baj? Aludtunk, és most elvesztettünk egy egész napot Sydneyben".

„Kizárt dolog - mondta Cheryl -, ez lehetetlen".

„Nos, nézd meg a bizonyítékokat. Majdnem éjfél volt, amikor lefeküdtünk, és most az óra öt órát mutat, éppen időben vagyunk a vacsorához!"

„Azt hiszem, jobb, ha megszervezzük a napi ébresztést" - javasolta Terri.

„Ez az este még mindig a miénk. Akár ki is használhatnánk a legjobbat belőle. Felkelni és atomot mindenkinek!"

FEJEZET 16

" Meg tudná mondani, hol van a legközelebbi bank?"
Terri megkérdezte a portást. „Be kell váltanunk
néhány Traveller's Check-et."

„A legközelebbi bank csak néhány háztömbnyire van,
de attól tartok, zárva van."

„Oké, akkor bármelyik bankot választjuk - még ha taxit
is kell fognunk" - mondta Miranda.

„Attól tartok, az összes bank zárva van. Némelyik ötkor
zár, némelyik fél ötkor, de utána már egyik sem tart nyitva
- kivéve az Eftposzt."

„Eftpos, az olyan, mint a mi Interacunk" - mondta
Miranda. „Még jó, hogy vannak hitelkártyás lányaink."

„Segíthetek, hogy vészhelyzet esetén beváltsatok
néhány utazási csekket itt a szállodában. Az útlevelüket
már ellenőriztük, hogy van-e igazolványuk."

„Nos, azt hiszem, ez tényleg vészhelyzetnek minősül. Kiváló lenne, ha segítene nekünk" - mondta Cheryl.

„Jöjjenek velem."

A portás bement a bankszobába, majd egy hivatalos kinézetű férfival, a szállodaigazgatóval tért vissza. Örömmel segített nekik.

Végre volt pénz a zsebükben, és készen álltak arra, hogy elinduljanak, és megnézzék Sydney-t.

A nedvesség ismét úgy érte őket, mint egy pofon.

„Nem akartam ezt ott hátul kimondani, de ez tényleg vicces pénznek tűnik" - mondta Terri.

„Szerintem is szépen néz ki" - ismerte el Cheryl -»de furcsa érzés«.

„Ez műanyag" - mondta Miranda, miután átlapozta a brosúrát.

„Nem igazán az" - mondta Terri. „Minket veszel fel."

„Nem, dehogyis. Itt az áll, hogy 1996-ra minden ausztrál műanyag pénzt használt. Védőbevonattal van ellátva, így nem szívja magába a nedvességet, és egy bankjegy akár negyven hónapig is eláll, szemben a papírpénzzel, ami csak körülbelül hat hónapig" - olvasta Miranda. „Hűha, micsoda klassz ausztrál találmány".

„Nézd, nem lehet elszakítani" - mondta Terri.

„Szeretem a kanadai pénzünket, de ezzel biztos spórolhatnánk a fákon. Szerintem vissza kéne vinnünk néhány bankjegyet, és elküldeni Chretien miniszterelnöknek" - javasolta Miranda.

„Nem szabad elfelejtenünk, lányok; az ÁFA-jukat már hozzáadták az árhoz. Nem nekünk kell kitalálnunk, mint otthon" - mondta Terri. „Annyi mindent kell megtanulnunk. Hát nem izgalmas! És itt van még valami. Tudtad, hogy itt nincsenek fillérek?"

„Tényleg, hogy működik ez?" Kérdezte Cheryl.

„Mindent, amit veszel, vagy felfelé vagy lefelé kerekítünk" - mondta Terri.

„Szóval, ha a pénztárgép azt mutatja, hogy 1,99 dollár, akkor 2,00 dollárt kell fizetnem?" Kérdezte Cheryl.

„Igen, szerintem ez király, és fogadok, hogy a végén minden kiegyenlítődik" - mondta Miranda. „Éhen halok! Mondjuk, együnk valamit az első étteremben vagy kávézóban, amit meglátunk."

„Van egy, csak az utca végén. Menjünk át oda" - mondta Cheryl.

„Csak süteményt és kávét szolgálnak fel, de nem baj. Ez lehet az uzsonnánk, amíg nem találunk valami mást. Mindenkinek megfelel?" Terri megkérdezte.

„Bármelyikünk visszautasítaná a lehetőséget, hogy megismerkedjen az ausztrál desszertekkel? Szó sem lehet róla" - mondta Miranda. „Én egy kávét szeretnék."

„Milyen fajtát?" A pult mögött álló férfi megkérdezte.

„Normál" - mondta Miranda.

„Kávés Latte-t, Cappuccinót, Skinny Latte-t, Skinny Cappuccinót, Teljes tejes kávét szeretne?"

„Ez túl bonyolult" - mondta Miranda. „Egy cappuccinót kérek és egy szeletet a sárgabarackos tortából."

„Megkóstolom a Café Latte-t" - mondta Terri. „Egy szelet sajttortával."

„Tejszínt vagy fagylaltot kér hozzá?"

„Ööö, egyiket sem" - mondta Terri.

„Oké" - mondta a férfi.

„Én egy jeges kávét kérek, lamingtonnal" - mondta Terri.

Azonnali fizetést kértek tőlük, majd egy számot adtak egy pálcikán, hogy a pincérnő megtalálhassa őket.

„Hű, de nehéz ez a visszajáró" - mondta Cheryl. Őt már mindenki megtérítette az érmékkel.

„Hadd nézzem - mondta Terri. „Ó, nézd ezt a sok aranyos kis állatot."

„Igazad van, Terri, tényleg aranyosak" - mondta Cheryl - "de ugye nem akarod, hogy túl sok ilyen érme csörögjön a zsebedben? Nem kell túl sok belőlük ahhoz, hogy darabokra tépje a pénzes övedet."

Hamarosan este nyolc óra felé közeledett.

„Rendeljünk szobaszervizt" - mondta Terri. „Megöl a lábam, és már belefáradtam a gyaloglásba."

„Előbb vissza kell sétálnunk a szállodába" - mondta Miranda. „Ha útközben látunk valamit, ami tetszik, akkor odamehetünk, különben a szobaszerviz is a-oké nálam."

„Ó, te jó ég, mi ez az egész a sajtburgeremen?" Cheryl felkiáltott.

„Egy tojást tettek rá, meg répagyökeret, pfuj" - sajnálkozott Miranda. „Örülök, hogy nem rendeltem olyat. Gondolom, ezt értik a munkák alatt."

Cheryl kinyitotta a zsemlét, és elkezdte széthúzni a hamburgerét. „A sült krumpli viszont nagyon finom; valamiért olyan az íze, mint a csirkének."

„Biztos az a narancsos cucc, amit rájuk tesznek" - mondta Miranda, miközben felemelte a fedelet, felfedve a cézársalátát. „Jaj, mi *ez?*" Egész szardellák voltak szétszórva a saláta tetején. Egy szinte keményre főtt tojás ült, mint a kocsonya a saláta tetején. Még mindig meleg volt.

„Most már félek leemelni a fedelet az enyémről" - mondta Terri. „De rendeltem egy klubszendvicset. Egy klubszendviccsel bizonyára nem tudnak hibázni." Felemelte a fedelet. A paradicsomos és a salátás részt jól eltalálták. A pulyka helyett egy teljes csirkemell volt. A szalonna helyén egy szelet sonka volt.

„Ha mindannyian úgy csinálunk, mint a sebészek, és kivesszük a rossz részeket, akkor minden rendben lesz. Különben is, nem tart sokáig a reggeli" - javasolta Miranda.

Felhívták a portást, aki reggel 7 órára ébresztést rendelt el. 7:30-ra állították be az ébresztőt, biztos, ami biztos.

A három barátnő korgó gyomorral aludt el. Talán mindannyian ugyanarról álmodtak: reggeliről.

FEJEZET 17

M ÁSNAP REGGEL KIPIHENTEN, DE éhesen indultak útnak. A szálloda éttermében ettek, majd a Sydney Harbour Bridge felé vették az irányt. A hegymászásuk 9 órakor kezdődött, és 8:45-re ott kellett lenniük, hogy elkezdhessék a felkészülést.

„A mászás 3 órát vesz igénybe" - mondta nekik a férfi, aki a jegyeket adta nekik.

A három barát egymásra nézett. Nem számítottak arra, hogy ilyen hosszú lesz a mászás.

Átvonultak egy várakozóhelyre, hogy megvárják a mászás idejére vonatkozó felhívást. Egy őrült rohanás a mosdóba, és egy gyors energiaital kortyolgatása után éppen az utolsó pillanatban értek vissza a váróterembe.

Légzésvizsgálatot végeztek, majd aláírtak egy nyilatkozatot az egészségi állapotukról. Ezután egy biztosítási nyomtatványt írtak alá. Ezután olyan űrruhát kaptak, mint amilyet az űrhajósok viselnek a NASA-nál. Kalapot és karszalagot választottak.

Ezután kezdődtek a technikai dolgok. Lehetőséget kaptak egy összekötő szerkezet kipróbálására, amely a hídhoz és a mászócsoportjukhoz rögzítette őket.

Cheryl, aki nem volt nagy magasságimádó, kissé émelygett, amikor próbamászást kellett végezniük egy létrán fel és le. A felfelé mászás rendben volt, de amikor visszafelé kellett lemásznia, majdnem beparázott.

„Nem hiszem, hogy ezt meg tudom csinálni" - mondta Cheryl.

„Gyerünk Cheryl, meg tudod csinálni. Ne feledd: *A három testőr*! Bármit meg tudunk csinálni!" Mondta Miranda.

„Majdnem bármit. Ezt nem."

„Ugyan már, Cheryl, ha egyszer kimész, és meglátod a kilátást, minden rendben lesz. Tökéletesen biztonságban vagy" - magyarázta Terri.

„Mi a helyzet?" - kérdezte az illetékes.

„Nem hiszem, hogy ezt meg tudom csinálni" - mondta Cheryl.

„Gyertek előre, maradjatok velem, segítek nektek átvészelni" - mondta a vezetőjük - "Még egy dolog, amire gondoljatok: nincs visszatérítés. Elveszítenéd a pénzed. Eddig eljutottatok, meg tudjátok csinálni!"

Öt másik emberrel együtt csoportosultak. Egymás mellé álltak, és elmondták egymásnak, honnan jöttek, és miért vállalkoznak a hegymászásra. Volt egy pár Angliából, akik már évek óta arról álmodtak, hogy megmásszák a Sydney Harbour Bridge-t, volt egy idős pár Queenslandből, akik mindig is meg akarták csinálni, volt egy tizenöt éves lány Sydneyből, aki már csinálta korábban, és az élmény annyira fantasztikus volt, hogy újra meg akarta csinálni, és aztán Miranda, Cheryl és Terri.

A húszas évei közepén járt, akit Macnek becéztek, és elmagyarázta, hogyan kell segíteniük az előttük lévőnek, hogy működésbe hozzák a rádiójukat, és hamarosan már úton is voltak. Mac gondoskodott róla, hogy Cheryl legyen elöl, míg az idős pár követte, majd jött Terri és Miranda, a londoni pár és végül a tizenéves lány. A sorsuk mindannyiuké összefonódott.

Cheryl koncentrált, így nem volt kísértés, hogy lenézzen. Közben Terri és Miranda figyelmesen figyelte, ahogy a kocsik alattuk zúgnak, majd a vonatok következnek. A víz táncolt és csillogott az erős napsugarak alatt. Ahogy végigtapogatták a hatalmas fémszerkezetet, most már a Sydney-i Operaházra is ráláttak. Olyan kicsinek tűnt.

Mac beszélt a mikrofonba, és mesélt a csapatának Sydney történetéről és látnivalóiról. A hangja fenntartotta Cheryl figyelmét.

Ahogy közeledtek a zászlókhoz, amelyek a híd legfelső fokán várták őket, mindannyian sóhajtottak egyet a látványos kilátás láttán. Mac fényképeket készített, és a három barátnő annyira szinkronban volt, hogy Celine Dion dalának refrénjébe mentek bele.

„Én vagyok a világ királynője" - kiáltotta Miranda.

A lefelé mászás sokkal könnyebbnek bizonyult. A híd túloldaláról a kilátás a távolban a Kék-hegységet mutatta.

Cheryl térdei annyira remegtek, hogy attól félt, elveszíti a lépést. Hiperventillálni kezdett, és Mac gyorsan akcióba lépett, megkínálta egy pohár vízzel, és megveregette a kézfejét.

„Koncentrálj - mondta Mac -, számold meg a létra fokozatait, és számolj hangosan, miközben lemászol. Az alján várni fogok rád."

„Nem tudom megcsinálni."

„De igen, meg tudod."

„Akarod, hogy én menjek előre?" Miranda felajánlotta.

Cheryl bólintott, és helyet cseréltek.

„Mindjárt jövök, Cher, meg tudod csinálni!" Mondta Miranda.

Miranda tudta, hogy ez Cheryl apjának különleges neve volt számára. Ez sokkolta a lányt, és hamarosan Cheryl és Miranda az első szinten várta, hogy Terri csatlakozzon h ozzájuk.

Miután visszatértek a házba, ujjongva hagyták, hogy feljutottak egészen a Sydney Harbour Bridge tetejére. Visszatették a felszerelést, kezet mostak, majd átöltöztek. Addigra elkészült az oklevelük, amely bizonyította, hogy sikeresen teljesítették a hídmászást.

Ahogy kisétáltak a The Rocks területére, rájöttek, hogy már elmúlt 2 óra, körülnéztek, hogy mit lehet enni, és felfedeztek egy aranyos kis kocsmát, a Lord Nelsont. Nagyon szomjasak voltak, ezért úgy döntöttek, hogy megisznak egy helyi sört, és három korsó Foster's Lager-t rendeltek. Végül is, mi lehet ennél ausztrálabb? Miután alaposan átgondolták az étlapot, úgy döntöttek, hogy valami hagyományosat választanak, azaz egy ausztrál húspástétomot sült krumplival és salátával.

„Nos - mondta Cheryl -, mi biztosan nem vonzzuk azokat az ausztrál fickókat, akiket mostanában mindenhol látunk magunk körül. Szerinted túl kanadainak nézünk ki? Túlságosan turistáskodónak?"

Miranda és Terri ugyanezen töprengett. Megegyeztek, hogy egyiküknek meg kellene kérdeznie valakit. Rendeltek még egy kör lágert, remélve, hogy ez talán elég bátorságot ad nekik ahhoz, hogy megkérdezzenek valakit.

„Elnézést, de mi csak azon tűnődtünk. Úgy nézünk ki, mint a turisták? Meg tudjátok mondani?"

Nevetni kezdtek, először a férfi, majd a két nő. Ők is észak-amerikaiak voltak.

„Már több mint két hete Ausztráliában vagyunk" - mondta a férfi. „Én Robert vagyok, ők pedig a két barátnőm, Linda és Evie."

„Nem hiszem el" - mondta Terri -»pont azokat az embereket választottuk, akiket megkérdezhetnénk«.

„De őszintén szólva" - mondta Robert. „Össze kéne szednetek valami felszerelést, és elindulnotok a Bondi Beachre. Ha egyszer a napon, a homokban és a szörfben vagy, mindenki ugyanúgy néz ki."

„Kivéve, hogy mi tök fehérek vagyunk" - mondta Miranda.

„Igaz, igaz, de elég gyorsan el fogtok színeződni" - mondta Evie - "de ne kövessétek el ugyanazt a hibát, mint mi. Ha az otthoni úszós cuccaidat veszed fel, úgy kilógsz majd, mint a bunda."

„Úgy terveztük, hogy itt veszünk fürdőruhát" - mondta Terri.

„Hát, nem jöhetsz Új-Dél-Walesbe anélkül, hogy ne látnád Bondit. Hol kellene nekik fürdőruhát venniük a lányoknak?" Robert megkérdezte.

„Menjetek a David Jonesba, ott kiváló a választék" - mondta Linda. „Tessék, rajzolok nektek egy térképet."

„Lányok, csináltok valamit szombat este?" Robert megkérdezte, és mindannyian nemmel rázta a fejét. „Akkor gyertek velünk, meg vagyunk hívva egy BYO (hozd a saját alkoholodat) partira".

„Igen, itt a telefonszámunk. Hívjatok fel minket, ha szeretnétek jönni. Útközben felvehetünk titeket. Jó buli lesz" - mondta Linda.

„Nos, örülök, hogy mindannyiótokkal találkoztam. Kellemes utat, és remélem, még találkozunk" - mondta R obert.

„Ja, és mellesleg - mondta Evie -, ne hagyd, hogy azok az ausztrálok meggyőzzenek, hogy kóstold meg a Vegemite-et, mert az undorító!"

„Tényleg?" Miranda megkérdezte. „Mindig is ki akartam próbálni."

„Szia és köszönöm" - mondta Cheryl, és gyorsan követték a térképet útban a David Jones felé. A The Rocksban sok üzletet meglátogattak. Az egyiknek a neve The Mad Hatter volt, tökéletes hely, hogy napvédő kalapokat szerezzenek be. Felfedezték, hogy az üzletek csütörtök este 9 óráig nyitva tartanak, és mivel csütörtök volt, órák álltak rendelkezésükre, hogy vásároljanak és szórakozzanak.

Másnap kompra szálltak, és elmentek Darling Harbourba. A Paddy's Market még mindig nyitva volt, és zsúfolásig megtelt, így átvágtak rajta, és több szatyornyi szuvenírrel és pólóval jöttek ki. Terri megtalálta a tökéletes helyet, ahol megvehette volna az apjának a didgeridoo-ját, de úgy döntött, hogy megvárja, amíg az útjuk végén visszatérnek Sydneybe, hogy ne kelljen magával cipelnie.

Vacsorára Darling Harbourban, a The Fish House nevű étteremben ettek. Végigsétáltak a kínai negyedben, majd elmentek a David Jonesba, hogy felpróbáljanak néhány fürdőruhát. Kicsit traumatikus volt felpróbálni őket, mert olyan sápadtak voltak, de remélték, hogy a tengerparton majd elvegyülnek.

„Szia - mondta Miranda. „Vigyáznunk kell a gyilkos medúzákkal és a gyilkos cápákkal a vízben, itt az áll, ember ó ember, ha egy medúza a közelembe kerül, én magam is kocsonyává változom, és nektek kell majd hazavinnetek egy d obozban."

Cheryl és Terri nevetett, titokban azon tűnődve, vajon mennyire elterjedtek a medúzák. Kitörölték a félelmet a fejükből, miközben visszamentek a szállodai szobába.

Bár még csak péntek volt, Terri úgy döntött, hogy felhívja az apját, mert úgy gondolta, hogy ha ma este felhívja, akkor nem kell aggódnia, hogy vasárnap újra fel kell hívnia. A férfi hihetetlenül örült, hogy hallja a hangját, de hamar feldúlt lett, amikor rájött, hogy olyan este hívja, amikor nem is egyeztek meg. Terri elmagyarázta, hogy minden rendben van. Fantasztikusan jól érezték magukat, és mesélt neki a sydneyi kikötői híd megmászásáról. Amint kimondta,

Terri azt kívánta, bárcsak visszavehetné a szavakat, mert tudta, hogy az apja őrültségnek tartaná, hogy felmásznak oda. Meglepetésére a férfi nem haragudott rá, sőt, azt mondta, látni akarja a fényképeket bizonyítékként, hogy megcsinálták a mászást. Terri azt mondta, hogy nem csak fényképek vannak nála, hanem egy igazolás is a b izonyítékként.

„Szeretlek, Teresa."

„Én is szeretlek, apa."

Másnap az volt a terv, hogy a Bondi Beachre mennek.

„Ausztráliában a legmagasabb a bőrrákosok aránya a világon, tudtad?" Cheryl azt mondta.

„Nos", mondta Miranda, "ha már meghalok, akkor inkább valami olyat, ami gyorsabb, mint a melanoma, mondjuk, ha megcsíp egy medúza, vagy ha felfal egy cápa."

Terri egy párnát dobott Mirandához, és Cheryl is így tett.

Mibe keveredtek?

FEJEZET 18

Vonatozás, majd buszozás után megérkeztek a Bondi Beachre. A domb tetejéről fantasztikusan nézett ki. Bementek a tengerparti házba, átöltöztek az új fürdőruhájukba, találtak egy helyet a tengerpart közelében.

Megjelölték a helyüket a homokban, majd egyenesen a víz felé vették az irányt. Úgy rohantak felé, mint a napok óta bezárt gyerekek. A homok égette a talpukat, és a nap rájuk sütött. A hullámok megcsókolták a partot.

„Juj, de rohadt hideg van, lányok - mondta Miranda.

Terri úgy gondolta, hogy Miranda csak nyápickodik, és egy kicsit mélyebbre gázolt. Egy érkező hullám a térdére ugrott.

„Jujj!" Terri felkiáltott: „Most nem viccelsz!"

Miranda Cherylre nézett. Cheryl Terrire nézett. Terri Mirandára nézett.

„SHIIIIIIT!" Kiabáltak, miközben futottak és belevetették magukat a vízbe. Úgy érezték magukat, mint Robert Redford és Paul Newman, amikor leugrottak a szikláról a *Butch Cassidy és a Sundance Kid* című filmben.

„Vigyázok a halálos csápokra" - mondta Cheryl.

Miranda és Terri nevetésben tört ki.

„Gondolod, hogy feljönnek, és engedélyt kérnek tőled, vagy ilyesmi?" Miranda megkérdezte.

„Igen, anya, megcsíphetlek?" Mondta Terri.

„Oké, oké, ti ketten. Ismertek engem és a fóbiáimat" - mondta Cheryl. Visszaúszott a part felé.

„Gyere vissza!" Miranda könyörgött: „Csak vicceltünk".

Cheryl megfordult, és a lehető legnagyobb málnát adta a két barátnőjének. Azok viszonozták a szívességet, majd követték őt a partra. Egy kis srácnézés elütötte az időt, és már régen esedékes volt.

Feltették a sötét napszemüvegüket, és elbújtak a regényeik mögé. Időnként a regények szinkronban lementek, ahogy egy helyes srác elsétált mellettük. Oldalról oldalra lapoztak, és rájöttek, hogy úgy tűnik, egyetlen pasi sem tart feléjük.

„Azt hiszem, rossz helyet választottunk" - mondta Cheryl, amikor éppen időben megfordult, hogy meglássa, amint egy csapat srác fut a szörfdeszkájuk felé. „Hé, ezt nézzétek!"

Miranda és Terri felült, és meglátta, hogy tizenkilenc kis csöves rohan a hullám felé.

„Hát, nem csoda, rossz irányba nézünk!" Mondta Terri.

„A szörfözés annyira király" - mondta Miranda. „Ha jól tudnék úszni, én is ott lennék, mint a vízfolyás."

„Én nem" - mondta Cheryl. „Szó sem lehet róla. Nem azokkal a gyilkos dolgokkal a vízben."

„Kér valaki egy Bacardit?" Kérdezte Terri, miközben kinyitotta a hűtőtáskát, és felbontott egyet.

„Biztos, hogy nem baj, mármint a parton inni?" Kérdezte Cheryl.

„Robert, a fickó, akivel a kocsmában találkoztunk, azt mondta, hogy itt teljesen legális. Nézd ott, azok a fickók sörösüveggel a kezükben sétálgatnak. Látod?" Miranda két fiatalemberre mutatott, akik alig voltak elég idősek ahhoz, hogy alkoholt vásároljanak.

„De mi van a törött üveggel? Vajon az is probléma?" Kérdezte Cheryl.

„Rengeteg szemetes van mindenhol - ne aggódj emiatt, Cheryl. Biztos vagyok benne, hogy minden rendben van" - mondta Miranda.

„Talán hazaviszik a szemetet, mint a vonatokon" - javasolta Terri.

„Nézd csak, nézd csak!" Miranda szólt, amikor három fiatal srác közeledett. Lefeküdtek a három barát mellé.

A srácok úgy tettek, mintha lazának és érdektelennek tűnnének, miközben egymás között beszélgettek.

Miranda észrevette, hogy az egyik odanézett, és megnézte őket.

„Valamit mondtunk?" Miranda megkérdezte, miközben a srácok felvették a törölközőiket, és továbbálltak.

„Ha így haladunk, soha nem fogunk ausztrál férfiakkal találkozni" - mondta Cheryl.

„Talán azt várják, hogy a nők tegyék meg az első lépést errefelé?" mondta Terri.

„Hát, ki a fene tudja? Nem akarunk könnyű esetnek tűnni. Ugye?" Miranda megkérdezte.

Egyetértettek abban, hogy a várakozás a legjobb gyógyszer. Elvégre még csak néhány napja voltak Ausztráliában, és nem akarták hagyni, hogy a férfiakkal való találkozás a szórakozás útjába álljon. Különben is, a Bondi Beachen voltak, három egyedülálló, vonzó lány, nyaraltak, élvezték az életet, és megnézték az árut. Nem volt sietség.

Délután három óra körül már olyan meleg lett, hogy úgy döntöttek, befejezik a napot.

„Valószínűleg vörös vagyok, mint egy homár - mondta Miranda.

„Undorítóan érzem magam ezzel a sok naptejjel a bőrömön" - mondta Cheryl. „Nyálkás leszek tőle, és utálom, ahogy a homok hozzátapad."

„Azt hiszem, szerencsés vagyok" - mondta Terri. „Nem égek le. Az olasz származásom miatt - a rokonaim Szicíliában éltek."

Miranda titokban aggódott a férfiakkal való találkozás miatt. Idegeskedett, azon töprengett, mit fog tenni, ha találkozik valakivel. Elmondaná neki a bántalmazást? Szükségét érezné, hogy mindent elmondjon neki? És ha megteszi, vajon a férfi visszataszítaná, vagy egyre jobban m egszeretné?

Mirandát rémálmok gyötörték, mióta megérkezett Sydneybe. A rémálmok arról szóltak, hogy elveszíted az irányítást, hogy elveszik tőled, hogy elveszíted magad valaki más hatalmában. A támadás a tudatalattijával j átszott.

Miranda ezeket a gondolatokat az elméje mélyére szorította, és nem osztotta meg a barátaival. Nem akarta őket lehúzni, nem ezen az egyszeri nyaraláson.

Cheryl és Terri egy hullámhosszon voltak, és Miranda miatt aggódtak. A lány egyetlen randevún sem volt, mióta ez történt. Még csak kettesben sem volt egy sráccal sem. Meg akarták védeni őt.

Cheryl és Terri elhatározták, hogy ha egyikük vagy mindketten találkoznak egy pasival, akkor egy csapatként fognak dolgozni. És ha eljön a nap, amikor Miranda eléggé megbízik a férfiban ahhoz, hogy azt mondja nekik, hogy húzzanak el - visszalépnek.

Amikor Miranda készen állt, átvette volna az irányítást.

FEJEZET 19

PONTOSAN REGGEL KILENCKOR MEGSZÓLALT az ébresztő, Miranda pedig odanyúlt, és leállította a zümmögést. Egy másodperccel később megszólalt a telefon, és a recepciósok hívták a tartalék ébresztőt. Miranda letörölte az álmot a szeméből, és lenézett, észrevéve, hogy a piros üzenetküldő gomb élénken villog rá. Tárcsázta a recepciót. Sürgős üzenet érkezett Terri számára.

„Ébresztő, Terri! Sürgős üzenete van. Azonnal haza kell telefonálnod."

„Jaj ne, valami szörnyűség történhetett!" Terri ujjai remegtek, ahogy nyomkodta a számokat a telefonon. A szülei nem hívták volna az éjszaka közepén, ha otthon mindenki jól van. Lehet, hogy eltévesztették az időt? A másik végén egyszer, kétszer csörgött a telefon, és a harmadik csörgésre valaki felvette. Miranda és Cheryl aggódva várt.

„Igen, papa, értem. Christina. Igen. Istenem, ezt nem hiszem el. Mintha valami filmből lenne."

„Mi, mi?" Miranda és Cheryl kérdezte.

„Mindjárt elmondom, oké apa, mi a szám? Igen, megmondom neki. Köszi, hogy szóltál nekünk." Letette a telefont. „Miranda, ezt nem lehet könnyen elmondani neked, úgyhogy most elmondom. Christina meghalt. Leugrott, leesett, vagy lelökték az erkélyről. Senki sem tudja biztosan. A helyszínelők bizonyítékokat keresnek. Keresik az indítékot."

„De hogyan? Ennek semmi értelme" - mondta Miranda.

„Állítólag Mrs. Pierce hallott egy sikolyt, és felrohant a lakásodba. Az ajtaja tárva-nyitva volt, és az első sikoly után nem hallott több sikolyt. Belépett, és üresen találta a lakást. Úgy tűnt, minden rendben van. Aztán észrevette, hogy huzat van, és látta, hogy a függönyök gomolyognak. A teraszajtót nyitva találta. Jéghideg szél fújt át rajta. Pizsamában volt, de valami azt súgta neki, hogy menjen ki az erkélyre. Sehol egy hang sem hallatszott, hiszen még csak hajnali három óra volt." Lenézett, és meglátta Krisztinát, aki elterült a földön, hálóingje úgy lobogott körülötte, mint fehér szárnyak.

„Ó, Istenem!" Kiáltott fel Cheryl.

Használta Miranda telefonját, és tárcsázta a 911-et. Lefelé menet felkapott egy pokrócot a kanapéról, majd Christina mellé lépett. Christina ekkor még lélegzett. Mrs. Pierce megsimogatta a hátát, és azt mondta neki, hogy tartson ki, minden rendben lesz. Christina mintha mondani akart volna valamit. Először Mrs. Pierce próbálta megnyugtatni, de a lányt ez annyira megviselte.

'Miért? Miért pont én? Miért?' - voltak Christina utolsó szavai.

Úgy tűnt, örökké tart, amíg a rendőrség és a mentő megérkezik. Mrs. Pierce annyira reszketett, hogy félt, hogy kihűl, de nem akarta elmozdítani Christinát, és nem akarta kint hagyni teljesen egyedül - még akkor sem, ha már átment ebből a világból a mennyországba.

A rendőrség kihallgatta Mrs. Pierce-t, és hamarosan rájöttek, hogy a lakás albérletben volt. Mrs. Pierce megadta nekik Miranda nevét, és elmondta, hol van, és mikor tér vissza Kanadába.

Jim Miller őrmester nem sokkal később érkezett a helyszínre, és felismerte Miranda nevét a papírokon.

A rendőrség kapcsolatba lépett Christina legközelebbi hozzátartozójával, és elintézte, hogy a holttestet a lehető leghamarabb hazarepítsék Torontóba, miután a helyszínelők befejezték a bizonyítékok ellenőrzését.

„Ennyi az egész történet" - mondta Terri. „Olyan, mint egy film."

„Ó, Istenem, ó, Istenem" - mondta Miranda többször is hisztérikusan.

„Miller őrmester, emlékszel rá, Miranda?" Terri megkérdezte.

„Igen, emlékszem... Gondolja, hogy az a férfi, aki megerőszakolt engem, és ez a gyilkos, ugyanaz a személy l ehet?"

„Bizonyítékot keres."

Miranda csak zokogni tudott. Megint megtette, ez az állat megint megtette, és ezúttal megölt valakit. De miért?

Pénzért? Miranda tudta, hogy soha többé nem mehet haza. Soha többé nem élhet a lakásában, minden - az egész élete beszennyeződött.

„De Miranda, nem zárták ki az öngyilkosságot sem - mondta Terri. „Nem teljesen. Lehet, hogy semmi köze h ozzá."

„De miért, miért adta volna ki Christina albérletbe a lakásomat, miért jött volna Avon Parkba, ahol a barátai közelében akart lenni az ünnepekre - és miért ugrott volna le az erkélyemről? Ennek egyszerűen semmi értelme."

„De akkor viszont - ajánlotta fel Cheryl. „Vannak emberek, akik őrült dolgokat művelnek, különösen karácsonykor."

Vajon tudják-e a szüleim? Miranda elgondolkodott. *Ha tudják, miért nem hívtak fel? Valószínűleg akkor sem tudnák kitalálni az országkódot, ha az életük múlna rajta.*

FEJEZET 20

MIRANDA BEDOBTA A SZÁMOKAT, hogy hívja az Avon Park-i rendőrséget.

„Jim Miller őrmestert kérem."

„Ki keresi?"

„Miranda vagyok, Miranda Evans."

„Egy pillanat, kérem."

„Ms. Evans? Jim Miller őrmester vagyok, hogy van?"

„Meg vagyok rémülve, ami a lakásomon történt."

„A lány depressziós volt, vagy valami hasonló, amikor találkozott vele?"

„Nem, egyáltalán nem. Nagyon izgatott volt, hogy Avon Parkban tölti az ünnepeket."

„Köszönöm, egyelőre csak ennyit akartam tudni. Érezze jól magát, és hívjon fel, ha hazaért. Akkor átbeszélhetjük a dolgokat. Tudjuk, hogyan tudunk kapcsolatba lépni önnel, ha szükségünk van rá. Addig is, ne aggódj emiatt."

„Köszönöm, őrmester. Miller."

Ezt mondta hangosan, de a fejében arra gondolt: *Tényleg megfenyegetett! Azt mondta, ha szólok a rendőrségnek, megöl mindenkit, akit szeretek. Eljönne értem, és elkapna. De miért támadta volna meg Christinát? Nem volt rá oka. Christina a körülmények áldozata volt.*

„Át fogjuk vizsgálni a lakását bizonyítékok után, és listát készítünk a tartalmáról. Amikor visszatér, átnézheti, hogy nem hiányzik-e valami. Az információt átadhatja a biztosítótársaságának. Köszönöm, hogy felhívott."

Miért jutna be valaki a lakásomba? Hacsak nem akar ellopni valamit. Nem mintha sok luxust tudnék nyújtani.

„Miller őrmester, erőszakos behatolás történt?"

„Nem, de az erkélyt záratlanul hagyhatták. Talán így jutott be a betolakodó, ha volt ilyen. Vagy Christina talán leugrott. Dulakodásnak semmi nyoma nem volt, bár a házinéni esküszik, hogy hangos, vérfagyasztó sikolyt hallott."

Miután Miranda letette a telefont, a három lány zavartan ült az ágyon, és a reggeli hírek miatt összezavarodott. Miranda bűntudatot érzett, mintha ő lett volna az oka valaki más halálának.

Cheryl telefonált le a földszintre, és szobaszervizt kért. A legutóbbi alkalom után tudta, mit nem szabad rendelni. Helyette levest kért. Enniük kellett valamit. Fenn kellett tartaniuk az erejüket, elvégre rengeteg pénzt fizettek ezért az egyszeri utazásért, és mivel a világ másik felén voltak, nem tudtak semmit sem tenni, hogy segítsenek.

Terri végigpörgette az ausztrál tévécsatornákat. „Pont mint otthon" - mondta - »Nincs mit nézni«.

„Töltsük a napot a szálloda közelében" - mondta Miranda.

„Nem bánnád?"

„Használhatnánk a medencét, tornázhatnánk egy kicsit, és lazíthatnánk ma" - mondta Cheryl.

„És holnapra visszarázódunk" - mondta Terri.

Mirandának éppen ekkor jutott eszébe, hogy a lakásában hagyott egy példányt a napirendjükből Christinának a telefon melletti asztalon.

Kezdek paranoiás lenni? De mi van, ha mégis? Mi van, ha engem akart megtalálni - és helyette őt találta meg? Mi van, ha őt ölte meg helyettem? És most, most már nála van a napirendem. A mi napirendünk. Nem mondhatom el Terrinek és Cherylnek. Nincs értelme, hogy három paranoiás muskétás kóboroljon a hátországban, nem igaz? Ha bármi történik, el kell mondanom nekik. Egyelőre remélem, hogy a két eseménynek semmi köze egymáshoz.

FEJEZET 21

M ÁSNAP REGGEL A HÁROM barát felébredt, és összepakolták a csomagjaikat, hogy két éjszakát töltsenek a Kék-hegységben. A szállodában gyorsan megittak egy csésze kávét, majd a Wynyard állomáson vonatra szálltak, a Centralban átöltöztek - és hamarosan már úton is voltak.

A vonat fényűző volt, és egy saját fülkét kaptak. Úti céljuk Katoomba, egy kisváros volt, 100 km-re a Centraltól.

„Hűha, ebben a könyvben az áll, hogy Katoomba 3336 láb magasan van - majdnem 1000 méterrel a tengerszint felett" - mondta Miranda.

„Mi van még benne?" kérdezte Terri.

„Azt írja, hogy el kell jutnunk Echo Pointba. Ott láthatjuk a Három Nővért, mert csak 100 méterre vannak egymástól. Gondolom, a vasútállomásról odasétálhatunk. Az csak harminc percnyire van. Előbb gyorsan megreggelizhetünk, aztán megnézhetjük a látnivalókat."

„Jól hangzik a terv" - mondta Cheryl.

Cheryl gondolataiba merülve bámult ki az ablakon. Nem akarta, hogy ő legyen az, aki felhozza Christina halálát. Figyelte az eltérő terepet, a fákat, amelyeken még mindig látszottak a bozóttüzek nyomai, és gyönyörködött a kilátásban.

Terri felvette a *Soap Opera Digest* ausztrál változatának egy példányát. Átlapozta az oldalakat. „Ez fergeteges, lányok! Nem fogjátok elhinni!" mondta Terri. „Nézzétek c sak, *The Young and the Restless* szereplői - ez a fickó már jóval több mint két éve halott! Ez a lány már nem is szerepel a sorozatban! Hűha, ezek aztán sosem maradnak l e!"

„Hát, azt hiszem, a *Y & R* nézése és az általános nappali tévézés nem olyan nagy piac errefelé, mint Észak-Amerikában, vagy valami ilyesmi. Úgy értem, biztos, ha valakit érdekelne a *Y & R*, mindent megtudhatna pár másodperc alatt a neten" - mondta Cheryl.

„De nem *tudják*, hogy messze le vannak maradva - mondta Terri.

„Hé, hát nem lenne az valami. Kiszivárogtatni, hogy mindenki előre tudja a cselekményt! Senki sem venné a fáradságot, hogy többé nézze a *Y & R-t* - amíg nem lesznek képben a világ többi részével, vagyis" - mondta Miranda.

„Képzeld el, mennyi reklámdollárt veszítenének a tévécsatornák! Rendkívül részegek lennének. De hé, a nézőket kellene bosszantani. A mai műholdakkal nincs okuk arra, hogy a programozás ennyire lemaradjon. Egyszerűen nem értem - mondta Terri.

„Azt hiszem, a szappanoperák örökké tartanak - mondta Cheryl. „És talán az itteni jó időjárás miatt inkább mozognak, minthogy tévét nézzenek."

„Fogadok, hogy az egész a pénzről szól" - mondta Miranda. „A tévécsatornák egyszerűen olcsók, és mivel senki sem panaszkodik, nem kell tenniük semmit."

Másfél órával később Miranda még mindig Bill Bryson *Down Under* című könyvét olvasta. A vonat behaladt a Katoomba állomáshoz, és a három barátnő leszállt.

„Hát nem praktikus - mondta Terri -, egy turistainformációs stand közvetlenül a vasútállomás előtt".

„Szerezzünk egy térképet és útbaigazítást a legjobb étteremhez, ahol reggelizni tudunk" - mondta Terri.

„Lehet, hogy előbb a faházban kellene leadnunk a holminkat?" Javasolta Cheryl.

Miranda ránézett a térképre.

„A legjobb hely reggelire a Paragon Café" - mondta nekik a nő az információs pultnál. „Csak sétáljatok végig azon az úton." Balra mutatott. „Az étterem pedig a jobb oldalon van, úgy öt percnyire, nem lehet eltéveszteni. Ez egy történelmi épület, és az ételek kiválóak. Reggeli után sétáljon tovább ugyanazon az úton körülbelül 20 percig. A kabinok a bal oldalon vannak. Ha eléritek az Echo Pointot, tudjátok, hogy túl messzire mentetek!"

„Elég egyszerűen hangzik. Köszönöm a segítséget" - mondta Miranda. „Oké, induljunk."

„Annyira éhes vagyok" - nyögte Cheryl. „Biztos nem számítottam rá, hogy ilyen hosszú lesz a vonatút."

„Itt is van, milyen aranyos, hivatalosan is kijelöltek egy *bejáratot*és egy *kijáratot*táblákkal meg mindennel" - mondta Terri.

„Hűha, ez olyan, mintha egy időzónába lépnénk, és kijönnénk, az 1920-as évekbe" - mondta Cheryl.

„Valójában az 1930-as években vagyunk" - magyarázta az étlapos férfi. „Ez az épület a National Trust listáján szerepel az art deco stílusú belső terek miatt."

„Határozottan le vagyok nyűgözve" - mondta Cheryl. „És a csokoládét is maguk készítik?"

„Igen, híresek vagyunk róla. Kifelé menet megkóstolhat néhányat, ha akar. Szeretne reggeli vagy ebéd menüt?"

„Reggeli mindenféleképpen" - mondta Miranda. „Egész délelőtt vonaton voltunk Sydneyből, és ki vagyunk éhezve."

„A pincérnőjük pár perc múlva itt lesz önökkel. Kérnek egy kis gyümölcslevet vagy kávét kezdésnek?"

„Cappuccinót mindenkinek" - mondta Terri.

„Az enyém legyen egy nagy" - tette hozzá Miranda.

A reggeli nem sokkal a cappuccinók után érkezett meg.

„Undorító!" Miranda azt mondta: „Ez inkább sonkának tűnik."

„Én is így vagyok vele", mondta Terri, "De talán jobb íze van, mint amilyennek látszik. Nem rossz, ha levágod a héját és azokat a fehér izéket."

„Én ropogósan szeretem a szalonnámat" - panaszkodott Miranda, miközben egy szelet pirítósra halmozott egy kis vajat, és beleszippantott. „Elnézést, rendelhetnék még egy kis pirítóst, kérem? Felárat fizetek érte."

Néhány perccel később egyetlen szelet pirítós került Miranda elé.

„Hát a francba, azt hiszem, két szeletet kellett volna kérnem, mert valamiért csak egyet adott, mit lehet tenni?". Mondta Miranda. „Mindenesetre jobb, ha indulunk, kifelé menet elrágcsálom a pirítóst, amíg fizetünk."

A lányok rájöttek, hogy nincs náluk számla, és vártak még egy kicsit. Ekkorra Miranda már megette a pirítósát, de a pincérnőjüknek még mindig semmi nyoma nem volt. Terri úgy döntött, hogy hátul megnézi, hátha a pincérnőjük szünetet tart, de nem látta. Végül sikerült egy másik pincérnőt leintetnie.

„Sajnálom, itt nem adunk számlát. Menjen a pénztárhoz, és valaki majd segít."

A lányok a kávézó bejárata felé kanyarodtak.

„Egyszerűen nem érzem helyesnek" - mondta Terri. „Kisétálhatnánk azon az ajtón anélkül , és észre sem vennék. A katoombaiak nagyon lazák!"

„Egyetértek" - mondta Miranda - "Úgy értem, két pult van, egy befelé és egy kifelé, és ott fent csokoládét és süteményeket árulnak, és sorban állás van, és nincs számla, olyan könnyű lenne csak úgy kisétálni." Miranda egyáltalán nem lepődött volna meg, ha az emberek kisétálnak - de a személyzet viszont teljesen biztosnak tűnt abban, hogy mindenki fizetni fog.

„Az ausztrál éttermekben tényleg működik a becsületbeli rendszer, de azt biztos nem hinném, hogy Kanadában működne, ugye?" kérdezte Miranda.

„Az emberek otthon az asztalokon hagyják a pénzt, és senki sem lopja el - szóval, gondolom, csak megszoktuk" - mondta Cheryl.

Végül úgy döntöttek, hogy nem vesznek csokoládét, mivel a séta húsz percig tartott, és a hőmérséklet is magasra szökött.

„Nincs értelme olvadt csokoládét cipelni magunkkal - mondta Miranda.

A kabin tele volt luxussal, például mikrohullámú sütővel, kávéfőzővel és jakuzzival.

„Hű, ezzel a hellyel megütöttük a főnyereményt" - mondta Terri.

„Azért jobb, ha indulunk" - mondta Miranda. „A nap több mint fele eltelt, és még csak meg sem pillantottuk a Három nővért. Ez a nap csak úgy elrepül, és nem akarunk lemaradni semmiről."

Amikor - nagyjából tíz perccel később - elérték a Kék-hegységet, a három barátnő ott állt, és a kilátástól elborzadva nézett ki a peremről. Bámultak kifelé, és figyelték, ahogy a több ezer, talán milliónyi eukaliptuszfa mind-mind a kék ködben fürdik.

„Láttam már képeket a Grand Canyonról, és emlékszem rá a The Brady Bunchból, de az nem ér fel azzal, amit itt láttam. Ez annyira különbözik a Grand Canyontól" - mondta Terri. „Csak képzelődöm, vagy az emberek az oldalsó területről egyenesen a Három nővér egyikébe sétálnak?"

„Én is látok valamit" - mondta Cheryl. „Van valamelyikőtöknek aprója a távcsőhöz?"

Valóban, több ember sétált egy kis hídon a sziklaoldalról a Három nővér egyikébe.

„Meg kell csinálnunk!" Kiáltotta Miranda: „Ez fantasztikusan néz ki! Alig várom, hogy mi is sorra kerüljünk!"

„Ti lányok menjetek előre, én nem biztos, hogy meg tudom csinálni. A híd elég kicsinek és keskenynek tűnik innen, nem tudom" - mondta Cheryl.

„Ugyan már Cheryl, a Sydney Harbour Bridge után ez gyerekjáték lesz!" mondta Miranda.

Cherylnek eszébe jutott, hogy az apja megjelent neki álmában, és azt mondta, hogy vele lesz, amikor átkel a hídon a Három nővér sziklaalakzathoz. Holnap megteszik az utat.

Meglátogattak egy másik információs standot, amely nagyon kéznél volt az Echo Pointnál, valamint néhány szuvenírboltot.

„Holnap vissza kell jönnünk ide" - mondta Terri - »Szeretnék venni néhány szuvenírt«.

„Hé, nézd, van itt egy Sceniscender. Ez a legmeredekebb kötélpályás drótkötélpálya Ausztráliában. Egy 545 méteres utat tesz meg a Jamison-völgy világörökségi listán szereplő esőerdőbe. JIKES. Ó, és egyenesen az esőerdei sétányra visz le. Még csak 3:45 van, meg tudjuk csinálni" - kiáltotta M iranda.

„Hogy jutsz vissza a csúcsra?" Kérdezte Terri.

„Ööö, jó kérdés" - mondta Cheryl. „Nem akarunk ott lent ragadni. Úgy hallottam, errefelé éjszaka nagyon hideg van."

„Igazad van" - mondta Miranda. „Itt júliusban ünneplik a karácsonyt, és havazik, meg minden, de most nyár van, úgyhogy nem hiszem, hogy aggódnunk kellene a fehér anyag miatt." Még néhány oldalt átlapozott. „Ó, itt van, Katoomba Scenic Railway, a világ legmeredekebb lejtésű v asútja."

„Szálljunk fel a buszra, akkor több időnk lesz sétálni az esőerdőben" - javasolta Cheryl. „Nézd, itt jön egy."

„Mi ez a fura zaj? Ez egy kookaburra!" mondta Miranda.

„A legelső kookaburránk! És nézzétek, ott az antennán, még egy!"

Nézték a két madarat. Kú-kú-kú-kú-kú-kú-kú kongott a levegőben. Hasonló nevetéssel válaszoltak, szinte mintha beszélgetést folytattak volna.

„Valószínűleg férj és feleség" - mondta Cheryl, miközben felszálltak a buszra, és elhajtottak Echo Pointból. *Miért, ó miért,* gondolta Cheryl, *miért van minden ilyen nagy, ilyen magasan ezen a helyen?*

„Ott van - kiáltotta Miranda. „Képzeljétek el, hogy ott vagytok, és átrepültök az égen, csak azok a kábelek kötnek össze benneteket".

„Fogd be, Miranda - mondta Terri -, Cherylre szállsz. Biztos vagyok benne, hogy teljesen biztonságos."

Megvették a jegyeket, és sorban állva vártak, amíg el nem érkezett az idő, hogy a három barátnő felszálljon. Megremegett, amikor beléptek. Elöl, hátul és mindkét oldalon üveglapok voltak.

„Én hátul állok - mondta Cheryl.

„Nem hiszem, hogy jót tenne neked, ha hátul állnál, ha összetörnénk" - mondta Miranda.

„Ne legyél már ilyen szuka, Miranda, mi ütött beléd?" Kérdezte Terri.

„Csak nevetek, bocs Cheryl."

Megrándult előre, megállt, majd egyenletes útra indult az égen.

„Nyugodtan sétálgassanak a kabin körül" - mondta nekik az idegenvezető.

Érezhetően rövid volt az út, és hamarosan megérkeztek az esőerdő szívébe. A levegő eukaliptuszos, mocsári illatú volt. Ez volt az uralkodó természetes illat.

Két óra gyaloglás után már fájt a lábuk.

„Nagyon jól esett az az ital a Marrangaroo-forrásból - mondta Miranda. „Olyan tiszta és tiszta volt."

„Nagyon jól esett a sok gyaloglás után" - mondta Terri. „És most hová? Hogy jutunk vissza a vonattal a csúcsra?"

Miranda ránézett a térképre. „Itt követjük a térképet. Ez elvisz minket a Scenic Railwayhöz, és vissza a csúcsra. Azt írja, hogy 1862-ben ezeket a területeket palakőért bányászták, és a drótkötélpályát, amivel felmegyünk, egykor arra használták, hogy a bányászokat fel és le szállítsa a l ejtőn."

„Remélem, azóta modernizálták" - mondta Terri, ahogy a pályához közeledtek. „Jaj, túl korán beszéltem. Fel kell mennünk oda, *visszafelé?*"

„Az biztos, úgy néz ki" - mondta Cheryl.

„Ezen a táblán az áll, hogy régebben tizennyolc embert húztak fel hatvan kilowattal, most pedig nyolcvannégy embert húztak fel 150 kilowattal, szóval modernizálták" - mondta Miranda.

A vonat leereszkedett. Miranda, majd Terri, aztán Cheryl is felkapaszkodott a vonatra.

„Ööö, hol vannak a biztonsági övek?" Terri érdeklődött.

„És hol van a rúd, ami megtart minket?" Miranda megkérdezte.

A kocsi megbillent, és elkezdte őket az ég felé húzni. A mozgás előrefelé lökte őket. Mindhárman kapaszkodtak a korlátba, hogy életben maradjanak, miközben a táj elhaladt mellettük.

„Hú, ez érdekes volt - mondta Terri -, vajon hol lehet a kislány szobája? Ó, hát itt van. Mindjárt jövök."

„Oké", mondta Chery, "nekem tényleg szükségem van egy IZOMRA!" A térdei kopogtak.

„Túl vicces vagy" - mondta Miranda. „A Sydney Harbour Bridge után - az semmi volt!"

„Te is megijedtél, Miranda" - mondta Terri - "Láttam, hogy elfehéredtek az ujjaid, miközben az a valami felhúzott minket."

Miranda kinyújtotta a nyelvét Terri felé.

Miután rövid sétával visszamentek a kabinjukba - átlapozták a Sárga Oldalakat, és úgy döntöttek, hogy megnéznek egy Steak and Seafood éttermet, ami sétatávolságra van. Katoombában úgy tűnt, minden gyalogosan elérhető.

„Vajon kell-e asztalfoglalás?" kérdezte Cheryl.

„Nem árt, ha felhívjuk, és megtudjuk" - mondta Terri, felvette a telefont, és beleszólt a kagylóba. „Egy óránk van, hogy elkészüljünk, úgyhogy jobb, ha indulunk. Úgy tűnik, ma este nagyon elfoglaltak, úgyhogy jó, ha utánanézünk."

„Nekünk is szükségünk van némi ellátmányra, talán van útba eső sarki bolt?" Miranda elgondolkodott.

Negyvenöt perccel később elindultak. Cherylnek annyira fájt a lába, hogy végül leintettek egy taxit. Megállt egy 7-11-esnél, hogy szerezhessenek néhány készletet, és az étteremben kedvesen felajánlották, hogy a kabátkárpitos részen tartják őket, amíg készen állnak az indulásra. Hamarosan élvezték az étterem hangulatát, és stílusosan vacsoráztak, miközben gyönyörködtek a Kék-hegység látványos éjszakai kilátásában.

„Úgy tűnik, hiány van a korunkbeliekből Katoombában, észrevette?" kérdezte Miranda.

„Igen, észrevettem. Sok az idős ember - kevés a férfi" - mondta Terri.

„Talán egy olcsóbb éttermet választottak" - javasolta Cheryl - "Különben is, én úgyis túl fáradt vagyok!"

„Nézz csak körül - mondta Miranda. „Csupa pár. Egyetlen egy férfi sem - a pultoson kívül."

A három barátnő élvezte az étkezést, ami sokkal extravagánsabb volt, mint amire számítottak. Utána fontolóra vették, hogy elsétálnak - de Cheryl lába nem bírta. Taxival visszamentek a kabinba, és felhúzták a lábukat. Órákkal később, bár kimerültek voltak, nem tudtak aludni. Úgy döntöttek, hogy néznek egy kis tévét.

Hogy bírják ki?" Kérdezte Terri. „Mindössze öt csatornával. Megőrülnék tőle!"

Terri írt néhány képeslapot. Cheryl könyvet olvasott, és megivott egy pohár bort a jakuzziban. Miranda összegömbölyödött a kanapén, és olvasott. Legalábbis a két barátnőjének így tűnt. Úgy tűnt, mintha Miranda elmerült volna a könyvben, amikor Christinával volt elfoglalva. Nem tudta kiverni a fejéből. Nem tudta, miért, de biztos volt benne, hogy Christinát meggyilkolták. De vajon miért? Ennek semmi értelme nem volt.

Holnap felhívom anyát és apát. Ha egyáltalán eszükbe jut, hogy van egy lányuk.

FEJEZET 22

MIRANDA ÉBREDT FEL ELŐSZÖR. Felfedezett egy telefoncsatlakozót a fürdőszobában. Tökéletes, onnan hívhatta fel a szüleit. Nem volt értelme felébreszteni Terryt és Cherylt. Miranda nem volt száz százalékig biztos az otthoni időben. Arra gondolt, hogy akár este hét óra is lehet, és kíváncsi volt, vajon a szülei tthon lesznek-e.

Egy csengő. Két csengés. *Letehetem????.* Négy csörgés. *Igen, tedd le.*

„Hogy vagy anya? Hogy van apa?"

„Jól vagyunk. Milyen az időjárás Ausztráliában? Mennyi az idő?"

Hétköznapi csevegés. A lányod vagyok! Beszélj hozzám! Mintha egy igazi személy lennék. Valaki, akivel törődsz. Valaki, akit szeretsz. Beszélj hozzám!

- Csend - percek telnek - dollárok mennek le a lefolyón -

És ha már a lefolyóról beszélünk, tudtad, hogy a víz az ausztrál WC-ben az óramutató járásával ellentétes irányban forog????

„Anya, hallottál arról a lányról, aki albérletbe adta a lakásomat? Arról, hogy mi történt vele? Tudtad, hogy meggyilkolták?"

„Miranda, nem gyilkolták meg. Az újságban az állt, hogy öngyilkos lett. Micsoda képzelőerőd van."

„Öngyilkosság - száz százalékig biztosak benne?"

„Egy pillanat, apád el akarja mondani, mit olvasott az újságban. Tudod, én sosem olvasok újságot."

„Oké, szia anya. Szia apa."

„Mennyi az idő? Meleg van?"

„Reggel 8 óra van, még nincs meleg, apa, de később 32 fokig kellene felmennie."

„Ó, akkor az nem is olyan rossz. Igen, igen kedvesem, tudom - aggódik anyukád, hogy mennyibe kerül ez neked - a lány, aki meghalt, búcsúlevelet postázott a szüleinek. A halála után másnap érkezett meg."

„Gondolom, ez jó dolog, hogy a szülei meg tudnak birkózni vele."

„Az biztos, hogy az volt."

„Elég izgalmasak itt a dolgok, apa. Felmásztunk a Sydney Harbour Bridge-re. Most fent vagyunk a Kék-hegységben, egy faházban, és..."

„Jól van, jól van, örülünk, hogy hallunk felőled, de ez a telefonálás egy vagyonba kerül! Küldj nekünk egy képeslapot, és mesélj róla, ha hazaértél. Viszontlátásra!"

Nos, legalább ma először vagyok a világ másik felén a szüleimtől, ahelyett, hogy így érezném magam, és ugyanabban a városban laknék.

Miranda borotvagélt fújt a lábára, és borotválni kezdte. Ahogy felfelé húzta a pengét, undort érzett a szülei iránt. pillanatokkal később bűntudat és gyötrelem lett úrrá rajta. Vágyott a jóváhagyásukra - hogy közel legyen hozzájuk -, aztán megvetette magát, amiért szüksége van rájuk.

A szíve mélyén, a fájdalmon túl, Miranda elfogadta a szüleit olyannak, amilyenek voltak. Sírni kezdett. Gyűlölte őket. Zokogva vonult be egy nagyon párás zuhany alá.

Szedd össze magad, kislány! Ez egy egyszeri nyaralás az életben, és ezt senki sem fogja elrontani!

Mire kijött, a barátai már fent voltak, és a kávéfőző is be volt kapcsolva. Terri éppen tojást és pirítóst készített. Cheryl vidám hangulatban volt, és a rádiót hallgatva énekelt. Miranda csendben volt.

Bő egy órával később már a buszon ültek, és a Három nővér sziklái felé tartottak. A sofőr megkérdezte, hogy szeretnék-e megismerni a Három nővér történetét. Segített neki elütni az időt.

„Réges-régen három nővér, Meehni, Wimlah és Gunnedoo, a Kék-hegységben élt az apjukkal, aki boszorkánymester volt. A neve Tyawan volt."

„Milyen izgalmas, hogy egy boszorkánydoktor az apjuk" - mondta Terri.

„Lehet, hogy nem fogsz egyetérteni, miután befejeztem ezt a történetet" - mondta a buszsofőr - »Féltek a bunyipektől, akik egy közeli mély gödörben laktak«.

„Mi az a bunyip?" Kérdezte Miranda.

„A bunyip olyan, mint egy ghoul vagy vámpír, az aboriginal időkig nyúlik vissza" - magyarázta a buszsofőr. „Most már jobb, ha hagyjátok, hogy továbbmenjek, különben nem fejezem be a történetet, mielőtt nektek, lányok, folytatnotok kell a napotokat. A boszorkánydoktornak el kellett mennie. Elrejtette a lányait egy szikla tetején, egy fal mögött. A lányai ott gubbasztottak rémülten, amikor hirtelen egy nagy százlábú mászott feléjük. Meehni hozzávágott egy követ. Ez megtette a hatását, és elijesztette a lényt, de sajnos felébresztett egy másikat: a nyuszipókot. A nővérek egymásba kapaszkodtak, miközben a bunyip egyre közelebb és közelebb húzódott hozzájuk. Az apjuk meghallotta a lármát. Hogy megmentse lányait, egy varázscsont segítségével kővé változtatta őket. A bunyip ellene fordult. Eldobta a varázscsontot, és még ma is keresi. A lányai remélik, hogy egy nap megtalálja és kiszabadítja őket."

„Ez olyan szomorú - mondta Cheryl, és könnyek csordultak végig az arcán.

„Legalább a három barát még együtt van" - mondta Miranda.

„Igen, ez némi vigasz" - felelte Cheryl.

„Nagyon köszönjük, hogy elmesélted nekünk a történetet. Ez még jobbá teszi az utazásunkat az első nővér meglátogatására. Ez volt életem legérdekesebb buszútja" - mondta Terri.

„Nagyon szívesen, érezzék jól magukat."

Egy kanyargós ösvényen sétáltak, amíg el nem értek az Óriáslépcsőhöz. A hegyek aljába nyolcszáz lépcső vezetett, de ahhoz, hogy az első nővérhez jussanak, csak egyetlen szintet kellett lemászniuk.

A lépcső nagyon keskeny volt, és az emberek egyszerre mentek felfelé és jöttek lefelé. A három barát a hegy jobb oldalába kapaszkodott, mert a bal oldalon nem volt semmi, ami megvédte volna őket.

Amikor végre a hídhoz értek, az út szűkössége miatt mindannyian megálltak. Egy aprócska lengőhíd volt. A viharos szél lágyan ringatta. Egyszerre csak egy ember tudott átkelni rajta.

Terri lépett először a hídra, és átment a másik oldalra, őt követte Cheryl, aki nem nézett lefelé, és nem tétovázott.

Miranda volt a következő. Mögötte két srác várakozott.

Miranda öt lépést tett, majd megdermedt. Úgy érezte, mintha valaki, megragadta volna alulról a bokáját.

Egy bunyós?

Bármi is volt az, elkapta, és nem tudott megmozdulni. Egy centit sem.

„Mozgás, Sheila - mondta az egyik srác Miranda mögött, egyre türelmetlenebbül.

„Gyerünk Sheila, mit csináltál, elvesztetted az üveget?" - kérdezte a másik.

„Először is, nincs nálam üveg, másodszor - nem Sheilának hívnak... Sajnálom, de nem tudok mozogni. A lábam nem mozdul!"

Terri visszasétált Miranda felé. Kinyújtotta Miranda kezét, és megpróbálta előre húzni. A felsőteste megroggyant, de a lába nem akart megmozdulni.

„Vissza - mondta Terri a két srácnak -, idegessé teszitek. Adjatok neki egy kis helyet."

„Nem érünk rá egész nap, tudod. Az átkozott Sheila - félt a magasságtól."

Miranda sem tudott hátrálni.

„Egy rohadt helikoptert kell felküldenetek ide, hogy lehozzatok, mert ezek a lábak nem mennek sehova."

„Mindig ennyire félsz a magasságtól?" Érdeklődtek a srácok.

„Hát, múlt héten nem féltem, amikor felmásztam a Sydney Harbour Bridge-re. Még csak nem is féltem. , úgy érzem, mintha *valaki,* vagy *valami* a bokámba kapaszkodna. Tovább akarok menni. Át akarok jutni a másik oldalra. De én, én nem t udok."

Ekkorra már a könnyek csordogáltak Miranda arcán. Cheryl odament hozzá. A nő lefelé nyúlt. Felemelte képzeletbeli kezét Miranda bokájáról. Egyenként kezdtek előre mozogni a lábai. Működött. Miranda kiszabadult.

„Vajon a három nővér közül melyik lehet ez?" Miranda megkérdezte: „Gondolom, nem számít, mert megölelem." Kitárta a karját, és a sziklaalakzat biztonságához ölelte a testét. Hűvösnek érezte, és nyugalom öntötte el Miranda t estét.

„Azok a fickók azért elég durvák voltak - mondta Terri -, nem az az empatikus típus."

„Hé, hová tűntek?" Miranda megkérdezte.

„Ó, már régen elmentek - te túlságosan el voltál foglalva Meehni, Wimlah vagy Gunnedoo ölelésével, hogy észrevedd" - mondta Cheryl.

„Talán jobb, ha mi is visszamegyünk" - mondta Terri -»Jól vagy, hogy visszamegyünk Miranda?«.

„Azt hiszem, igen, de lehet, hogy ezúttal nekem kéne előbb mennem?" Rálépett a hídra, és másodpercek alatt a túloldalon volt.

Cheryl követte, majd Terri. Felmásztak a lépcsőn, és hamarosan a kanyargós ösvényen sétáltak. Holnap elhagyják Katoombát.

A három barátnő nem sokat törődött a két ausztrál sráccal. Terri és Cheryl érdekelte őket, és úgy gondolták, hogy a tériszonyban szenvedő barátjuk jól kijön majd Mirandával. Ez volt az első alkalom, hogy a lányok találkozhattak néhány egyedülálló sráccal. és észre sem vették.

Reméljük, nem ez volt az utolsó lehetőségük.

FEJEZET 23

MÁSNAP REGGEL A HÁROM barát összepakolt, és reggel 9-re már kint is voltak az ajtón. Éppen elég idejük volt arra, hogy átsétáljanak, és még egyszer megnézzék *a Kék-hegységet*, mielőtt elindultak volna a vasútállomásra. Ködös reggel volt. Nem esett az eső, de sűrű pókhálós köd volt a levegőben. Ahogy egyre közelebb és közelebb mentek a hegység pereméhez, a köd egyre sűrűbbé és sűrűbbé vált.

„Ha nem láttam volna magam, sohasem hittem volna el. Biztos vagyok benne, hogy A Hegyek ott vannak, de én semmit sem látok" - mondta Miranda.

„Akkor induljunk, nincs értelme lógni - nem akarjuk elrontani a dolgokat az utolsó pillanatban" - mondta Terri.

„Remélem, nem törlik a vonatokat!" Kérdezte Cheryl.

„Jó érv - mondta Miranda -, ha igen, akkor még egy éjszakára szállást kell találnunk."

Végigsétáltak a főutcán, távolabb a The Blue Mountainstől. Megálltak a The Paragon Café előtt, és egy doboz kézzel készített csokoládét választottak. Mire a vasútállomásra értek, a köd teljesen feloszlott.

„Ez annyira furcsa" - mondta Miranda. „Talán a köd búcsúzott tőlünk."

A vonatra felszállva Miranda észrevette, hogy három fickó nagy sebességgel fut a peron felé. A srácok közül kettőt felismert - azokat, akik „Sheilának" szólították, amikor a Három nővérben ragadt. Érezte, hogy elvörösödik az arcszíne, amikor a legmagasabbik integetett neki.

„Micsoda meglepetés, hogy újra találkozunk" - mondta. „Nem bánod, ha csatlakozunk hozzád?"

A három barát egyetértően bólintott, miközben a srácok leültek.

„Hayden vagyok, ők pedig a haverjaim, Jake és Ben".

„Örülök, hogy megismerhetlek titeket. Miranda vagyok, ők pedig a barátaim, Terri és Cheryl."

„Sziasztok."

„Nem emlékszem, hogy láttalak volna tegnap" - mondta Miranda, és a srácra nézett, aki a legaranyosabb volt a három közül.

„Ő is tériszonya van" - mondta Hayden. „Ezért egyedül ment el a Jenolan-barlangokhoz."

„Ha ő is jött volna, még mindig a hídon állnánk" - mondta Jake nevetve.

„Ugyan már, haverok, hagyjatok már békén" - mondta Ben. „Szóval, honnan jöttetek, lányok, Kanadából?"

„Igen" - mondta Terri - »Jó tipp«.

„Igazából nem is tippeltem. Van egy nagynéném, aki az Ontario állambeli Ottawában él, így ismertem az akcentust. Minden karácsonykor beszélünk vele."

„Jártál már Kanadában?" Cheryl megkérdezte.

„Nem" - mondta Ben - "Szeretnék, de nincs rá pénzem - mármint készpénz -, de egyszer majd elutazom. Akkor majd világkörüli útra megyek."

„Már ha fel tudjuk ültetni egy repülőgépre!" mondta Hayden.

Három vadidegennel megosztani egy másfél órás utat, három vadidegennel, kockázatos dolog. Vagy úgy kijöttök egymással, mint rég nem látott barátok, vagy gyorsan megtanuljátok, hogy nem kedvelitek egymást, *nagyon*. Ebben az esetben a háromból kettő nem volt rossz.

„Honnan jöttél?" Kérdezte Terri.

„Melbourne-ből jöttünk, csak egy hétre jöttünk le nyaralni" - mondta Hayden. „Vasárnap este megyünk vissza." Hayden volt a legidősebb és egyben a legmagasabb is. Sötét, göndör haja, barna/fekete szeme és egy apró anyajegy volt a jobb arcán. „Harmincéves vagyok, és a Telstra elektronikai mérnökeként dolgozom."

„Ontarióból származunk. A hóövezetben vagyunk, szóval közel sincs olyan hideg, mint Ottawában" - mondta Terri - "Egy bőröndöket gyártó cégnél dolgozom, a könyvelésen vagyok."

„Ó, egy babszámláló" - mondta Jake - "Én is a Telstra-nál dolgozom." Jake az idő nagy részét azzal töltötte, hogy a saját tükörképét csodálta az ablakban, és az ujjaival a hajába fésülködött. Szőke volt, kék szemű, és teljesen el volt telve magával.

„Új munkát kezdek, ha visszajövök" - mondta Miranda. „Ne beszéljünk a munkáról, eh. Szabadságon vagyunk."

„Melyikőtök akadt fenn a Három nővérben?" Ben kérdezte. Ben volt a legcsendesebb, huszonhét éves, és Jake unokatestvére. Körülbelül 180 centi magas volt, vöröses szőke hajjal, és néhány szeplőt elszórtan az orrán. A szeme kék volt, és szelíd volt a természete. A hangja lágy és megnyugtató volt.

„Én voltam az - mondta Miranda -, azt hiszem, a buszsofőr meséje volt a *bunyósról*." A lány felnevetett.

„Mindig ilyen voltál, Ben?" Kérdezte Cheryl. „Úgy értem, tériszonyod van. Nálam ez valahogy jön és megy. A Három nővérnél nem volt gondom, de a Sydney Harbour Bridge - na, az megdermesztett."

„Én is így vagyok ezzel, amióta az eszemet tudom" - mondta Ben - "Régebben az óriáskeréken lovagolva rettegtem. Azt hiszem, egy kicsit nyámnyila vagyok."

„Nem, egyáltalán nem" - mondta Miranda - »Szerintem jó terápia, ha beszélünk róla«. Miranda észrevette, hogy Jake bordán könyökölte Haydent. „Mi olyan vicces?"

„Csak azon gondolkodtunk - mondta Hayden -, hogy tervezzük, hogy bungee jumpingolni megyünk a hegyekbe. Ben teljesen kiborult - miután kifizettük a p énzünket".

„Mondtam nektek, hogy ugorjatok nélkülem" - mondta B en.

„Csak nyugodtan vedd lazán" - mondta Jake. „Megállapodtunk, vagy mindannyian, vagy egyikünk sem. Ne feledd, mi vagyunk a három muskétás."

„Hé, mi is így hívjuk magunkat!" Mondta Terri.

„Hé, hagyd abba a témaváltást" - mondta Hayden. „Elvégre fejenként 150 dollárral tartozunk!"

„A francba!" - mondta Ben nagyon hangosan.

A lányok egybehangzóan azt mondták: „Shhhhhhhhhhhhhhhhhhhh!"

„Bocsánat, majd én megszerzem nektek a pénzt. A következő fizetés."

„Egy fillérrel sem tartozol nekem" - mondta Jake - »Mindannyian megegyeztünk«.

„Hát lehet, hogy te vagy Allan Bond" - mondta Hayden - »de én nem - és szükségem van a pénzre«.

„Téma lezárva" - Jake, mormogta a lányok felé a »bocsánat« szót.

Aztán, ahogy az gyakran előfordul, amikor idegenek találkoznak, külön beszélgetések következtek. Ben és Miranda a tériszonyukról beszélgettek. Terri és Hayden a Telstráról beszélgettek, és arról, hogy mi a különbség egy nagy konglomerátumnak dolgozni, szemben egy családi vállalkozással.

Cheryl nem volt lenyűgözve Jake-től. Próbálta szóra bírni, de úgy tűnt, hogy a férfit csak a saját tükörképe érdekli. Egy idő után feladta, és bekapcsolódott Miranda és Ben beszélgetésébe.

„Elmegyek pisilni - mondta Jake.

„A hölgyeknek nem kell hallaniuk róla - mondta Hayden.

„Nekünk sem, pajtás" - mondta Ben.

Az utazás a végéhez közeledett, és Ben kétségbeesetten szerette volna újra látni Mirandát.

„Lányok, csináltok valamit szombaton? Darling Harbourba megyünk. Van kedvetek találkozni, vacsorázni és utána táncolni?"

„Nagyon szívesen" - mondta Miranda.

„Az remek lenne" - mondta Terri.

„Cheryl?" Miranda megkérdezte.

„Persze, ha szeretnétek."

„A King's Cross-i Backpackers Hostelben szállunk meg" - mondta Ben, miközben a pénztárcájába nyúlt. „Itt a szám, arra az esetre, ha esetleg nem tudnál eljönni, vagy ilyesmi. Szólj nekünk. Nagyszerű volt veled beszélgetni."

„Mi is örültünk a találkozásnak" - mondta Miranda. „A szállodában vagyunk, hívjatok fel minket, ha egyébként nem tudtok eljönni, ott találkozunk. Hét körül?"

„Jól hangzik, sziasztok, és köszönjük a társaságot" - mondta Ben, miközben a három barát felmászott a lépcsőn, és kiléptek a peronra.

„Micsoda egy darab munka volt ez a Jake - ő a legunalmasabb ember, akivel valaha találkoztam" - mondta Cheryl.

„Hayden sem olyan nagyszerű, de szerintem Miranda és Ben nagyon jól kijönnek egymással, úgyhogy mehetünk velük. Jó móka lesz - és nem mintha lenne jobb ajánlatunk" - mondta Terri.

„Igaz, de csak arra vigyázz, hogy ne maradjak egyedül Jake-kel, ICK".

„Szerintem egyedül hagyhatsz Bennel" - mondta Miranda fülig érő szájjal.

„Na, végre találkoztunk néhány ausztrál sráccal!" Mondta Terri.

„Igen, így van. Észrevetted, hogy Jake folyton magát bámulja?"

„Hát hogyan is hagyhattuk volna ki?" Miranda azt mondta.

Miranda úgy döntött, hogy megfürdik. Töltött egy pohár Cabernet Sauvignont - egy mini palackot a hűtőből, és felkapott egy könyvet. Mélyen belesüllyedt a kádba, és Benre gondolt. Nagyon őszintének tűnt. Alig várta, hogy újra l áthassa.

FEJEZET 24

MÁSNAP REGGEL CHERYL FELÉBREDT és hányt. Fájt a feje; fájt a háta, és megérkezett a havi barátja.

„Nincs kedvem sehova menni vagy bármit csinálni" - mondta Cheryl. „Csak be akarok mászni az ágyba, és pihenni."

„Megyek, hozok neked egy kis Midolt, és pillanatok alatt rendbe jössz" - javasolta Miranda.

„Reggelizzünk egy jót, csak nyugodtan ma reggel, és meglátjuk, hogy mire jutsz" - mondta Terri. „Talán később jobban fogod érezni magad."

„Nem akarok enni, és nem kérek Midolt sem, csak pihenni akarok, csendben lenni. Miért nem mentek el, lányok, szórakozni? Én jól megleszek itt egyedül is."

„Biztos vagy benne?" Kérdezte Terri.

„Biztos vagyok, csak egyedül akarok lenni."

„Ennek semmi köze ahhoz, tudod, hogy tegnap találkoztál a srácokkal, ugye?" - kérdezte Miranda.

„Nem, ennek semmi köze senkihez vagy semmihez. Csak úgy érzem, hogy ki vagyok merülve, és én..." itt megállt, sírni kezdett, és berohant a fürdőszobába.

„Utálom egyedül hagyni őt ebben az állapotban" - mondta Terri.

„De ha ezt akarja, akkor szerintem meg kell tennünk. Hadd legyen egy kis ideje, hogy összeszedje magát." Aztán Miranda bekopogott a fürdőszoba ajtaján: „Cheryl, elmegyünk pár órára, pihenj, és tedd fel a lábad".

„Oké, köszi srácok, később biztos jobban leszek."

A liftben Miranda elkezdett Benről beszélni: „Nem a legjóképűbb srác, vagy ilyesmi, de okos, vicces és aranyos. Már nagyon várom, hogy újra találkozzunk!"

„Csak lassan, Miranda. Még csak most találkoztatok."

„Tudom, de már régóta nem éreztem így."

„Tudom, és megérdemled, hogy találkozz valakivel."

„Köszönöm" - mondta Miranda.

„Vajon Cheryl hogy van odabent?"

„Az elmúlt napokban észrevettem, hogy néha távolságtartónak tűnt. Kíváncsi vagyok, hogy van-e egy kis honvágya. Elvégre most van először távol a családjától."

„De csak néhány hétig vagyunk távol, és ez az utazás elég sok megtakarításunkba került - szóval nem igazán engedhetjük meg magunknak, hogy egy napot itt is, meg ott is elveszítsünk, tudod" - mondta Terri.

„Egyetértek. Vissza kéne mennünk, és megpróbálni felkelteni és atomot csinálni belőle. Ha kicsit honvágya van, a legrosszabb orvosság számára, ha egyedül ül és mereng. Ki kell mozdulnia, új dolgokat kell felfedeznie, emberekkel kell találkoznia, és akkor hamar elfelejti az egészet."

Ahogy Miranda elfordította a kulcsot az ajtóban, meghallották, hogy Cheryl telefonál. Sírt.

„Haza akarok jönni, anya, nem akarok itt lenni többé, nem tetszik itt, hiányzik." - Elhallgatott, majd suttogva mondta: "Ööö, most mennem kell, majd később hívlak, oké, anya. Szeretlek." Cheryl a két barátnőjére nézett, és zavarba jött. Az ágyára vetette magát, és zokogott.

„Nézd Cheryl - mondta Miranda. „Menj haza sírni, mint egy kisbaba, ha ezt akarod, de ez egy egyszeri utazás az életben, és mi nem megyünk vissza veled. Csak alig több mint egy hónapig vagyunk itt, és szerintem egész életedben bánni fogod, ha kihagyod ezt a lehetőséget."

„*Tudjuk,* hogy meg fogod bánni."

A lányok együtt ültek, és úgy csevegtek, mint a tinédzserek egy pizsamapartin. Végre meggyőzték Cherylt, hogy szedje össze magát. Összepakoltak, és sikerült elcsípniük egy redeye-járatot az Outbackbe.

Holnap megmásszák az Ulurut.

FEJEZET 25

M ÁR 40 FOK VOLT, amikor felébredtek. A légkondicionáló zúgott. Kellemetlen porízzel a szájukban ébredtek.

„Vízre van szükségem - mondta Miranda -, annyira kiszáradtnak érzem magam".

„Azt hiszem, a sok borivás tegnap este mégsem volt olyan jó ötlet" - mondta Terri - »de hát nem élveztük, lányok?«.

„Igen, élveztük, de jobb, ha indulunk. Ma meg kell másznunk az Ulurut, és a nap előrehaladtával egyre melegebb lesz. Azt mondom, együnk lent gyorsan egy joghurtot vagy valamit, aztán induljunk" - javasolta Cheryl.

A gyors reggeli után kimerészkedtek a motelből. Felkapaszkodtak egy turistabuszra. Észak-amerikai és brit akcentus volt a jellemző, ahogy az aboriginal nevezetesség felé vették az irányt.

„Uluru - kezdte Miranda. „A korábban Ayers Rock néven ismert szikla hagyományos tulajdonosai az Anangu nevű törzs volt, akik közel 22 000 éve éltek a területen. Maga a szikla valahol 600 és 700 millió év között van!"

A homoktengerben sodródó fenséges skarlátvörös monolit egyre közelebb és közelebb került hozzájuk.

„Fehérlófia - folytatta Miranda. „Uluru létét a konglomerátum kőzetek felbomlásával magyarázták, amely akkor történt, amikor a kontinenst részben hatalmas beltengerek borították, de az Anangu szerint az őseik a Tjukurpa idején hozták létre az Ulurut, amikor természetfeletti lények szelték át a földet, és menet közben hegyeket, völgyeket és víznyelőket hoztak létre." Az Anangu azt mondta, hogy az őseik a Tjukurpa idején hozták létre az Ulurut.

Amikor felszálltak a buszról, csend lett. Mindenki félelmet érzett az előtte álló alak láttán. Forró levegő simogatta őket, és elállt a lélegzetük.

„Valamikor meg lehetett mászni az Ulurut - magyarázta az idegenvezető -, de ma már nem engedélyezett. A hely szent az anangu nép számára. A fényképezés nem megengedett. Uluru nagy kavicsot jelent. Az Uluru üledékes kőzet. Ez volt a hagyományos útvonal, amelyen az ősi mala emberek az Uluruhoz való megérkezésükkor végigmentek. A területet 1950-ben nemzeti parkká nyilvánították, majd 1985-ben a tulajdonjogot visszakapták az őslakosok. Ha reggel, napfelkeltekor szeretne visszatérni, kérjük, jelentkezzen be a bázis körüli túrára. Csoportja együtt fogja körbejárni a szikla kerületét. A túra három órát vesz igénybe. Megéri felkelni érte. Egyelőre az információs központ és az Uluru körüli egyéb tevékenységek állnak az Ön rendelkezésére. Kellemes időtöltést kívánunk."

„Elég szomorú, hogy nem tudjuk megmászni" - mondta Miranda. „De megértem. Annyira gyönyörű. Utálom, ha elpusztul."

„Én a magam részéről nem bánom, hogy itt maradok lent, és ebből a perspektívából látom, de szívesen elmennék arra a túrára. Csak nem tudom, hogy át tudjuk-e tenni a járatainkat. Elvégre úgy volt, hogy reggel kilenckor repülünk vissza Sydneybe" - mondta Cheryl.

„Van még néhány óránk itt, úgyhogy használjuk ki a lehető legtöbbet" - mondta Miranda -»És felhívhatjuk a Qantas-t, ha visszaértünk, hátha át tudják szervezni a menetrendünket«.

Meglátogatták a Maruku Arts and Craft komplexumot, amely az Uluru alján található.

„Nézd ezeket a csodálatos festményeket!" mondta Cheryl.

„Nézzétek ezeket a figyelemre méltó műtárgyakat. Bárcsak megvehetném itt apám didgeridoo-ját" - mondta Terri. „De nem akarom a szállodában hagyni, vagy magunkkal cipelni. De azért szívesen támogatnám ezeket a helyi művészeket."

„Nézd, barlangok" - kiáltott fel Miranda. „Festmények mindenütt. Hihetetlen! Hogy csinálták ezt valaha is?"

„A művészek kéregből készítettek ecsetet, és absztrakt mintákat alkottak vele. Minden egyes szegmens az őslakosok életét ábrázolja" - magyarázta az idegenvezető.

„Mikor készült az utolsó?" Miranda megkérdezte.

„Az 1930-as években."

„Maradnunk kell, és holnap reggel visszajövünk" - mondta Miranda. „Egyszerűen muszáj. Lehet, hogy soha többé nem jutunk vissza errefelé."

„Igazad van" - mondta Cheryl. „Még ha bírságot is kell fizetnünk, én hajlandó vagyok rá."

„Én is, ez túl kiváló ahhoz, hogy kihagyjam."

Visszatérve a motelbe, Cheryl sikerrel járt a Qantasnál. Nem számítanak fel díjat, és a járatukat 14:45-re módosították.

„Meg fogja érni. Hé, most jutott eszembe, hogy szombat este randink lesz" - mondta Miranda.

„Ja, jobb, ha vacsorázunk, és korán lefekszünk. A holnapi nap feltűnően zsúfolt lesz" - mondta Cheryl.

Később a pázsitfotelekben pihenve a tüzes fények táncoltak az égen. A csillagoké volt az égbolt tágassága, mivel nem voltak városi fények, amelyekkel versenyezhettek v olna.

FEJEZET 26

MÁSNAP REGGEL, KORÁN REGGEL a lányok már keltek, atomoztak és felszálltak a buszra. Még nem volt egészen világos, hűvösebb és pihentetőbb volt. Gyorsan megreggeliztek, és több üveg vizet is bekaptak, amit a hátizsákjukba dugtak.

„Ezek a szigetelt jégszeletkék órákig hidegen tartják az italainkat - mondta Miranda.

Az út a monolithoz gyorsan telt. A busz tele volt izgalommal és várakozással.

„Hölgyeim és uraim, most egy olyan utazásra indulnak, amit soha nem fognak elfelejteni. Kérem, ne dobják el a jegyeiket. A műalkotás aboriginal szimbólumokat tartalmaz, és szentnek számít. Köszönjük önöknek. Jó szórakozást az u tazásukhoz."

Az idegenvezető elmagyarázta a Kata Tjuta, az Olgák geológiai történetét, miközben az ősi sziklakupolák között sétáltak. A nap felkelt, és pompájában megérintette sugaraival az Ulurut, elképzelhetetlen aurát teremtve.

A napi gyaloglástól kimerülten összepakoltak, és hamarosan úton voltak a repülőtérre.

„El sem tudom mondani, mennyire megváltoztatott ezeknek a hihetetlen természeti csodáknak a látványa" - mondta Miranda. „A Niagara-vízesés félelmetes, de itt lenni, látni ezeket a dolgokat, egyszerűen áldottnak érzem m agam."

„Tudom, mire gondolsz" - mondta Terri.

„Egyetértek, de mindannyian kimerültünk. Aludjunk egy kicsit. Hamarosan visszatérünk Sydneybe."

FEJEZET 27

„ALIG VÁROM, HOGY VISSZAMENJÜNK Sydneybe" - mondta Miranda - "mert ma este láthatom Bent!"

„Milyen Bennel?" Terri kötekedett.

„Nem várom, hogy Jake-kel töltsek időt" - mondta Cheryl.

„Eszünk, beszélgetünk, és táncolunk egy kicsit. Ha távol tartjuk Jake-et a tükröktől, biztos vagyok benne, hogy jól fog szórakozni" - mondta Terri.

A gép este hatkor szállt le. Fél hét volt, mire visszaértek a Hiltonba - és őrült sietségbe kerültek, hogy elkészüljenek, és 7-re leérjenek Darling Harbourba. Ennek ellenére küldetésüket sikeresen teljesítették, és a három barátnő pontosan 7 óra 5 perckor érkezett meg, díszbe öltözve. A fiúknak nyoma sem volt.

„Hát lányok, jól nézünk ki, ráadásul rekordidő alatt" - mondta Terri.

„Ha túl sokáig kell itt ácsorognunk" - mondta Cheryl - »a tekintetekből ítélve, talán lesz más választásom is Jake mellett az estére«.

„Szegény Jake azonban, randevú nélkül és barátok nélkül marad egy idegen városban, ahol senkit sem ismer" - mondta Miranda.

„Vegyétek elő a hegedűket" - mondta Cheryl. „Összetöröd a szívem."

„Negyed nyolc van, szerinted elfelejtették?" Miranda megkérdezte.

„Nem hiszem, hogy Ben elfelejtene bármit, ami veled kapcsolatos. Úgy tűnt, eléggé érdekli Miranda" - mondta Cheryl. „És ezt nem csak úgy mondom."

„Én is így gondoltam" - mondta Miranda. „De anya odaát azt mondja, hogy lassan kell haladnom, ne hagyjam, hogy a fantáziám elszaladjon velem."

„Terrinek igaza van, de még fiatal az éjszaka" - mondta Cheryl.

„Ha fél nyolcig nem érnek ide, keressünk egy éttermet, és együnk valamit. Nem hiszem, hogy jót tesz nekünk, ha ilyen sokáig ácsorgunk" - mondta Terri.

„Miranda, Miranda - kiáltotta Ben, ahogy felszaladt hozzájuk. „Jake és Hayden már úton vannak. Bocsánat, hogy késtünk. Ti hárman fantasztikusan néztek ki. Hogy v agytok?"

„Én, mi mindannyian jól vagyunk" - mondta Miranda. „Azt hittük, talán megfeledkeztél rólunk."

„Szó sem lehet róla, ma búvárkodni voltunk, és az idő csak úgy elszaladt velünk. Már alig vártuk, hogy találkozzunk veletek hármótokkal, mióta megismerkedtünk. Ó, most már itt vannak."

„Jó napot" - mondta Jake és Hayden egybehangzóan.

„Hú, ti hárman bonza jól néztek ki!" mondta Hayden.

„Dettó", mondta Jake. „Fordítsd le, hogy ez azt jelenti, hogy királyul nézel ki!"

„Köszönöm" - válaszolták.

„Akkor menjünk át a Raintree étterembe. Úgy gondoltuk, ott jó lesz a vacsora. Később, amikor élőzene, helyi zenekarok és tánc lesz. Szóval, úgymond, egy helyen vagyunk, hacsak nincs más ötletetek, lányok, vacsorára?" m ondta Ben.

„Nem, ezt rátok bízzuk - mondta Miranda. „Mivel nem igazán ismerjük az itteni éttermek többségét."

„Nézz szembe a tényekkel" - mondta Terri. „Bármit megeszünk, ami nem mozog."

„Hmm, nos, akkor ez leszűkíti a kört" - mondta Jake. „Jegyezd meg, a Morton Bay Bugs már nem mozog, amikor a tányérodra teszik. Gyerünk, próbáld ki!"

„Fúúúú, biztos csak viccelsz, ugye? Az emberek nem esznek bogarakat?" Mondta Cheryl.

Megérkeztek az étterembe, és leültek. Mindenki italokat rendelt, és elfoglaltan nézegették az étlapokat.

„Ha nem hiszitek, nézzétek ezt" - kiáltott fel Jake.

„Morton Bay Bugs!" Mondta Terri. „Mik ezek? Olyanok, mint a kakascsótányok vagy ilyesmi?"

„Ez a gondolat annyira undorító" - mondta Miranda. „Vigyázz! Még a végén elriasztasz a kajától, és lehet, hogy inkább a Mickey D's-be kell mennünk."

„Igazából" - mondta Ben - "úgy néznek ki és olyan az ízük, mint a mini homároknak. Itt csemegének számítanak. Gondolj csak bele, van, aki kaviárt eszik - halikrát, és van, aki escargot-t - csigát, szóval a Morton Bay Bugs nem is olyan rossz. És ez egy nemet jelent a Mickey D's-re."

„Én garnélarákot kérek, az ugyanaz, mint a garnélarák, nem?" Miranda megkérdezte.

„Csak nagyobbak" - mondta Hayden. „Rendeljünk egy kis bort, Cabernet Sauvignon, jó lesz? Valaki inkább sört szeretne?"

„Ez a kedvencem" - mondta Miranda.

„Én a sört részesítem előnyben" - mondta Jake.

A bort és a sört felszolgálták. Tósztot mondtak az új barátokra. Megrendelték az ételt. Megosztották a kenyeret. Amikor megérkeztek az ételek, mindenki boldog volt, k ivéve Mirandát.

„Engem néznek."

„Hát persze, hogy néznek" - mondta Jake. „Meghámozod és megeszed őket. Nincs is jobb a friss garnélarák ízénél."

„Nem tudom megenni őket, még a fejükkel, nem is beszélve a még bent lévő belekről. Jaj, azt hiszem, rosszul leszek."

„Igyál még egy korty bort, és figyelj rám" - mondta Ben. miközben kihúzott egy garnélarákot Miranda táljából, és félbehúzta. „Van egy művészete a garnélarák evésének, és egy egyszerű módja a hámozásának. Látod, hogyan csináltam itt a törést? Nos, ez a kulcs. Most pedig a húsos rész ott vár rád. Csak annyit kell tenned, hogy meghámozod ezt a részt. Látod, a fej eltűnt, és nincs több dolgod vele. Tessék csak belemártani a szószba, és kipróbálni".

„Ha már Rómában vagyunk" - mondta Miranda, miközben beleharapott a fehér húsú garnélarákba. „Na, ez az egyik legjobb dolog, amit valaha kóstoltam. Valahogy sós és valahogy édes. Tessék, hadd próbáljak meg én is meghámozni egyet. Szolgálja ki magát mindenki, én biztosan nem tudom mindet megenni."

„Ez a lazacos rizottó isteni - mondta Cheryl. „Még sosem hallottam a rizottóról."

„Még jobb, ha friss parmezánt szórunk a tetejére." Intett a pincérnek. „Friss parmezánt kérek."

Visszajött egy kis parmezánnal, és Cheryl rászórta. „Igazad van, még jobb íze van. Köszönöm a javaslatot."

„És ez a cajun kuszkusz is gyönyörű" - mondta Terri. „Láttam már itthon a boltokban, de még sosem akartam kipróbálni. Most már biztosan meg kell tanulnom, hogyan kell elkészíteni."

„És ti, lányok, mit csináltatok azóta, hogy utoljára láttunk titeket?" Hayden megkérdezte.

„Elég sokat láttunk Sydneyből, és voltunk az Ulurunál" - mondta Miranda. „Milyen félelmetes monolit az."

„Örülök, hogy ennyi mindent láthattatok Ausztráliából" - mondta Ben. „Tervezitek, hogy Melbourne-ben is eltöltötök egy kis időt?"

„Karácsonykor Melbourne-ben leszünk" - árulta el Miranda. „Kedd este érkezünk, és péntek este térünk vissza. Az első nap megnézünk egy meccset az MCG-ben, és s..."

„Szerdán egy túra a Művészeti Központban, plusz egy kis karácsonyi vásárlás" - szakította félbe Terri.

„Miért nem töltitek nálam a karácsonyt? Grillezünk, és nagyon szívesen látunk" - kérdezte Ben.

„Nagyon szívesen!" Miranda felkiáltott. „Ez nagyon nagylelkű tőletek."

„Csak egy kis ausztrál vendégszeretet" - mondta Ben. „Különben is, Melbourne óriási mértékben különbözik Sydney-től. Mások az emberek, és más a kultúra. Elég nagy a rivalizálás a két város között, és..." Lehalkította a hangját: „Természetesen Melbourne a legjobb város."

„Ha ha - nevetett Jake -, „ezt ki mered kiáltani, haver!".

„Mit, és verekedést okozol itt?" Mondta Hayden. „Jól jegyezd meg, a tömeget elnézve fogadok, hogy mi hárman mindhármukat elintéznénk."

„Ne derítsük ki" - mondta Cheryl.

„Mindenki készen áll egy kis táncra?" Hayden megkérdezte.

„Menjünk előre" - mondta Terri, és összekulcsolta a karját az övével.

Amikor elváltak, már elmúlt hajnali két óra, a zene nagyon hangos volt a helyszínen. Nem nagyon hallották egymást.

„Köszönöm a szórakoztató estét" - mondta Miranda - "És Melbourne-ben találkozunk."

„Persze" - mondta Ben, miközben odahajolt, hogy megcsókolja Mirandát a bal, majd a jobb arcára.

„Befelé, öregem!" Mondta Jake, miközben lehajolt, hogy Cherylnek egy puszit adjon az ajkára. A lány oldalra fordította a fejét, és a férfi összekulcsolta a haját.

„Találkozunk jövő héten" - mondta Terri.

Hayden felé hajolt, majd meggondolta magát. Nem akart kockáztatni azok után, ami Cheryllel történt.

A három barát beszállt a taxiba, és az elrobogott az éjszakába.

FEJEZET 28

VISSZATÉRVE A SZÁLLODÁBA, BIZTONSÁGBAN, Miranda sikoltozva ébredt fel. Felült az ágyban.

„Mi az?" Kérdezte Cheryl, felkapcsolva a villanyt.

„Mindenki jól van?"

„Nem, nem vagyok jól" - mondta Miranda - »álmodtam, egy nagyon ijesztő álmot«.

„Mesélj róla" - mondta Cheryl. „Tudod, mit mondanak a megosztott problémáról."

„Nem akarok, túlságosan ijesztő".

„Felteszek egy kis kávét, üljünk ki az erkélyre, és elmondhatod, ha készen állsz. Nincs értelme most visszamenni az ágyba. Nézd, felkel a nap - mondta Terry.

Amikor már az erkélyen ültek, szívták a friss reggeli levegőt és kávét kortyolgattak, Miranda elárulta az álmában történteket.

„Teljesen egyedül voltam az Uluru csúcsán. Valaki üldözött engem. Kés volt náluk. Egy férfi volt az. Futottam és futottam, de ő csak követett. Sarokba szorítottak, nem volt hova fordulnom, és akkor levette a maszkját. Ő volt az. Az e rőszaktevő.

„Meg kell halnod!" - mondta. Különben rájönnek, hogy én voltam. Mind én voltam. Én öltem meg őt, én öltem meg a barátodat, és most téged is megöllek.'

Tökön rúgtam, mire ő elesett, és a kés leesett. Elkezdett lecsúszni az oldalára. Mindketten kapkodtunk utána, de az eső elkezdett esni, és a sziklák csúszósak lettek. Olyan volt, mint a puszta jég. Harcoltunk. Olyan volt, mintha korcsolyáztunk volna. Fentről láttam magunkat, és olyan volt, mintha egy faj lennénk, akik párzási rituálét hajtanak végre. Rosszul éreztem magam. Csapdába ejtett. A nyakamat fogta, és a szakadék szélén tartott. Előre nyomta a testemet. E kkor ébredtem fel."

„Nem csoda, hogy halálra rémültél" - mondta Cheryl. „Már attól libabőrös lettem, hogy hallgatlak."

„Én is" - mondta Terri.

Miranda felpattant, és berohant a fürdőszobába. Addig hányt, amíg már nem maradt semmi hányni valója.

„Bár én ezt nem értem" - mondta Terri. „Miért kapcsolja össze Miranda a két dolgot. Az apja azt mondta, hogy Christina öngyilkos lett. A szülei kaptak egy búcsúlevelet."

„Van valami, amit Miranda nem mondott el nekünk, ebben biztos vagyok" - mondta Cheryl.

„Jól vagy?" Cheryl megkérdezte, amikor Miranda újra megjelent az erkélyen.

„Nem, nem vagyok jól. Semmilyen szempontból nem vagyok jól."

„Nem értem" - mondta Terri - "Mi bánt téged?"

„A tudatalattim azt hiszi, hogy az erőszaktevő és a gyilkos ugyanaz az ember. Ennyi a történet."

„De még ha ez igaz is lenne, fogalma sincs, hol vagy" - mondta Cheryl.

„Épp ellenkezőleg. Ha ő ölte meg Christinát, akkor minden esély megvan rá, hogy tudja, hol vagyok. Tudja, egy teljes napirendet hagytam az asztalon a telefon mellett. Arra az esetre, ha Christinának vagy Mrs. Pierce-nek szüksége lenne rám. Ez igaz."

„Akkor ezt miért nem mondta el nekünk korábban?" Kérdezte Cheryl.

„Nem számít. Még ha ugyanaz a személy is lenne, miért nézne a telefonasztalra?" Mondta Terri. „Túl nagy a valószínűsége, és én biztosan nem fogom felhúzni magam e miatt."

Cheryl vonakodva egyetértett. Kívülről nem tűnt úgy, mint aki aggódik a barátai miatt, de belül egyre inkább azt kívánta, bárcsak újra otthon lenne. Biztonságban. És a családjával a közelben.

FEJEZET 29

Rövid REPÜLÉS UTÁN A gépük a Queensland-i Surfer's Paradise-ban landolt. Egy busz várta őket és néhány társukat, hogy a Gold Coaston lévő Oxenfordba szállítsa őket. Az út húsz percig tartott.

„Ez a hely úgy néz ki, mint a Las Vegasról látott képek" - mondta Terri.

„Vagy olyan hirdetések, amelyek Los Angelesbe csábítják a hómadarakat, hogy elmeneküljenek a tél elől" - mondta Miranda.

„Ó, te jó ég! Nézd a Dream World, a Jupiter's Casino, a Warner Bros. Movie World, a Sea World, a Wet 'n' Wild Water World tábláit - kár, hogy csak pár napra vagyunk itt, bár annyi mindent lehet itt csinálni" - mondta Cheryl.

„Alig várom, hogy bejelentkezzünk a szállodánkba, és aztán kimehetünk szórakozni!" mondta Miranda.

„De mit fogunk először csinálni?" Kérdezte Terri.

„Nézzük meg, mit ír az Aussie Sights. Nagyon ígéretesnek hangzik, azt írja, hogy 'A Gold Coast Ausztrália egyik vezető üdülési játszótere. 42 kilométernyi napsütötte tengerparttal, a világörökségi listán szereplő esőerdőkkel, vidámparkokkal, vásárlási lehetőségekkel és éjszakai élettel rendelkezik, ez a tengerpart a legtöbbet!„'". Miranda olvassa: Miranda olvassa: Miranda olvassa: Miranda olvassa.

„Azt mondom, először menjünk a Warner Bros-ba, aztán a többibe, ha van időnk" - javasolta Terri.

„A Sea World a második választás, ha akkor lesz időnk" - mondta Cheryl. „Ma nem igazán akarok vizes lenni."

„Ma este pedig beugrunk a Jupiter's Casino-ba, és stílusosan megvacsorázunk!" mondta Miranda.

A probléma az volt, hogy annyira fáradtak voltak a Warner Bros. Worldben eltöltött hat óra gyaloglás után, és annyira stresszesek voltak a sok hullámvasúttól, amin sikoltoztak, és annyira tele voltak a sok nassolás után - hogy nem jutottak el sehova, csak a szobájukba és aludni.

FEJEZET 30

Jobb, ha hazatelefonálok - mondta Terri. „Vasárnap „ este van, és apa aggódni fog, ha nem teszem."

„Menj csak - mondta Miranda. „Én megyek zuhanyozni. Annyi dolgunk van ma!"

„Megnézem a térképet, és készítek egy tervet - a Jupiter's Casino lesz az első. Kíváncsi vagyok, mikor nyit ki. Megnézem, mit tudok kideríteni" - mondta Cheryl.

„Szia apa - mondta Terri. „Igen, mindannyian jól vagyunk. Hogy van mindenki otthon? Nagyon jól érezzük magunkat. Jól van, apa. Add át üdvözletemet mindenkinek. Hamarosan találkozunk." Elgondolkodó tekintettel megszakította a kapcsolatot. „Ez gyors volt és n agyon furcsa."

Cheryl felhördült, témát váltva. „Húúúú, megütöttük a főnyereményt! A Jupiter's a nap 24 órájában nyitva van! Már csak egy taxira van szükségünk, ami odavisz minket."

„Mi ez a sok kiabálás?" Miranda, aki fel volt öltözve, érdeklődött.

„Először is, Terri olyan gyorsan letette a telefont, hogy a feje is elborult, aztán rájöttem, hogy a kaszinó éjjel-nappal nyitva van. Hívok egy taxit - egy óra múlva készen lehetünk, jó?" Mondta Cheryl.

„Egy óra múlva? Megoldjuk" - mondta Terri útban a zuhanyzó felé. „Ott meg tudunk reggelizni."

„Várj, várj" - mondta Miranda. „Eszembe jutott valami, amit a búvárleckékről olvastam. Nagyon szeretném kipróbálni."

„Én sem bánnám, nem kell először a kaszinóba mennünk, menjünk először búvárkodni, és utána a kaszinóba vacsorázni" - mondta Terri - "Reggelizni bárki tud, de vacsorázni, na azt már tényleg szívesen lennék a kaszinóban.

„Oké, akkor búvárkodás lesz" - mondta Cheryl. „Felhívom a földszintet, hátha be tudnak szervezni minket, amilyen gyorsan csak lehet."

Miranda belenézett a sárga oldalakba, míg Cheryl a portással beszélt.

„Buszra kell szállnunk, ez sokba fog kerülni - de fél óra múlva kint lesznek. Felvesznek még néhány embert, úgyhogy mi is mehetünk velük" - mondta Cheryl.

„Király" - mondta Miranda - »Siess, Terri, Cherylnek még kell egy menet, és nekünk csak fél óránk van, hogy elkészüljünk és kint legyünk a bejáratnál«.

„Jujj" - mondta Terri, és kilépett a szobába, miközben Cheryl elhaladt mellette egy szempillantás alatt.

FEJEZET 31

ÜDVÖZLÖK MINDENKIT, ÉN VAGYOK ma az oktatójuk, a „nevem Ned. Válasszatok magatoknak egy öltönyt és készüljetek. Tíz perc múlva itt találkozunk." Mindenki elindult a ruhák irányába, ő pedig folytatta: „Ha kíváncsiak vagytok a cápákra, az óra után levihetlek titeket, hogy megnézzétek őket. Ez fejenként 25 dollárba kerül, és alá kell írnotok a biztosítási nyomtatványokat - de szemtől szembe fogtok kerülni egy cápával. Egy ketrecben tökéletesen védve lesztek, úgyhogy ne aggódjatok. Mindenki jöjjön és készüljön fel! Tíz perc m úlva itt találkozunk."

„Kizárt dolog, hogy ezt megtegyem!" Mondta Cheryl.

„Gyerünk, lázadás lesz" - mondta Miranda.

„A ketrecben tökéletes biztonságban lennénk" - parolázott Terri az oktatónak.

Kiléptek a hajó fedélzetére, és Terri megkérdezte az oktatót, hogy mindannyian lemehetnek-e egy ketrecben vagy sem.

„Nem tanácsos. Az a fránya izé túl nehéz lenne felemelni, ha vészhelyzet adódna, nem tudod? Egyszerre csak egyenként mennétek le. Ha bármi történik, csak meghúzod a kötelet, és Bob a nagybátyád - majd mi felhúzunk. Soha többé nem lesz rá esélyed, ugye?"

„Nem - mondta Cheryl.

„Azt mondom, egy mindenkiért és mindenki egyért, csináljuk!" Mondta Miranda.

„Először is, essünk túl a leckén. Aztán eldöntheted, hogy mit akarsz csinálni. Feltételezem, mindenki tud úszni?"

Az óra felüdítően hatott, és a három barát elég önbizalmat szerzett ahhoz, hogy fejenként 25 dollárt adjanak át bőrbőrű oktatójuknak.

„Én akarok először menni" - mondta Cheryl.

„Oké, megegyeztünk."

A három barátnő pacsizott.

A ketrecben Cherylt lassú ereszkedéssel az óceánba dobták. A ketrec tágas volt, és a lány igyekezett középen maradni. A vizet melegnek érezte maga körül, és a távolba lesett, várva a rettegett Bruce érkezését. Soha nem szerette azt a filmet, a *Cápa*.

Néhány perccel később véres halbelsőségek úsztak le körülötte. A gyomra összeszorult a látványtól. Nem telt el sok idő, és megjelent az első cápa.

Először körbeúszta a lányt, és szemmel tartotta.

„Helló, Cápa úr, Cheryl vagyok, szép cápás, szép cápás".

A ketrecnek ütközött. Cheryl nem sikoltott, és nem pislogott. Mozdulatlan maradt, mint egy szobor, remélve, hogy a férfi elmegy.

A férfi nekiment a ketrecnek, teljes erőből az arcával, és megpróbálta megharapni a rácsot. Cheryl elesett, megragadta a kötelet, és teljes erejéből húzta. Másodpercekkel később már a felszínen volt.

„Ó, Istenem!" Cheryl azt mondta: „Egy cápa, egy hatalmas cápa teljes súlyával nekiment a ketrecnek, és feldöntött. Soha életemben nem ijedtem még meg ennyire, és nagyon örülök, hogy vége. Te mész Miranda."

„Tényleg, tényleg ilyen közel jött hozzád egy cápa?"

„Persze, hogy igen, készen állsz rá? Vagy hagyjuk, hogy Terri menjen először?" Cheryl azt mondta.

„Szó sem lehet róla, én kihagyom" - mondta Miranda.

„Én is" - mondta Terri.

„Bawk bawk bawk bawk" - mondta Cheryl.

Később a Jupiter's Casino-ban Cheryl volt az este hőse. Bátor tettet hajtott végre, amikor beugrott a cápaketrecbe.

„Meghívhatlak még egy italra?" Miranda megkérdezte.

„Persze, ezúttal egy Pina Coladát kérek" - mondta Cheryl, és sugárzott a büszkeségtől. „Üssön meg" - mondta az osztónak. „Üss meg még egyszer. És csak így tovább!"

FEJEZET 32

REGGEL A KIS PIROS gomb villogott a telefonon. Újabb ü zenet.

„Újabb baj?" Terri megkérdezte. Beszélt a recepciós hölggyel, aki megerősítette, hogy Angelo; Terri apja telefonált. Mivel az imént beszélt vele - tudta, hogy valami nagyon rossz lehet.

„Szia apa, megkaptam az üzeneted. Minden rendben van?"

„Nem, nincs. Attól tartok, még több rossz hír van Miranda számára. Az apja balesetet szenvedett. Elizabeth tegnap késő este telefonált ide. Eszeveszett volt, miután órákon át próbálta elérni Mirandát. Még mindig a kórházban van Tommal. Nincs túl jó állapotban. Van kéznél egy toll?"

„Igen apa, leírom, oké, igen. Átadom az üzenetet, és ő azonnal hívhat. Van valami ötleted, hogy mi történt?"

„Elizabeth nem volt olyan állapotban, hogy részleteket mondjon, hisztérikus volt. Majd ő beavatja Mirandát."

„Oké apa, köszönöm."

„Most mi történt?" Miranda megkérdezte.

„Nem igazán tudom, de anyukád tegnap este felhívta a szüleimet. A kórházban van apáddal, megsérült. apa nem tudta a részleteket. Úgy tűnik, anyukád nem volt jól, amikor segítségért hívta őket".

„Még több balszerencse" - mondta Miranda, miközben beütötte a számokat. „Tom Evans szobáját kérem."

„Megkérdezhetem, ki beszél?"

„Miranda Evans, a lánya."

„Igen, Ms. Evans, az ön neve szerepel a listán. Kapcsolom."

„Anya, én vagyok az, Miranda, Mr. Russo hívott. Mi történt apával? Jól van?"

„Apád most alszik. Elég nagy megpróbáltatásokon ment keresztül."

„Meg fog halni? Mi a fene történt?"

„Nem, nem olyan vészes. Három törött bordája van, néhány öltés a fején, és kificamodott a lába. Nagy fájdalmai voltak. A drogok teljesen kiütötték szegényt."

„Baleset érte?"

„Nem, megtámadták."

„Megtámadták?"

„Apád lement a sarki boltba pár dologért. A férfi kint várt, és követelte apád pénztárcáját."

„Ó, Istenem!"

„Persze, hogy nem volt apádnál a tárcája. Csak néhány dollár volt a zsebében. Odaadta a férfinak, és az nagyon csúnyán átváltozott. Bordán rúgta, a lábára taposott, és fejbe vágta. Aztán elszaladt az apád kocsijával. A rendőrség szerint apádnak hihetetlen szerencséje volt."

„Valóban szerencsés! Akarod, hogy hazajöjjek, anya?"

„Nem, apád rendbe fog jönni. Azt mondta, hogy ne izgulj Miranda. Érezd jól magad a vakáció hátralévő részében."

„Oké anya, de hogy nézett ki a srác?"

„Azt mondta, hogy a férfi zömök volt, de nem kövér. Szőke haja volt, nagyon zsíros."

Miranda elejtette a telefont, az a földre esett, pattogott, és az éjjeliszekrényre csapódott. Miranda elsápadt, és leült az á gyra.

„Halló? Halló?"

„Mrs. Evans, Cheryl vagyok, Miranda kicsit rosszul lett. Majd mi vigyázunk rá, ne aggódjon. Rendben, szia."

„Mi történt?" Kérdezte Terri. „Megváltozott a sápadtsága. Azt hittem, hogy elájulsz."

„Apád jól van?" Kérdezte Cheryl.

„Apát kirabolták a sarki boltba menet. Csak pár dollár volt nála, és nem volt tárcája, ezért a fickó eltörte három bordáját, kificamította a lábát, fejbe vágta, aztán ellopta a k ocsiját."

„De téged nem zökkentett ki ez a hír, ugye? Nos, igen, de nem úgy, mint amikor megkérdezted, hogy néz ki a fickó" - mondta Terri. „Jaj, ne, nem arra gondolsz, amire én gondolok, Miranda?"

„Apa azt mondta, hogy a fickó, aki megtámadta, zömök volt, nem kövér, zsíros szőke hajjal. Ő az. Egyszerűen tudom, hogy ő az."

„De Miranda", mondta Cheryl, »milliónyi fickóra illik ez a leírás«.

Tudom, hogy a megérzésem igaz. Tudta a nevemet. Könnyen kideríthette, ki az apám. Pénzre volt szüksége, és bántani akart engem, ezért bántotta az apámat. Ahogy Christina esetében is, engem akart bántani, de én nem voltam ott, ezért halt meg. Nem tudom, mit tegyek. Embereket bántanak, meghalnak miattam. Ki lesz a következő? Vagy teljesen paranoiás vagyok?

Miranda felnevetett.

Cheryl és Terri nem nevetett.

Nem beszéltek erről. De mindketten ugyanarra gondoltak. Miranda végre elvesztette a fejét?

FEJEZET 33

A KORA REGGELI TELEFONÁLÁS után a lányok készen álltak a Nyugat-Ausztráliába tartó repülőre. Két nap Perth-ben, egy nap Fremantle-ben. Újabb zsúfolt napirendek, ahogy fogytak a nyaralásukból hátralévő n apok.

„Soha nem gondoltam volna, hogy ezt mondom, de nagyon utálok repülni" - mondta Miranda. „Eleinte újdonság volt, de most már egyszerűen nem szórakoztató."

„Segítene, ha a kaja nem lenne olyan rossz" - mondta Terri.

„És ha nem láttunk volna már minden egyes filmet" - mondta Cheryl.

„Beszéljünk a múltkori estéről" - mondta Terri. „Nagyon jól éreztem magam, de nem hiszem, hogy Hayden a megfelelő pasi nekem. Kedves meg minden, de nincs köztünk kémia."

„Jake és köztem a semminél is kevesebb a kémia" - mondta Cheryl. „Viszont vicces volt, és örülök, hogy egy másik oldalát is láthattam."

Cheryl és Terri Mirandára néztek, várva, hogy mondjon valamit.

„Nos?" Kérdezte Terri.

„Nos, mi?" Miranda azt mondta.

„Úgy tűnt, hogy te és Ben összekapcsolódtatok, megváltozott a véleményed róla?" Terri megkérdezte.

„Ó, nem, szerintem ő és én, könnyen egymásba tudnánk szeretni, már ha, nem a világ ellentétes oldalán élnénk."

„Ebben az esetben akár le is mondhatnánk a grillezést" - mondta Cheryl.

„Nem!" Mondta Miranda.

„Csak vicceltem. Ti ketten, a saját kis világotokban voltatok, amikor táncoltatok" - mondta Terri.

„Ő egy jó táncos. Ti ketten most fel akartok húzni, vagy mi? Inkább nem beszélnék erről; nem válthatnánk témát?"

„Oké, szóval mit ír a könyved, mit kell csinálnunk Perthben?" Kérdezte Cheryl.

Miranda átlapozott a Perth fejezethez, majd így szólt: „Azt írja, hogy a legjobb módja annak, hogy megnézzük, az, ha sétálunk. Ha fittek vagytok - szerintem mi vagyunk azok -, három óra alatt megtehetitek. Szerintem szerezzünk egy térképet, és nézzük meg, meddig jutunk el. Hamarosan landolnunk kell, és fél napunk lesz a felfedezésre. Mit gondolsz?"

„De mit lehet ott látni?" Kérdezte Terri.

„Az építészet állítólag teljesen más, mint Sydneyben. Még egy 1835-ben épült szélmalom is van. Valamikor egy malom volt. Úgy hangzik, mintha Perth nagyon brit lenne."

„Ó jó, a brit azt jelenti, hogy kocsmák és finom ételek" - mondta Terri. „Szóval, sétáljunk csak körbe, együnk, vásároljunk, játsszuk el, amit akarunk."

„Jól hangzik a terv" - mondta Cheryl.

A három barátnő két napon át sétálgatott Perthben. A város karácsonyi fényekben és díszekben pompázott.

„Valahogy az 'I'm Dreaming of a White Christmas,' egyszerűen nem áll jól itt" - jegyezte meg Miranda.

„Valójában az egész Mikulás-mítosznak sincs sok értelme" - mondta Terri -»Közel 40 Celsius-fok van, és a kövér ember agyvérzést kapna, ha itt kószálna a piros ruhájában«.

„Mégis nézd, itt van egy kép a Mikulásról, és lehet karácsonyfát venni, pont úgy, mint otthon" - mondta Cheryl. „Nem tudom, ti hogy vagytok vele, de nekem kicsit honvágyam van."

„Örülök, hogy Ben meghívott minket karácsonyi vacsorára" - mondta Miranda - "Egyelőre használjuk ki a Perthben töltött időt. Még rengeteg látnivaló vár ránk."

A város egyik végéből a másikba sétáltak, útközben megálltak kis kávézókban, éttermekben és kocsmákban. A három barát beleszeretett Northbridge-be, egy trendi negyedbe, amelynek minden olyan előnye megvan, amit egy sokkal nagyobb városban elvár az ember. A területet a sydney-i King's Crosshoz hasonlították.

„Ott szálltak meg Ben és a barátai, egy Backpacker's Hotelben" - emlékezett vissza Miranda.

„Igazad van. Ezt meg kell néznünk. Hé, nem ott van a híres meleg Mardi Gras? Emlékszem, tavaly néztem belőle valamennyit a tévében" - mondta Terri.

„Én is emlékszem valamire - mondta Cheryl. „Amikor a torontói melegfelvonulást tartották, a sydneyi változatból mutattak részleteket. Elég pikánsnak tűnt."

Fremantle-ban felszálltak egy tengeralattjáróra, csatlakoztak egy Aboriginal Heritage Tourhoz, és eltöltöttek egy kis időt a Csokoládégyárban.

Hamarosan egy másik repülőgépen ültek, útban a dél-ausztráliai Adelaide felé, ahol két éjszakát töltöttek.

Az első éjszakán a Barossa-völgyben lévő borvidéket járták be. Kóstolták, és néha kiköpték a tökéletesen csodálatos ízű borokat.

Miranda vásárolt néhány palack Cabernet Sauvignont: egyet Bennek, egyet pedig a szüleinek.

FEJEZET 34

Amikor megérkeztek Melbourne-be, és bejelentkeztek a szállodába, felfedezték a kaszinót.

„Igen, egy újabb lehetőség, hogy nyerjünk egy kis pénzt" - kiáltott fel Cheryl - »nyertem 5 dollárt a Jupiternél«.

„Én ugyanennyit vesztettem" - mondta Miranda. „De hajlandó vagyok még egy próbát tenni."

Amint megérkeztek a kaszinóba, elárasztotta őket a nyerőgépek csattogása és az izgatott szerencsejátékosok állandó zúgása. A Jupiter's kicsi volt - a melbourne-i kaszinóhoz képest.

Miranda annyira izgatott volt, hogy remegett a keze, de sikerült átvennie a vezetést, és rögtön belevetette magát a szerencsejátékba, miközben két barátja mögötte állt, és erkölcsi támogatást nyújtott neki. Mirandának 16-ot osztottak, és gyorsan utasította az asztalát vezető fickót, hogy „üssön meg". Mindannyian lélegzetüket visszafojtva várták, hogy Miranda 10-es lapot kapjon.

Miranda eltökélten folytatta a játékot, és addig folytatta a többszöri vesztes leosztást, amíg le nem telt a harminc perc, amelyben megállapodtak, hogy blackjacket játszanak. Miranda elvesztette a készletének nagy részét, és már azon gondolkodott, hogy szerez még néhány zsetont, amikor a pókerasztal felé vették az irányt, hogy Terri is kipróbálhassa.

Miranda és Terri rögtön belevágtak. Terri kihúzott egy full house-t, és megnyerte az első leosztást, és szerzett magának egy kis fészekaljnyi pénzt, míg Miranda nem volt ilyen szerencsés. Még 30 percig játszottak, majd visszatértek a félkarú banditákhoz. Közel egy órát játszottak, majd úgy döntöttek, hogy keresnek egy jó éttermet.

„Ti kalandvágyó evők vagytok?"

„Egyszer bármit kipróbálunk" - mondta Miranda.

„Van egy fantasztikus thai étterem, itt van az utca végén. Lehet, hogy egy kicsit várnotok kell, de megéri."

Onnan, ahol voltak, nem igazán tudtak semmilyen benyomást szerezni Melbourne-ről, sem így, sem úgy. Rengeteg daru állt a környéken, rengeteg magas épület, de a hely kissé barátságtalannak tűnt, és az utcán a legtöbb ember mintha a saját gondolataiba merült volna. Amikor megérkeztek az étterembe, azt tapasztalták, hogy az tele van, és húsz percet kellett ülniük és várniuk, mire szabad a sztal lett.

„Remélem, megéri várni" - mondta Cheryl.

„Hát, ha egy hétköznap este tele van, akkor az biztos jó jel, nem?" Terri felajánlotta.

Miranda egyetértően bólintott, amikor a hostess odalépett hozzájuk, és az asztalukhoz vezette őket.

A berendezés nagyon hagyományos volt, az étlap pedig tele volt mindenféle finomsággal, amit a lányok még sosem kóstoltak. Rendeltek egy sor ételt, amit csípős chiliszósszal és mogyorószósszal töltöttek meg, és rögtön belevágtak az ételekbe. Italt és még több italt rendeltek, és hamarosan több mint egy kicsit megrészegültek.

A lányok végigsétáltak az utcán, és valahogy egyiküknek sem tűnt ismerősnek semmi. Nem látták a Kaszinót, és mindennél jobban féltek attól, hogy eltévednek. Cheryl megpördült, majdnem elvesztette az egyensúlyát, és nem ismert fel semmit egyik irányban sem.

Miranda, aki úgy döntött, hogy a gyomra állapotában semmiképp sem kockáztathatja meg a pörgést, Cheryl szavára hagyatkozva azt javasolta, hogy hívjanak egy taxit. Azon tűnődtek, hogyan tudtak ennyire összezavarodni a d olgokkal.

Emlékeztek, hogy csak tíz percet gyalogoltak a kaszinótól, és mégis: HOL VOLT? Sehol sem látták. Hosszas gondolkodás után arra gondoltak, hogy talán az étteremnek két kijárata van. Talán egy másik oldalon voltak? Visszaballagtak az étterembe, és úgy néztek körül, mint három őrült nő, mígnem egy pincér megkérdezte tőlük, hogy tud-e segíteni.

„Újak vagyunk Melbourne-ben, és úgy tűnik, eltévesztettük a Kaszinót - mondta Miranda.

„Ott van kint - mondta a pincér, és abba az irányba mutatott, ahonnan az imént jöttek.

„Nem lehetünk ennyire részegek - mondta Terri.

„Figyelmeztetésnek kellene lennie azon a szakén!" Mondta Cheryl, miközben az ajtó felé botorkált.

Kint álltak, és szívták a friss levegőt.

„Á, elnézést - szólt Miranda egy konyharuhát viselő lányhoz. „Meg tudná mutatni nekünk, merre van a Kaszinó?"

„Kövessenek" - mondta a lány - »Arra megyek«.

„Ó, itt is van" - harsogta Miranda. „Pontosan ott, ahol hagytuk!"

„Köszi, eh!" Mondta Terri, és suhant be a Hotelbe.

Kimerülten, teljesen felöltözve zuhantak az ágyukba.

„Legközelebb Las Vegasba megyünk" - mondta Miranda.

„Már ha holnap felépülünk a sok pia után!" Terri felkiáltott.

„Shhhhhhhhh, én alszom" - mondta Cheryl.

FEJEZET 35

M ÁSNAP REGGEL MINDHÁROM BARÁT másnaposan
ébredt. A szobájukban reggeliztek, és croissantokat
rágcsáltak, miközben erős kávét ittak. Megcsörrent a t
elefon.

„Jó napot" - mondta Ben.

„Ööö, ma egy kicsit rosszul vagyunk" - mondta Miranda.

„Egy kicsit túl sok szaké."

„Csak üdvözölni akartalak Melbourne-ben, és kellemes
napot kívánni. Miben sántikálsz?"

„Körbejárjuk a nevezetességeket, egy emeletes busszal
- és - ha már itt tartunk - jobb, ha indulunk."

„Mit csináltok, később este?" Ben megkérdezte.

„Nem tudom, mire gondoltok?"

„Miért nem találkozunk, van két új barátom, akiket be
kell mutatnom Cherylnek és Terrinek? Körbevezethetünk
titeket."

„Csak egy pillanat", majd Miranda a kezét a telefonra tette, és megkérdezte Cherylt és Territ, hogy érdekli-e őket, hogy találkozzanak Ben két különböző barátjával. „Persze, köszönöm Ben."

„Célunk, hogy a kedvünkben járjunk" - mondta Ben. „Mi lenne, ha a Kaszinóban találkoznánk, és onnan sétálhatnánk egy kicsit a klubban."

„Hét körül?"

„Remek, akkor találkozunk, Miranda."

„Viszlát."

Miranda nagyon izgatott volt. Nem vette szemügyre Melbourne nevezetességeit, amíg pontosan 7:02-kor meg nem látta Bent. Legszívesebben megölelte volna. Ez volt az első alkalom, hogy az erőszak óta késztetést érzett arra, hogy megöleljen egy férfit. Mégsem tette meg.

„Szeretnélek bemutatni a haverjaimnak, Phillipnek és Patricknek. Ő itt Miranda (ő az enyém), a barátnője, Terri és Cheryl."

Körös-körül üdvözletet váltottak, majd Ben és Miranda elvezették őket a Királyi Botanikus Kertbe. Ben megfogta Miranda kezét.

Terri és Phillip ugyanabban a szakmában dolgoztak. Phillip könyvelő volt a Warner Brothers Musicnál.

Patrick a Telstránál dolgozott. Technikus volt. Feltűnően közel állt a családjához, és otthon élt.

Ben és Miranda úgy beszélgettek, mint régi barátok, és volt bennük valami ismerős, amit minden barátjuk azonnal észrevett. A másik két pár a nyomukban haladt, teret engedve nekik.

„Azt hiszem, ez a második otthonom - mondta Miranda.

„Hogyhogy?"

„A két legerősebb spirituális élményem a Kék-hegységben és az Ulurunál volt. Mintha mindkét helyen szólt volna hozzám valami, és meggyógyított volna. Ez valószínűleg bután hangzik" - mondta Miranda.

„Örülök, hogy ennyi mindent találtál itt, hogy otthon érezd magad" - mondta Ben. „Egy nap majd viszonozhatod a szívességet, amikor Kanadába jövök. Milyen is valójában a Niagara-vízesés?"

„Tudod, már annyiszor láttam az évek során, hogy már nincs meg benne ugyanaz a varázslat számomra. Gyerekkoromban minden iskolai kirándulás a Niagarához vezetett. Majdnem minden évben elmentünk, és amit egykor szerettem; elkezdtem utálni. Az sem segített, hogy minden egyes alkalommal buszbeteg lettem. Felnőttként szükségét érzem, hogy megmutassam valakinek, aki még nem látta, van ennek értelme?".

„Nekem megmutathatod, és szívesen megnézném a havat - elvihetsz a hegyekbe síelni - NEM!"

„Ó, majdnem átvertél! Képzeld el, hogy mi ketten, tériszonyunkban, fent vagyunk Banffban. Azért el kéne jönnöd Kanadába" - mondta Miranda. „Mert, hát, az egész karácsonyi dolog egy kicsit furcsának tűnik itt. A hideg és a hó az, ami számomra életre kelti a karácsonyt."

„Nálunk itt nincs Mikulás, nos, néhány családban van, de a többség a Mikulásról beszél" - mondta Ben. „Mi inkább az angol gyökereinket követjük karácsonykor."

„Ó, ennek már több értelme van, elvégre Angliában sem mindig van hó karácsonykor, ugye. Kanadában sem garantált, de elképesztő, hány karácsonyi reggelen kelünk fel, és egy könnyű porhó van a földön. Ezt hívjuk mi szűzhónak, érintetlen hónak, és ez tényleg még különlegesebbé teszi a karácsonyt."

„Szóval, mindig anyukáddal és apukáddal töltöd a karácsonyt?"

„Gyakran Terri vagy Cheryl családjánál töltöm a karácsonyt. Nem állok borzasztó közel a szüleimhez."

„Meglep, Miranda, néha igazi otthonülőnek tűnsz, máskor pedig úgy tűnsz, mint akinek nincs szüksége senkire. Bonyolult egy nő vagy."

„Igen, bonyolult vagyok" - nevetett Miranda. „Gondolom, közel állsz a szüleidhez?"

„Mindig is ott voltak nekem, és a világért sem cserélném el őket" - mondta Ben - "Majd meglátod, mire gondolok, ha karácsonykor találkozol velük. Elég különlegesek."

„Bocsássatok meg, szerelmes madarak" - mondta Phillip - »de kezd sötétedni, és éhen halunk«.

„Menjünk vissza. Megvan a tökéletes étterem" - mondta Ben.

Az indiai étteremben egy asztalhoz kísérték őket, és az étlap tele volt olyan finomságokkal, amelyekről a három barát semmit sem tudott. Az este remekül telt, egészen addig a pillanatig, amíg Ben hazakísérte őket.

„Szombat este küldünk értetek egy sofőrt. Egy hagyományos ausztrál B-B-Q a tiszteletetekre nálam".

„Alig várom" - mondta Miranda.

„Jobb, ha felmegyünk" - mondta Cheryl ásítva.

„Ja, tényleg késő van" - mondta Terri.

„Ti menjetek előre, én mindjárt jövök."

„Nem akarom, hogy vége legyen ennek az éjszakának" - mondta Ben.

„Én sem."

„Akarsz megnézni egy késői filmet?"

„Igen, miért ne? Bár jobb, ha szólok a barátaimnak; tudnátok itt egy pillanatra várni?"

„Persze, nem probléma."

„A 417-es szobát kérem. Szia Terri, én vagyok az, moziba megyek Bennel. A késő esti előadást nézzük meg. Nem tudom, mikor jövök vissza."

„Biztos vagy benne? Úgy értem, teljesen biztos?" Terri megkérdezte.

„Teljesen, teljesen." Miranda letette a telefont, és kiment az előcsarnokba, hogy csatlakozzon Benhez. A férfi kézen fogta a lány kezét, és együtt léptek ki a lengőajtón.

„És elengedted?" Cheryl felkiáltott.

„Mit tehettem volna, készen áll. Ma ragyogott. Ben jót tesz n eki."

„Tudom, én is láttam. Csak aggódom."

„Ebben veled vagyok, és egy szemhunyásnyit sem fogok tudni aludni, amíg vissza nem jön. Nézzük meg, mi van a tévében. Nem árt, ha megvárjuk, mintha mi lennénk a szülei, nem?" Mondta Terri.

„Mire valók a barátok?"

Odakint egyre csökkent a hőmérséklet, és Miranda azt kívánta, bárcsak felment volna egy pulóverért. Ben levette a sajátját, és a lány vállára terítette. Úgy tűnt, pontosan tudja, mire gondol a lány. Aztán valószínűleg a lány reszketése is sejtette.

„Láttad már a *Moulin Rouge-t*?" Ben megkérdezte.

„Nem, de szívesen megnézném. Olyan sokat hallottam róla… És itt is forgatták, nem igaz?"

„Igen, a Fox stúdióban forgatták. Azt hallottam, hogy jó."

Ahogy haladt előre a film, Miranda érezte, hogy a könnyei kicsordulnak. A szíve a torkában dobogott. Próbált küzdeni ellenük, de a film olyan szomorú volt, különösen, amikor Nicole azt énekelte: „Jöjjön, ami jön, jöjjön, ami jön. Szeretni foglak, míg meg nem halok".

Ben a kezébe vette a lány kezét, és átölelte. Megcsókolta őket. Miranda nagyobb biztonságban érezte magát, mint hónapok óta, amikor a férfi égszínkék szemébe nézett. Nem volt szükség magyarázkodásra, nem volt szükség s zavakra.

A film után Ben és Miranda visszasétáltak a szállodába. Megfogták egymás kezét. Egymás mellett sétáltak. A szívük szinkronban dobogott. Egyikük sem volt még igazán szerelmes. Megcsókolták egymást, majd elváltak.

Miranda a felhőkön járt, amikor a szobájukba ért. Két barátja mélyen aludt a kanapén. Túl izgatott volt ahhoz, hogy aludni tudjon. Átöltözött hálóruhába, és kinyitotta a teraszajtót. Az éjszakai levegőn akart lenni, érezni a libabőrös érzést a húsán.

Amikor a kezemet a kezében tartja, olyan, mintha mi lennénk az egyetlenek az egész bolygón. Olyan biztonságban érzem magam, olyan gyönyörűnek, pedig csak néhány napja ismerjük egymást. Hogy lehet ez? Hogy érezhetek így? És azt akarja, hogy találkozzak a szüleivel!

Miranda világában minden rendben volt, és úgy tűnt, még a csillagok is jelezték, hogy *jól sikerült!*

FEJEZET 36

KEDDEN A HÁROM BARÁT megnézte első Footy-meccsét az MCG-ben (Melbourne Cricket Ground). Kiváló jegyek voltak, de nem igazán tudták kitalálni, mi történik. Végül úgy döntöttek, hogy a hoki sokkal izgalmasabb - bár senki sem emlékezett arra, hogy hallott volna arról, hogy valakinek leharapták volna a fülét egy hokimeccsen. Jegyezzük meg, Mike Tyson tényleg leharapta annak a fickónak a fülét a b okszban.

Karácsony napján Ben azt tervezte, hogy elküld egy autót a lányokért. Sajnos a kocsi a műhelyben volt, ezért Ben elmagyarázta Mirandának, hogyan működnek a melbourne-i vonatok menetrendjei.

„Ez egyszerű. Csak elsétálsz a Flinders Street Stationre, és felszállsz a Hurstbridge Line-ra. Addig maradsz rajta, amíg el nem érsz a Heidelbergi pályaudvarra. A vonatok harmincpercenként járnak. Ha most elindulsz, a szüleim

ideérnek, mielőtt megérkeznél, és én felveszlek az á
llomáson."

„Rendben" - mondta Miranda. „Akkor viszlát."

Az odajutás könnyedén ment, és Miranda megpillantotta
Bent a vonatablakon keresztül, mielőtt az meglátta volna
őt. A peronon állt, világoskék pólót viselt, amely átölelte a
mellkasát, és még kékebbnek tűnt a szeme.

„El sem hiszem, hogy végre itt vagy - mondta Ben. „Boldog
karácsonyt", miközben magához ölelte Mirandát, és puszit
nyomott az ajkára.

„Ez komolyan néz ki" - mondta Terri.

„Remélem, az is - mondta Ben, miközben Miranda kezét a
sajátjába fogta.

Tétlenül beszélgettek a háza felé vezető úton.

„A szüleim alig várják, hogy megismerjenek titeket
hármótokat. Voltak már Kanadában, de az már jó pár
éve volt. Azt hiszem, mondtam már, hogy anyukám
unokatestvére Ottawában él."

„Ottawában jéghideg van, csodálkozom, hogy a rokonaid
nem jöttek át hozzátok, hogy nálatok lakjanak, hogy
elmeneküljenek a tél elől" - mondta Miranda.

„Szerintem Cath néni szívesen jönne ide, de a fia iskolába
jár, és egy kicsit szűkében van a pénznek. A férje néhány éve
meghalt. Ezért mentek a szüleim Kanadába, a temetésére."

„Meg kell adnod a telefonszámát, hogy felhívhassuk -
mondta Miranda.

„Az jó lenne" - mondta Ben. Egy-két pillanatnyi
habozás után azt mondta: „Végre itt vagyunk, az én édes
otthonomban".

Miranda végignézett a házon. Festői volt, csupa tégla, elöl egy szép kis kerttel. A bejárati ajtón koszorú volt, a bejáratnál pedig egy kis fa. Ahogy végigmentek a házon, a főzés illatától Miranda gyomra megkordult. Sült pulyka és karácsonyi puding illatát érezte.

Kintről karácsonyi énekek hangja hallatszott. Ahogy a hangok felé haladtak, és bejutottak a hátsó kertbe, Miranda lélegzetvisszafojtva vette észre, hogy az elegánsan fel van díszítve tündérfényekkel, masnikkal és még egy kis műhóval is. Minden hihetetlenül különlegesnek tűnt, és a kert zsúfolásig megtelt vendégekkel.

„Itt vannak!" Kiáltotta valaki, és mindenki énekelni kezdte: „Ó Kanada, Ó Kanada, Ó Kanada, Ó Kanada, Ó Kanada, Ó Kanada, Ó Kanada".

„Ez aztán a fogadtatás" - mondta Miranda. „De szükségem van néhány italra, mielőtt elénekelném nektek a nemzeti himnuszunk többi részét. Még franciául is el tudom énekelni."

„Hurrá! Akkor adjatok a nőnek egy-két italt" - kiáltotta valaki a tömegből.

„Miranda, ő itt az anyukám, Angela, ő pedig az apukám, Robert."

„Nagyon örülök, hogy megismerhetem mindkettőjüket" - mondta Miranda. „Hoztam nektek egy üveg bort a Barossa-völgyből, remélem, szeretitek a Cabernet Sauvignont. Ben, itt van neked is egy, tudom, hogy szereted. Nagyon örülök, hogy mindkettőtökkel találkozhatok, Ben sokat mesélt rólatok."

„Köszönöm a bort, ez nagyon figyelmes tőled. Jó hallani, hogy Ben említést tett rólunk neked, mert mióta megismerkedtetek, semmi másról nem beszélt, csak rólatok" - mondta Angela. „Miért nem segítesz nekem a konyhában, Miranda, ha nem bánod?"

„Szívesen segítek" - mondta Miranda. „Ó, elnézést a modoromért, Angela és Robert, ők a két legjobb barátnőm, Terri és Cheryl."

„Örülök, hogy megismertelek - menjetek át, és nézzétek meg a srácokat. Van köztük néhány helyes" - mondta Angela. „Ben, mutasd be Miranda barátait, és hozz nekik egy italt."

„Igen, anya."

A konyhában Angela azzal foglalatoskodott, hogy zöldségeket vágjon. Megkérte Mirandát, hogy készítse el a mártást. Apró dolgokról beszélgettek, majd áttértek Benre.

„Ben nagyon bizalomgerjesztő fiú. Nagyra tart téged. Azért hamarosan elmész, nagyon, nagyon hamar, ugye? Mit gondolsz erről?"

„Hogy teljesen őszinte legyek, azt kívánom, bárcsak ne kellene hazamennem. Imádok itt lenni, mindent imádok."

„A fiam?"

Miranda dühösen elpirult, majd azt mondta: „Azt hiszem, igen, de ne feledd, hogy még nem mondtam el neki, és nem tartom igazságosnak, hogy az anyukája előbb tudja meg, mint ő."

„Ó, ő tudja Miranda. Ben nagyon éleslátó fiú. Azt akarja, hogy ide költözzetek, vagy hogy meglátogasson titeket Kanadában. Már beszélt a kanadai konzulátussal. Nagyon komolyan gondolja magát."

„Nehéz évem volt, és Ben a legjobb dolog, ami hosszú idő óta történt velem."

Ben megérkezett a konyhába, és felkapta Mirandát. Nem volt biztos benne, hogy kihallgatta-e a beszélgetésüket. Remélte, hogy nem. Nem akarta, hogy a férfi úgy érezze, hogy bármire is kényszerítik.

„Van egy ajándékom számodra, Miranda, de nem szeretném, ha később bontanád ki - mondta Ben.

„Ó, ez aztán kegyetlen! Nem bonthatom ki most?"

„Nem, és rád bízhatom? Vagy vissza kell tennem a fa alá? Látom az arcodon, hogy jobb, ha visszaviszem. Itt lesz a fa alatt" - mondta Ben.

„Nem bízol bennem? Hmmm, hogy fog ez a kapcsolat valaha is túlélni?" Kérdezte Miranda, miközben Ben kezét a sajátjába fogta, és együtt kisétáltak kifelé.

A vacsorát svédasztalos módon rendezték be, és a sült pulykától kezdve a sült bárányon át a sült tökig minden volt. Sok volt a koccintás, az ételek pompásak voltak, a beszélgetés pedig elképesztő.

Amikor a vacsora véget ért, Miranda türelmetlenül szeretett volna egy kis időt kettesben tölteni Bennel. Próbálta elkapni a tekintetét, de a férfi nagyon el volt foglalva a szórakoztatással. Végül bement a házba, és Miranda követte.

„Annyira jól érzem magam, Ben, köszönöm szépen, hogy meghívtál minket".

„Ó, értem, most akarod kibontani az ajándékodat, ugye? Oké, megadom magam. Hozom neked." Ben visszatért a kis d obozzal.

Miranda letépte a külső papírt, és egy bársony gyűrűsdobozt talált benne. A szíve megdobbant. Felpattintotta a tetejét. Egy gyűrű volt benne.

„Ezt a gyűrűt a szüleimtől kaptam, amikor betöltöttem a huszonegyet, szeretném, ha viselnéd".

„Én... én ezt nem fogadhatom el, Ben. Értékelem a gondolatot, de ez a szüleidtől van. Nem lenne helyes."

„De szeretném, ha a tiéd lenne."

Miranda megcsókolta Bent. Szorosan átölelte a férfit.

„Egyszerűen nem tudom elfogadni, Ben, meghatódtam, hogy azt szeretnéd, hogy az enyém legyen, de sajnálom."

Visszaadta neki a gyűrűt.

„Nem szeretsz engem?" Kérdezte Ben.

„De igen, szeretlek Ben, de szeretném, ha megtartanád a szüleid gyűrűjét".

„Oké, nem erőltetem a dolgot, és nagyon örülök, hogy mindketten ugyanúgy érzünk egymás iránt." Ben örült, és gyengéd, de szenvedélyes csókot adott Mirandának.

Amikor ajkaik végül elváltak, Miranda visszalépett egy újabb csókra.

„ M m m m m m m m m m m m m , , Mmmmmmmmmmmmmm" - hallották valahonnan a hátuk mögül. Miranda és Ben kinyitották a szemüket. A fél társaság a konyhában állt, és figyelte, ahogy csókolóznak. Taps tört ki.

Miranda teljesen elpirult. Ben felnevetett. A pár zavartan megfogta egymás kezét, és kisétáltak a grillsütőhöz, ahol a szúnyogok (vagy mozzie-k, ahogy odalent nevezik őket) épp a vendégeket mardosták.

Körös-körül csodálatos este volt, és Miranda nem akarta, hogy vége legyen. Taxit hívtak nekik, és nem sokkal éjfél után már úton voltak vissza a szállodájukba. Miranda megállás nélkül beszélt Benről és a szüleiről. Ben második baráti társasága nem jött össze Terri és Cheryl számára.

Terri aggódott, hogy Miranda túl gyorsan belemerült ebbe a romantikus dologba Bennel. Szerette volna ezt elmondani Mirandának, de úgy gondolta, hogy esetleg rossz néven v ennék. *Miranda annyira boldog, nos, hadd legyen boldog, amíg tart, hamarosan vége lesz az utazásunknak, és ők majd elfelejtik a férfit, és visszatérnek az otthoni életükhöz.*

Vagy legalábbis ezt remélte.

FEJEZET 37

MELBOURNE-I TARTÓZKODÁSUKNAK MAJDNEM VÉGE, a lányok összepakoltak és felkészültek a Sydney-be való visszautazásra. Úgy döntöttek, hogy egy kirándulás a Blue Mountainsba lenne a legszebb módja annak, hogy lezárják a kalandjukat. Megpróbáltak ugyanabba a faházba foglalni, de az már foglalt volt.

Egy kis motelben foglaltak szállást. Ez volt az, amit úgy is nevezhetnénk, hogy semmi extra. Ami azt jelenti, hogy nincs TV, nincs étterem, nincs semmi.

Mivel már jártak ott korábban is, így mindenféle előkelőség nélkül is tudtak közlekedni és jól érezni magukat.

Felbéreltek egy túravezetőt, aki végigkísérte őket a hegyeken és megmutatta nekik a környéket. Megkérdezték, hogy szükséges-e túrabakancs vagy túrafelszerelés, és azt mondták nekik, hogy egy jó futócipő is megteszi, de vigyenek magukkal egy hátizsákot, amiben sok víz, élelem és némi rovarriasztó van.

Előző este Ben megkérdezte, hogy kikísérheti-e a lányokat a repülőtéren. A szükségesnél egy órával korábban érkezett, remélve, hogy ráveheti Mirandát, hogy ebédeljen vele. Egy kis olasz éttermet választott, nem messze a szállodától, és kéz a kézben sétáltak, majd az étterem egy nagyon eldugott, romantikus részén foglaltak helyet.

„Egy falatot sem tudok enni - mondta Miranda -, és te ennyit fáradoztál, hogy mindent elintézz".

„Én sem tudok enni semmit, de igyunk egy pohár pezsgőt, és koccintsunk az együtt töltött időre. Pincér, rendelhetnénk egy üveg pezsgőt és egy kis bruschettát, kérem."

Ben átnyúlt az asztal túloldalára, és Miranda kezét a sajátjába fogta. Egymás szemébe néztek. Miranda sírni kezdett.

„Még találkozunk - mondta Ben -, megígérem. Eljöhetek Kanadába. Kaphatok üdülési munkavállalási engedélyt, és talán hat hónapig maradhatok."

„Megteheted? Ó, az csodálatos lenne, Ben."

„Leveleket fogunk írni és telefonálni egymásnak és..."

„Ó, te jó ég, az idő csak úgy elrepült. Ki kell mennünk a repülőtérre, Ben" - mondta Miranda. „De én nem akarok elbúcsúzni."

„Akkor ne tedd. Ez nem búcsú, a búcsú végleges."

Miranda gyengéden szájon csókolta Bent, és átölelte. Megpróbált elszakadni tőle, de Ben visszahúzta egy szenvedélyes csókra. Elállt tőle a lélegzete.

Amikor visszanyerte a nyugalmát, elsétált. Nem nézett vissza. Ha megtette volna, talán rájött volna, hogy Ben nem több egy álomnál.

Miranda és a barátai felszálltak a repülőgépre. Ben figyelte, ahogy a gépük felszáll. Könnyek csordultak végig az arcán. Már most hiányzott neki a lány.

Odakint a semmiből egy autó jött, és elütött egy gyalogost a zebrán.

A gyalogos a levegőbe repült.

A fiatalembert kórházba szállították.

Eszméletlen volt.

FEJEZET 38

VISSZATÉRVE A SYDNEY HOTELBE, a szobájukban lévő telefonon villogott a piros lámpa. Felhívta a recepciót, és azt a tanácsot kapta, hogy sürgősen telefonáljon haza.

„Fogadok, hogy Ben az - mondta Miranda. „Fogadok, hogy ő az."

„Akkor hívd vissza" - mondta Cheryl. „Ne tarts minket bizonytalanságban."

„Melbourne-i magánkórház, Katie beszél."

„Micsoda? Azt hiszem, biztos rosszul tárcsáztam. Milyen számot hívtam? Igen, ez az a szám, ami itt van. Nem értem. Sürgős üzenetet kaptam valakitől, hogy hívjam ezt a s zámot."

„A nevét kérem?"

„Miranda, Miranda Evans."

„Ó, igen, Ms. Evans, már vártuk a hívását. Egy pillanat, kapcsolom."

„Halló."

„Angela? Miranda kérdezte.

„Miranda? Köszönöm, hogy hívott, sajnos nem jó híreket kaptam." Zokogott a telefonba.

„Miranda - mondta Robert -, Angela nagyon nehezen viseli ezt. Nehéz időszak ez. Nem tudom, hogyan mondjam el ezt neked."

„Ben? Mi történt Bennel?"

„Elütötte egy autó. Kritikus az állapota. Cserbenhagyásos gázolás volt."

Miranda elájult, a legközelebbi ágyra esett, majd a padlóra pattant. Cheryl felvette a telefont.

„Cheryl vagyok, Robert, mi történt? Miranda most ájult el hidegen."

„Ben, balesetet szenvedett. Kritikus állapotban van. Kómában van. Cserbenhagyásos gázolás volt. Súlyos sérülései vannak a gerincvelőjén és a hátán. Az orvosok szerint talán soha többé nem fog tudni járni."

„Annyira sajnálom, nem tudom, mit mondjak. Van valami, amit tehetünk? Szerintem Ben azt akarná, hogy Miranda ott legyen. Vissza kéne szállnunk egy repülőre?"

„Bennel akarok lenni" - mondta Miranda, kivette Cheryl kezéből a telefont, és beleszólt - "Azonnal repülőre szállok. Ott akarok lenni mellette."

„Ezen a ponton Miranda, semmi értelme, hogy itt legyél. Nem fogja tudni, hogy itt vagy, Angela és én pedig mellette vagyunk. Csak a közvetlen családtagok tartózkodhatnak nála."

„Olyan tehetetlennek érzem magam" - mondta Miranda. „Van a rendőrségnek gyanúsítottja?"

„Kérték a tanúk jelentkezését, eddig senki sem jelentkezett. Reméljük, hogy amikor Ben felébred, emlékezni fog. Mennem kell, Angela rosszul van, majd hívlak, ha bármi változik."

Terri, aki nem értette, mi folyik itt, Mirandát vigasztalta. Tudta, hogy valami köze van Benhez, de fogalma sem volt róla, mennyire rossz a helyzet.

„Nem akadályozhatják meg, hogy mellé menjek - mondta Miranda.

„Várjunk reggelig, még csak most érkeztünk ide, és kimerültünk - mondta Cheryl. „Reggel lemondhatjuk a Kék-hegyi kirándulást, és veled mehetünk Melbourne-be. Ez nem probléma, de egyelőre azt hiszem, aludnunk kell egy kicsit."

„Aludni, hogyan tudnék aludni, amikor Ben ott fekszik, nélkülem? Ő a legjobb dolog, ami velem történt hosszú-hosszú idő óta. Szeretem őt, tényleg szeretem."

„Tudom, hogy szereted, Miranda - mondta Cheryl -, de reggelre jobban fognak kinézni a dolgok.

Miranda el akarta hinni, hogy ez igaz. El akarta hinni, hogy Angela és Robert azt mondják neki, hogy minden rendben lesz. Vagy még jobb, ha arra ébred, hogy ez az egész csak egy rossz álom volt, és semmi több. Kimerülten, a párnájába zokogva aludt el.

Mivel Miranda mélyen aludt, Cheryl és Terri úgy döntöttek, hogy lemennek a földszintre, és megisznak egy italt a bárban. Mindketten annyira fel voltak pörögve, hogy semmiképp sem tudtak volna aludni.

„Szerinted ez véletlen egybeesés?" Kérdezte Terri.

„Nem tudom, de valami furcsa dolog történik" - mondta Cheryl. „Úgy értem, először Mirandát megerőszakolják. Aztán meggyilkolják azt, akinek albérletbe adja a lakását. Aztán az apját kirabolják és súlyosan megsebesítik. És most itt vagyunk, egészen a világ másik felén. Ben kómában van! Elütötték és elgázolták. Ez az egész túl furcsa. Balszerencse. Igazán balszerencse, és úgy tűnik, követi Mirandát, bárhová i s megy."

„Nem tudok nem gondolkodni azon, hogy te és én, mi is veszélyben vagyunk-e" - mondta Terri. „Tudom, hogy önzőnek hangzik, de..."

„Betegre aggódom magam, Miranda miatt, jobban, mint magam miatt. Ha bármi, rossz történik Bennel, nem tudom, hogy ő képes lesz-e kezelni. Annyira őrülten szerelmes Benbe. Ezt bárki láthatja. Biztos nem végződhet tragédiával azok után, amin keresztülment. Az élet nem lehet ilyen k egyetlen!"

Amikor visszatértek a szállodai szobájukba, Miranda még mindig aludt. Cheryl homlokon csókolta. Miranda megmozdult, és kimondta Ben nevét.

„Pszt - mondta Cheryl. „Minden rendben lesz, aludj csak tovább."

„Oké" - mondta Miranda, és másodperceken belül újra elaludt.

„Remélem, igazad van" - mondta Terri, miközben a vállára húzta a takarót.

Ki tudta, mit hoz a reggel?

FEJEZET 39

MIRANDA RIADTAN ÉBREDT, ÉS azon tűnődött, vajon csak álmodta-e az egészet. Ben ott volt az álmaiban, és feléje nyúlt. Megpróbálta elérni, de a távolság túl nagy volt. Mindig úgy tűnt, hogy a férfi éppen csak elérhetetlen távolságban van. Néha befordult egy sarkon, és Ben ott volt, és megpróbált beszélni hozzá, vagy érte nyúlni, de aztán a férfi eltűnt a semmibe. Ezek a jelenetek egész éjszaka megjelentek Miranda képzeletében.

Hirtelen Miranda felült, és körülnézett a szobában. Vajon Ben balesetet szenvedett? Talán az egész csak álom volt. Odanézett, és látta, hogy két barátja alszik. Terri horkolt, Cheryl pedig mosolygott. Azon tűnődött, vajon a két legjobb barátnője aludhatott-e ilyen békésen, ha Ben élete valóban egy hajszálon függött.

A fal felé fordította az arcát, és megpróbált visszasodródni az álomba. Az órára nézett. Hajnali 3 óra 21-et mutatott.

Valójában nem is emlékezett rá, hogy elaludt volna. Úgy döntött, az lesz a legjobb, ha felkel, kinyitja az erkélyajtót, és kiül a szabadba, amíg el nem alszik.

Miranda úgy gondolta, hogy egy kis öngyógyítás talán segít neki álomországba jutni. A bárban talált vodkát és narancslevet. Jég azonban nem volt. Majd a folyosó végén kell szereznie egy keveset. Mivel az éjszaka közepén volt, nem is vette a fáradságot, hogy átöltözzön a pizsamájából. Ki látta volna meg egyébként is?

Eltartott egy darabig, mire megtalálta a kulcsát a sötétben, de miután sikerült, végigkukucskált a sötét és üres folyosón. Feltűnően csend volt, és valami hátborzongató zümmögés töltötte be a levegőt - ez volt az egyetlen hang, a jéggép hangja. Megtöltötte a vödröt, majd visszasétált a s zobájukba.

Uzsonna. Rágcsálnivalókra van szükségem. Fenn kell tartanom az erőmet, és az egészségtelen kaja jobb, mint a semmi kaja!

Az üvegen keresztül Doritost, Texan BBQ Chipset és különféle finom csokoládészeleteket látott, amelyeket már nagyon szeretett volna kipróbálni.

Nincs aprópénz.

Visszament, és a sötétben a táskája után tapogatózott. Talált néhány dollárnyi érmét, és finomságokkal teli karral tért vissza a szobájukba.

Miranda halkan, csendben kicsúsztatta a teraszajtót. Kibontott egy nyugágyat, és az asztalra tette a jégvödröt, a narancslevet, a vodkát és a junk foodot. Úgy nézett ki, mintha most rabolt volna ki egy sarki boltot.

Két pohár vodka és narancslé után Miranda gondolatai vándorolni kezdtek. Kinézett Sydneyre, ahol a város fényárban úszott. Az autók dudáltak és csikorgó hangokat adtak ki. Nem tudta megállni, hogy ne tűnődjön el azon, vajon hová megy mindenki hajnali négykor, vajon hányan vezetik az autójukat, akik részegen térnek haza a bulikból. Egy motorkerékpár dübörgött el mellette, majd nem sokkal később valamilyen sziréna hangja hallatszott. Felállt, és az erkélykorlátnak támaszkodott. E gy mentőautó volt.

Magasan voltak, valóban rendkívül magasan, és a vodka melege kezdte simogatni a belsejét. Kinézett, ameddig a szeme ellátott, arra, ahol a Sydney Harbour Bridge volt, arra, ahol a Sydney-i Operaház, és egészen egyedül érezte m agát.

Két barátja még mindig mélyen aludt. Egyedül volt, mégsem érezte magát magányosnak. Reményteljesnek érezte magát. Biztos volt benne, hogy Ben teljesen felépül.

Aztán egy nap majd ellátogat Kanadába, és Miranda majd körbevezeti. Elvinné színházba, megnézné a *Rómeó és Júliát*. Piknikeznének az Avon folyó mellett. Elvinné a gimnáziumába, és megmutatná neki, hol volt az általános iskolája. Most már csak egy háztömb volt. Elvitte a Niagara-vízeséshez és..,

Miranda elaludt a nyugágyon, és békésen aludt, amíg fel nem ébresztette a telefon csörgése. Mindhárom lány felpattant, és elindult a telefon felé, de Miranda ért oda e lőbb.

„Halló, itt Miranda."

„Kedvesem" - mondta Angela. „Ben ma reggel fél négykor hunyt el. Békésen, álmában halt meg. Soha nem tért magához."

Miranda úgy kapaszkodott a telefonba, mintha az egy mentőkötél lenne. Az agya próbálta összeszámolni az imént hallott információt.

Ben meghalt. Ben meghalt.

„De nem lehet halott. Még csak most találkoztunk."

Ben halott. Nem lehet halott. Ben halott.

Terri felkapta a telefont.

„Sokkos állapotban van. Itt Terri, nagyon sajnálom. Tudunk valamit tenni? Mikor lesz a temetés?"

„Köszönöm, Terri, de te csak vigyázz Mirandára. Bent elhamvasztják, még ma. Nem lesz temetés. Ben aláírta a jogosítványán lévő űrlapot, hogy a szerveit felajánlják. Minden ma fog megtörténni, gyorsan. Szeretnénk, ha Miranda kapna valamit, valamit, amit Ben nagyra becsült. Még ma postán elküldöm neki."

„Köszönöm Angela, biztos vagyok benne, hogy nagy becsben fogja tartani. Most már elengedlek, sajnálom."

Miranda bement a minibárba, és talált két üveg pezsgőt. Kitisztított három poharat, és kiment.

Bámult a semmibe. Néhány pillanat múlva három pohár pezsgőt töltött.

„Ben, ezt neked hoztam, haver. Egy voltál a millióból, és jobb ember vagyok, hogy találkoztunk. Hiányozni fogsz."

„Benre!" Cheryl felemelte a poharát.

„Igen, Benre!" Terri mondta.

A poharaik összekoccantak.

Ben itt volt velem, mielőtt a lelke továbbment, és mindig a szívemben lesz.

Miranda érezte, hogy békesség járja át a testét. Elkezdett pakolni. Kész volt hazamenni.

Terri és Cheryl várták Miranda érzelmi összeomlását, de az nem jött.

Azon tűnődtek, vajon mennyit bír még elviselni a barátnőjük, először a nemi erőszakot, aztán Christinát, majd azt, hogy kirabolták az apját, és most Ben halálát.

Ki lesz a következő?

FEJEZET 40

MIRANDA MÉLYEN ALUDT, AMIKOR Terri és Cheryl kimentek. Írtak neki egy üzenetet, amelyben elmagyarázták, hogy a Taronga Állatkertben töltik a napot. Amikor Miranda elolvasta, áldottnak érezte magát, hogy van két barátja, akik tudnak olvasni a gondolataiban. Az utolsó dolog, amihez kedve volt, hogy kint legyen a nagyvilágban. Ma egyedül akart lenni.

Egy óra búslakodás után Miranda ki akart jutni a szállodai szobából. Ellenállhatatlan vágyat érzett, hogy elmenjen a Kék Hegyekbe. Felkapott néhány írószert, és bedugta a hátizsákjába. Elsétált a Wynyard pályaudvarra, átszállt a Központi pályaudvaron, és hamarosan úton volt Katoomba. Úgy utazott Sydneyben, mintha egész életében ezt tette v olna.

Talált egy üres fülkét. Valahol, ahol teljesen egyedül lehetett a gondolataival és az emlékeivel. Ahogy a vonat kifelé gurult a városból, tollat ragadott, és elkezdett búcsúlevelet írni Bennek. Lelki szemei előtt ez volt a legjobb módja a búcsúzásnak: felmenni a Kék-hegység tetejére, és a levelét a csúcson át a levegőbe dobni.

Először az üres lap bámult vissza rá, de hamarosan Ben kék szeme nézett rá a papír felületéről. És elkezdett írni. A toll végigkarcolta az oldalt, és ő mindent elmondott Bennek. Mindent megosztott vele, amit meg akart osztani vele. Szeretem a rózsaszínt. Egy bizonyos Led Zeppelin-daltól mindig elsírom magam. Tizenegyszer olvastam el a Kisasszonyokat. Imádom Gregory Pecket. Van egy anyajegy a hátam közepén.

Amikor befejezte az írást, és az írószer minden sarkát kitöltötte, Miranda kibámult az ablakon. Elkezdett esni az e ső.

Nézte az apró cseppeket, ahogy körülötte hullnak. Egynek érezte magát a világgal. Mintha a világ osztozna a fájdalmában, átkarolná. Reményt adva neki, hogy egy nap újra kisüt a nap.

És valóban kisütött, húsz perc múlva már sütött is, és ő leszállt a vonatról, és Katoomba főutcáján sétált a Kék hegyek felé.

Miranda terve az volt, hogy előbb oda megy, hagyja, hogy a levél elszálljon, aztán visszaindul, és a könyvesboltokban nézelődik. Ahogy sétált, egy kookaburra is csatlakozott hozzá útközben, és úgy nevetett, hogy ő sem tudta megállni, hogy ne nevessen ő is. Megállt, és a dróton ülve bámult rá.

Miért vagy ilyen boldog, kis kookaburra?

Körülnézett, és észrevett egy másik kookaburrát egy antennán, méterekkel arrébb. Azon tűnődött, vajon ugyanazok-e a kookaburrák, amelyeket legutóbb Katoombában látott. A madarak egy életre párosodtak. Ő és Ben egy életre összeálltak.

Újra elindult, és az Echo Pointhoz érve a lépcsőfokokon lefelé haladt, ameddig csak tudott. Kivette a levelet a hátizsákjából, megcsókolta a papírt, és átküldte a peremen. Figyelte, ahogy tollként lefelé száll, ameddig csak a szeme ellát. Remélte, hogy nem lopja el egy bunyós. Letörölte a könnyeit, és továbbment, amíg az ösvény véget nem ért. Felnézett, és ott lépcsők voltak, kemény betonlépcsők, amelyek felfelé vezettek.

Amikor felért a tetejére, rájött, hogy még mindig Katoombában van, egy kis utcában, amelyet nem ismert fel. Táblák vezették vissza a vasútállomásra. Követte őket, csalódottan, hogy a lépcső nem Benhez vezet, és besétált egy könyvesboltba, ahol böngészni kezdett. Két könyvet vett, egy A. B. „Banjo" Paterson-gyűjteményt és egy Henry Lawson-verseskötetet.

Több órát töltött azzal, hogy boltról boltra járt, mire észrevette, hogy sötétedik. Vissza kellett mennie Sydneybe.

Amikor megérkezett a portaszolgálathoz, egy csomag várta Angelától. A szívéhez szorítva hordta, miközben beugrott a liftbe, és elindult felfelé.

„Hová mehetett?" Kérdezte Terri.

„Bárcsak hagyott volna nekünk egy üzenetet. Ó, hát itt vagy!" Cheryl felkiáltott. „Már aggódtunk érted!"

„Sajnálom. Csak el kellett tűnnöm innen. Milyen volt az állatkert?"

„Fantasztikus volt. Dingók, wombatok, tasmán ördögök..."

„És lefotóztak minket egy koalával!" Cheryl felkiáltott.

Cheryl Mirandára nézett, aki úgy tűnt, nem figyel, miközben a napjukról fecsegtek. Aztán észrevette a csomagot, amelyet Miranda szorosan a mellkasához szorított.

„Ez az?" Kérdezte Cheryl. „A csomag Angelától?"

„Ó, igen, igen, az."

„Kimehetünk, és egyedül hagyunk, hogy kinyissátok?"

„Nem, maradjatok, szeretném, ha maradnátok." Miranda feltépte a borítékot, és egy kártyát talált benne, amin ez állt: Ben a világot gondolta rólad, és szeretett téged. Ezt ő mondta nekünk. Azt akarta volna, hogy ezt megkapd. Mi a dtuk neki a^{huszonegyedik} születésnapjára. Szeretettel: Robert és Angela. U.i. Kérjük, tartsátok a kapcsolatot.

„A huszonegyedik, tudom, mi az - mondta Miranda, miközben a könnyek elkezdtek végigfolyni az arcán.

„Ő, Ben ezt a gyűrűt akarta nekem adni, karácsonyra, hogy emlékezzek rá."

Felhúzta. Tökéletesen illett rá.

„Gyönyörű" - mondta Terri.

Cheryl annyira sírt, hogy nem talált szavakat.

FEJEZET 41

VÉGRE ELJÖTT AZ IDŐ, hogy a három barát elérje a hazafelé tartó gépet. Az elmúlt két nap hosszú volt. Mirandából eltűnt minden életöröm. Egy új évet akartak beharangozni, és ő nem várta már nagyon.

„Nem evett semmit - mondta Terri.

„Még mindig sokkos állapotban van. És szerintem jó, hogy most azonnal hazamegyünk. Időre van szüksége, hogy meggyógyuljon. Idő és távolság."

„Hamarosan hazaérünk, és fiam, meg fog lepődni, amikor meglátja, ki vár ránk a repülőtéren" - mondta Terri.

„Shhhh, semmiképpen sem akarjuk kiengedni a macskát a zsákból. Ha megtudná, nagyon dühös lenne!"

FEJEZET 42

A REPÜLÉS NAGY RÉSZÉBEN Terri és Cheryl egymással beszélgettek. Miranda az ablakon bámult ki. Nem akart enni, és inni sem akart semmit. Még akkor sem érdekelte Mirandát, amikor a légiutas-kísérő pezsgőt hozott az újév beköszöntésére.

„Mit várhatok én?" Miranda megkérdezte.

„Itt vagyunk neked mi" - mondta Cheryl.

„És egy új munka, ahová mehetsz" - mondta Terri - »Tudom, hogy gyászolnod kell Ben miatt, de nem gondolod, hogy ő nem akarná, hogy boldog légy?«.

„Hogy lehetnék valaha is újra boldog?" Kérdezte Miranda. Lehunyta a szemét, és úgy tett, mintha aludna. Ki akarta zárni őket. Kizárni mindent. Bent akarta, és csakis Bent.

Végre a repülőgépük megkezdte az ereszkedést a Pearson repülőtéren. Hevesen havazott, és némi turbulenciát okozott, amikor a gép megpróbált földet érni. Két kísérletbe is beletelt, mire a kerekek megkapaszkodtak. Nemsokára leszálltak, és a poggyászfelvételi területen álltak a kocsikkal, készen arra, hogy felvegyék a cuccaikat.

Miközben várták, hogy a csomagjaik leessenek a peronra, a három barát mintha a saját világukba merült volna. A táskák visszaszerzése sokáig tartott. El sem hitték, mennyi holmit szereztek az utazás során. Örökké kellett várniuk, hogy Terri apjának didgeridoo-ját átvehessék.

Végül mindent összepakoltak, és Miranda elsőként lépett be a forgóajtón. Az anyukája és az apukája már várt rájuk. Nem voltak egy ölelkező család, általában nem, de ma mindenhol ölelkeztek.

„Hazajössz velünk, kisasszony - mondta Tom Evans. „Sajnálattal hallom, ami a barátoddal történt."

„Én is sajnálom" - mondta Elizabeth Evans. „Szeretnénk, ha hazajönnél velünk."

„Köszönöm, de nekem tökéletesen megfelel, ha egyedül megyek haza" - mondta Miranda.

„Nem, nem fogsz, hallani sem akarunk róla" - mondta T om.

„De apa, minden cuccom ott van, haza akarok menni".

„A te otthonod most már a mi otthonunk" - mondta Elizabeth. „Gyere haza velünk ma este, mesélj nekünk az utadról, holnap dönthetsz."

„Oké, köszönöm" - mondta Miranda.

„Gyerünk lányok, induljunk. Csúnya vihar készülődik, és a hóövezetbe hajtunk" - mondta Tom.

„Úgy érted, hogy mindannyian együtt megyünk?" Kérdezte Miranda.

„Igen, gyerünk" - mondta Tom.

„Úgy tűnik, nagyon sokáig voltál távol" - mondta Elizabeth.

„Igen, mintha egy másik emberöltő telt volna el azóta, hogy elmentünk" - mondta Terri.

„Olyan sokat tanultunk egy gyönyörű országról, és mindannyian vissza akarunk menni egyszer" - mondta Cheryl.

„Mindig is el akartam menni Ausztráliába" - mondta Elizabeth.

„Ezt nem is tudtam, anya."

„Persze, amikor kislány voltam - volt egy levelező barátom Perthben. Ő és én oda-vissza írtunk egymásnak, aztán megszakadt a kapcsolatunk. Milyen kár."

„Ilyen az élet! Rövid ideig vannak veled emberek, aztán továbbállnak" - mondta Tom. A visszapillantó tükörben Mirandára pillantott. „De jobb ember lettél, mert ismerted ő ket."

Miranda elmosolyodott. Nem tudta elhinni, hogy a szülei emberként viselkednek. Szinte mintha törődtek volna velük.

Először Territ tették ki, aztán Cherylt.

Amikor már csak hárman maradtak a kocsiban, Miranda félt a csendtől, és szüntelenül fecsegni kezdett. Elizabeth hátranyúlt, és Miranda kezét a sajátjába fogta.

„Örülünk, hogy itt vagy, itthon".

Miranda belenézett az anyja szemébe, és mély együttérzést látott benne, olyat, amilyet még soha nem vett észre.

„Köszönöm, anya."

Könnyek gyűltek Miranda szemébe. Nem bírta elviselni. Nem bírta elviselni, hogy a szülei ilyen kedvesek vele. Túlságosan sebezhetőnek érezte magát, és egyértelmű volt számára, hogy sajnálják őt.

Szánalom volt ez, és semmi más.

KETTEDIK KÖNYV:

HOME AGAIN (ÚJRA OTTHON)

FEJEZET 1

TERRIÉKNÉL CSALÁDI ÖSSZEJÖVETEL VOLT. Angelo, Maria és Giovanni mindenkit meghívott egy Welcome Home Partyra.

„Hűha!" Kiáltott fel Terri, amikor belépett a házba. „Erre biztos nem számítottam. Hogy vagytok? Hogy vagy?"

„Mindent tudni akarunk róla" - mondta Angelo. „Mindent a mesés utazásodról."

„Tudni akarom, milyenek az ausztrál nők" - mondta Giovanni.

Maria tarkón ütötte a fejét. Giovanni összerezzent, és a kezével megdörzsölte a foltot.

„Emeljük poharunkat a gyönyörű lányomra, Teresára" - mondta Angelo. Koccintottak a poharakkal, és azt skandálták: „Beszéd, beszéd, beszéd".

„Köszönöm, anya, apa és Giovanni ezt a kedves együttlétet. És köszönöm, hogy mindannyian eljöttetek."

„Gyerünk, mesélj nekünk az alant lévő földről" - mondta Freddo bácsi.

„Adj egy fél esélyt", mondta Terri, »több mint huszonnégy órája repülök«.

„És biztos fáj a karod", mondta Freddo bácsi.

„Egy régi, de jó darab" - mondta Maria. „Most pedig csitt, Freddo, hagyd Terézt beszélni."

„Kimerült vagyok, de azért mesélek egy kicsit Ausztráliáról." Órákig beszélt hozzájuk. Katoombáról, a Három nővérről, a Sydney Harbour Bridge megmászásáról, az Ulururól, a Bondi Beachről, Perthről, Adelaide-ről, Melbourne-ről. „Most már aludnom kell, jó éjszakát mindenkinek" - mondta Terri. Beszökött a szobájába.

„Egy pillanat. Van valamim a számodra, apa. Tessék" - mondta, miközben átnyújtotta neki.

„Mi az?"

„Ez egy hangszer, amit az ausztráliai aboriginalok használnak."

„Hogy kell rajta játszani?"

„Ide kell fújni. Azt mondják, csak egy spirituális ember képes hangot adni a Didgeridoo-n."

„Olyan hangot fogok kiadni, hogy Ausztráliában is meghallják" - mondta Angelo. Fújta. Semmi. Erősebben fújt, de még mindig semmi. Végül mindent beleadott, amit csak tudott, és belefújt a szócsőbe. Olyan hang hallatszott, mint egy tüzelő bika. A teremben mindenki tapsolt.

„Köszönöm, Teresa, anyád és én nagy becsben fogjuk tartani. Most pedig irány az ágyba veled. Nagyon fáradtnak tűnsz."

FEJEZET 2

C HERYL LAKÁSÁN MINDEN FÉNY égett. Az édesanyja, a nővére és a bátyja kiszaladtak, hogy üdvözöljék.

„Annyira örülök, hogy itthon vagyok" - mondta Cheryl. „Köszönöm, hogy megvártatok."

„Mindent hallani akarunk róla" - mondta Janet. „Bár kimerültnek tűnsz."

„A repülőút gyilkos, és Miranda Ben halála óta nem volt önmaga. Az elmúlt napokban annyira lehangolt volt. Nem tudom, hogyan segíthetnék rajta."

„Csak adj neki időt." Janet azt mondta. „Az idő valóban gyógyít."

„Azt hiszem, igazad van. Mindannyiuknak van ajándékom, valahol ezekben a táskákban. Nem baj, ha holnap előásom őket?"

„Remélem, Ian Thorpe nincs benne" - mondta Evelyn.

„Nem hiszem. Arra gondolok, hogy talán hallott a gyönyörű húgomról - és elrejtőzött a táskámban, csak hogy találkozhasson vele."

„A jó hírek gyorsan terjednek" - mondta Evelyn.

„Túl kimerült vagyok ahhoz, hogy ma este Ausztráliáról beszéljek. Megtehetnénk ezt reggel?"

„Igen, gondoltuk, hogy fáradt leszel, de látni akartunk. Soványabb vagy, az biztos" - mondta Craig.

„Biztos a nagy hőség és a sok séta miatt. Negyven fok körüli hőmérséklet, és neked még mindig van dolgod" - mondta Cheryl. „De milyen volt a karácsony?"

„Gyere be ide" - mondta Janet, és kézen fogta a lányát.

A nappaliban még mindig állt a karácsonyfa, és villogtak a fényei. A fa alatt ajándékok voltak felhalmozva.

„Nélküled nem tudnánk megünnepelni a karácsonyt."

Cheryl sírni kezdett: „Srácok, fogalmatok sincs, mennyire hiányoztatok".

„Azt hiszem, van egy ötletünk" - mondta Janet. „Na, húzzatok, irány az ágy mindannyian. Holnap karácsony reggel lesz. Kibontjuk az ajándékokat, megisszuk a tojáslikőrt, aztán elmegyünk ebédelni a Swiss Chaletbe. Tökéletes lesz!"

Holnap mesélek nekik apáról, arról, hogy éreztem a jelenlétét a Kék-hegységben. Elmondom nekik, hogyan lebegett a szelleme a levegőben, majd leért és megérintette a homlokomat.

De ha elmondom nekik a titkunkat - vajon ez a közelség, amit vele érzek, örökre eltűnik?

Elveszítem ezt az új köteléket, ha hangosan kimondom a szavakat?

Nem vagyok hajlandó megkockáztatni. Egyelőre megtartom magamnak.

FEJEZET 3

M IRANDA EGY OLYAN SZOBÁBAN ébredt, amelyben már több mint öt éve nem aludt. Ha az igazat megvallva, azóta nem tette be a lábát a régi szobájába, amióta először bérelte ki a lakását. Meglepődve tapasztalta, hogy még mindig nagyjából úgy nézett ki, ahogyan elhagyta. A softballtrófeái még mindig ott voltak; az évkönyvei még mindig a polcokon álltak; a poszterei még mindig ránctalan arcokkal borították a falakat: megdermedtek az időben. Amikor Miranda úgy döntött, hogy elmegy otthonról, minden holmiját akarta. Megbeszélte, hogy eljön értük, aztán közbejött valami fontosabb, és lemondta. Úgy tűnt, soha nem volt megfelelő időpont.

Miranda felcsúsztatta a szekrényajtót. A régi ruhái még mindig ott lógtak, mintha csak arra várnának, hogy visszajöjjön és felvegye őket. Vadonatújnak is tűntek. A dobozai még mindig ott voltak, és benne, igen, a sapkák és kalapok, amelyeket egykor, kislánykorában jelmezbálokon v iselt.

A hely olyan volt, mint egyfajta múzeum, egy múzeum Miranda számára, és valahogy nem igazán értette, miért. Tegnap estig sosem érzett szoros kapcsolatot a szüleivel. Most már nem tudott nem elgondolkodni azon, hogy talán egész életében tévedett velük kapcsolatban. Mi van, ha teljesen félreértette őket? Rosszul ítélte meg őket?

Néha a rossz dolgok okkal történnek. Az elmúlt néhány évben csak szarságokat kaptam - és talán azért, mert hiányzik valami. Talán a dolgok, amik körülöttem történnek, ébresztőnek vannak szánva. De én csak nem értettem meg az üzenetet, és így ezek folyamatosan történnek.

Elizabeth és Tom a nappaliban ültek és tévét néztek. *A The Price Is Right* volt Bob Barkerrel, és a „gyer*ele* " szavakat hallotta, amikor belépett a szobába.

„Tökéletes időzítés, Miranda. Gyere le" - mondta Tom.

„Kész a reggeli - mondta Elizabeth.

„Szívesen innék egy csésze kávét."

„Egy lányt nem lehet csak kávéval egészségesen tartani. Gyere" - Tom megfogta Miranda karját, és a konyhaasztalhoz vezette. „Itt a mai újság, ülj le, pihenj, olvass - anyád és én egy szempillantás alatt az asztalra tesszük az ételt."

„Ne fáradjatok."

„Bajba, nos, meg kell etetnünk téged. Nézd, milyen sovány lettél" - mondta Elizabeth, miközben a pirítóst a résekbe pattintotta.

Miranda tehetetlennek érezte magát. Nem szerette magát tehetetlennek érezni.

Amikor az étel elkészült, Tom és Elizabeth csatlakozott a lányukhoz az asztalhoz. Megpróbált visszaemlékezni, mikor ültek utoljára együtt, mint egy család, és törték meg a kenyeret. Gondolatai visszarepültek arra a napra, amikor a lány monoklival jött haza. A levegő illatozott a pirítóstól é s a lekvártól.

„Nem vagyok sovány - de ha egyszer hazaérek, és belerázódom a saját rutinomba...".

„De drágám" - mondta Elizabeth. „Itt van az otthonod. Különben sem vagy biztonságban azon a helyen."

„A zárakat már kicseréltem, és riasztót is beszereltethetek."

„Nem kockáztathatod meg" - mondta Tom.

„Persze, vissza kell költöznöm a saját lakásomba, anya és apa! Ezt tudomásul kell venned. Huszonöt éves lányok nem költöznek haza, miután öt évig kint voltak a saját lábukon."

„Büntetsz minket, ugye?" Mondta Elizabeth. „Nem tudsz megbocsátani nekünk, a múltért, és újrakezdeni?"

„Tudjuk, hogy hibáztunk, és szeretnénk jobban megismerni a lányunkat. Annyi mindenről lemaradtunk. Megengeded nekünk, Miranda?"

Miranda nem válaszolt. Mélyen a kávéscsészéjébe nézett, és figyelte, ahogy a cukorkristályok körbe-körbe táncolnak.

Elizabeth és Tom pillantást cseréltek. Szívük mélyén azon töprengtek, hogyan tudnak valaha is áttörni Mirandán. A lány nem hagyta volna magát. Rendkívül magasak voltak a falak körülötte.

„Be kell engednie minket - mondta Tom.

Miranda hirtelen késztetést érzett, hogy felálljon és hátráljon. Megpróbált felállni, de a lába megingott, és végül megint visszaült. Egész életében azt akarta, hogy a szülei odanyúljanak hozzá, hogy megpróbáljanak közel lenni hozzá, és most éppen ezt tették, és ez halálra rémítette.

„Huszonöt éves vagyok, már nem vagyok a kisbabátok, és egyszerűen túl késő mindkettőtöknek, hogy most próbáljatok megnyerni magatoknak. Független voltam. Erős nő vagyok. Már évekkel ezelőtt szükségem volt rád. Akkor is szükségem volt rád. Most már nincs szükségem rád."

Miranda bemászott a képzeletbeli falába, és leszögezte az ajtókat.

Nem bújhatok el itt, ha anyu és apu ott van. Felnőtt nő vagyok. Ha elfogadom az olajágukat, akkor ők nyernek. Örökké bánni fogom. Nem hagyhatom, hogy nyerjenek - nem érdemlik meg.

„Nem akarlak megbántani titeket."

„De igen, azt akarod" - mondta Elizabeth. „Bántani akarsz minket, és továbbra is bántani akarsz. Nem akarsz meggyógyulni. Büntetsz minket. És megakadályozod, hogy együtt legyünk - mint egy igazi család."

„Nagyra értékelem az erőfeszítéseidet, és örülök nekik, de nem maradhatok tovább itt. Nagylány vagyok. Tökéletesen biztonságban leszek a lakásomban. Az a lány, aki ott lakott, öngyilkos lett, úgyhogy nem vagyok veszélyben. És szükségem van a helyemre. Nincs miért aggódnod. Nem lesz s emmi bajom."

„Miranda, a rendőrség nem tudja biztosan. Azt mondják, *gyanús körülmények* között halt meg, és kizárták az öngyilkosságot. Kézíráselemzést végeztek, és a búcsúlevél nem egyezett az ő írásával. Különben is, megtámadtak téged!"

„Ó, Istenem! Ki mondta ezt neked? Nem volt joguk hozzá! Egyáltalán nem volt joguk!"

„A rendőrség feltételezte, hogy tudtuk" - mondta Elizabeth. „A rendőrségnek fogalma sem volt róla, hogy a lányunk ilyen titkot tartana előlünk. Talán mi hagytuk cserben, amikor felnőttél. Talán nem ismertünk eléggé, nem viszonyultunk hozzád, nem adtuk meg neked, amire szükséged volt, de most szeretnénk elkezdeni. Visszaadni neked a régi szobádat, hogy megvédhessünk és biztonságban tudjunk tetőnk alatt tartani. Te vagy az egyetlen gyermekünk, és bármit is gondolsz rólunk, nagyon *szeretünk*, és bármit megtennénk érted, a biztonságodért".

Miranda elakadt a szava. A szülei szerették őt. Huszonöt év kellett ahhoz, hogy kimondják ezeket a szavakat. Szavakat, amelyeket Miranda már régóta szeretett volna hallani. Most, amikor végre elhangzottak, elvesztette a fejét.

Kirobbant, a nyelvét csóválta, mint valami elszabadult elemes baba, és mindent kiöntött nekik. Minden bántás, amit adtak neki, minden szégyen, minden, minden úgy ömlött ki az ajkai közül, mint a víz, jött, és jött, amíg csak egy üres üvegcsévé nem vált, és ő nem zuhant le egy székre, és nem kezdett el sírni, mint egy gyerek. Teljesen levetkőzte a lelkét, és meztelenül állt a szülei előtt. Visszatért egy időre és egy helyre, pontosan ebben az otthonban, amikor sebezhető volt. Szorosan összegömbölyödött, és sírni kezdett. Egy pillanatig ide-oda ringatta magát, majd kinyitotta a szemét, és jól megnézte a szüleit, akik fölötte álltak, feléje nyújtott k ézzel.

Bár szerette volna, ha vigasztalják, megtagadta tőlük, és a zsebébe rejtette a kezét. Úgy gyűjtögette a szeretetüket, mintha arany lenne.

A szülei megpróbáltak átjutni az általa épített falakon, de ő túl magasra építette őket.

Egy Simon és Garfunkel-dalt dúdolt magában.

„Elegem van ebből!" Kiáltott fel Tom. „Miranda, állj fel, add a kezed, és hagyd, hogy megvigasztaljunk. Tegye ezt most - különben örökre elhagyja ezt a házat. Igen, hagyj el minket, és ha elmész, többé nem látunk szívesen ezen a helyen, és mi sem hívunk többé lányunknak." A férfi habozott, a felesége felé nézett, majd azt mondta: „A te döntésed, válassz most".

A Mirandában lévő gyermek emlékezett erre a jelenetre. Lejátszódott előtte, a lelki szemei előtt. A szülei soha nem követeltek semmit. A szülei mindig engedtek.

Mi vesztenivalóm van ? *Semmit, semmit, semmit, semmit, semmit, semmit, semmit.*

Kinyújtotta a kezét, és mindegyik szülő a sajátjába vette, és csókolni kezdték, mintha aranyat vagy akár gyémántot találtak volna. A karjukba húzták, és egyszerűen csak átölelték. Mindhárman tartották, körben, és nem engedték el. Semmi sem tudta őket rávenni, hogy elengedjék.

Tom és Elizabeth felajánlotta, hogy elmennek Miranda lakására, és elhoznak neki néhány dolgot.

„Várjatok, én is menni akarok - mondta Miranda.

„De szerintem aludnod kéne egy kicsit. Kimerültnek tűnsz" - mondta Tom.

„Az is vagyok, de valahogy majd erőt veszek magamon, hogy szembenézzek ezzel. Ha ti ketten velem vagytok. Csak adjatok pár percet, hogy bepúderezzem az orromat."

„Szánj rá annyi időt, amennyit csak akarsz, nem kell sietni" - mondta Tom.

„Visszafelé megállunk egy kávéra és egy fánkra" - mondta Elizabeth.

„Tim Horton's kávé és egy Long John fánk a lányunknak" - mondta Tom. „A kedvencei."

El sem hiszem, hogy apa emlékszik a kedvenc fánkomra. Lehet, hogy félreértettem? Ennyi éven át? Elgondolkodtat, vajon mire emlékszik még rólam?

FEJEZET 4

Az óra előre tekereg, napok, hetek, hónapok telnek el.

Miranda Evans élete váratlan fordulatot vesz.

Még mindig a gyerekkori házában él. Ez azonban nem hasonlít arra a házra, amelyben felnőtt.

Mirandát szülei meglepték, amikor felbéreltek egy építészt, hogy tervezze át a házat, és a felső emeletet önálló lakást alakítson ki a lányuk számára. Miranda mindent összeszedett a régi lakásából és mindent a *Miranda Múzeumból*. Ezután otthonává alakította a házat.

A munkából hazafelé menet minden nap alig várta, hogy visszatérjen az otthonába. Családi estéket tartottak - amikor közösen étkeztek, és Miranda, Elizabeth és Tom felváltva főztek és kísérleteztek különböző receptekkel és ételekkel a világ minden tájáról.

Miranda nem fizetett lakbért, bár felajánlotta, hogy kifizeti. Megtudta, honnan ered a makacssága, amikor ezt a kérdést a szüleivel megbeszélte. Végül beadta a derekát, és nyitott egy külön megtakarítási számlát, amelyre a havi bérleti díjat befizette. Remélte, hogy egy nap elég pénzt tud majd félretenni ahhoz, hogy elküldhesse a szüleit nyaralni, talán Ausztráliába.

Miranda, Tom és Elizabeth úgy beszélgettek, ahogy eddig még soha. Étkezés közben, a közös autóban csak beszéltek, beszéltek, beszéltek - és Miranda imádta ezt. Régebben megpróbált beszélgetést kezdeményezni velük olyan dolgokról, amikre kíváncsi volt, például a gyerekkorukról, hogy milyen volt a családjukban felnőni, azonban mindkét szülő mindig elzárkózott.

„Egyikünk sem, élte meg a hegektől mentes gyermekkort" - mondta Elizabeth. „És nem akartunk megijeszteni - azzal, hogy elmondjuk, milyen volt nekünk".

„Ráadásul nekünk sem könnyű felnyitni azokat a régi sebeket" - mondta Tom.

„De látod, apa és anya, van rá okunk - mert ez segít megérteni téged, azt, hogy milyen vagy velem."

„Ezt most már értjük, Miranda" - mondta Elizabeth. „De amikor felnőttél, azt gondoltuk, hogy az a legjobb neked, ha megvédünk. Hogy ha kellett, vattába csomagoljuk a legdrágábbat, ami az életünkben volt - hogy biztonságban l egyen."

„Amikor megtudtuk, mi történt veled, a nemi erőszak, meg akartam ölni azt a férfit, aki bántott téged. Tudtam, a világ rád fog zúdítani dolgokat, és én ott akartam lenni melletted.

Hogy átsegíthesselek rajtuk - bármi történjék is" - mondta T om.

Miranda homlokon csókolta az apját, és megérintette az anyja kezét. Aztán kiment a konyhába, hogy főzzön egy kanna teát.

„Miranda, amikor kislány voltam, apám övvel ütött - általában a lábam hátsó felére. Nem ölelt meg, soha, és így az egyetlen testi kontaktus, amiben vele voltam - az az volt, amikor bántott. Életem nagy részében gyűlöltem őt ezért, amíg meg nem ismertem az apádat.

„Mindig olyan kedves és gyengéd volt, és királynőként bánt velem, attól a pillanattól kezdve, hogy megismertem. Ezt azért mondom el neked, hogy megértsd, apádat és engem is bántalmaztak gyerekkoromban. Érzelmileg már jóval azelőtt bezárkóztunk, hogy te a világra jöttél volna. Egymásba kapaszkodtunk, de érzelmileg elérhetetlenek voltunk számodra. Jártunk tanácsadásra. Tudtad?"

„Nem, nem tudtam, de nagyon hálás vagyok érte. Korábban nehezteltem rád, mert nem értettem, milyen traumatikus volt a gyerekkorod. Sajnálom, anya."

Miranda szorosan átölelte az anyját. Az anyja visszaölelte.

„Emlékszem, egyszer, amikor még kislány voltam, és a konyhában dolgoztam. Valami eltűnt, már nem emlékszem, mi volt az, de nem én voltam. Megesküdtem apámnak, hogy nem én voltam. Keresztet vetettem a szívemre, és reméltem, hogy meghalok, de ő nem hitt nekem. Azt mondta, hogy tiszteletlen voltam, és addig verte a lábam hátulját, amíg fekete és kék nem lett. Nem tudtam iskolába menni, mert nem volt harisnyám, ami eltakarta volna őket".

„Biztosan gyűlölted őt."

„Nem, Miranda, soha nem gyűlöltem őt. Tudtam, hogy csak a legjobbat akarja nekünk. És csak azt mutatta nekünk, amit az apja mutatott neki. Mi mást tehetett volna? Csak ezt tudta. apa egy meggyőződéses katolikus családból származott. és soha nem járt templomba. Soha nem tudtam meg, hogy miért, és minden nap, mielőtt iskolába mentem, elvitt anyámmal a misére. Néha, általában karácsonykor, apa eljött a misére. anya sosem hagyta, hogy babráljunk, de apa igen. Nehéz volt sokáig csendben ülni és hallgatni olyan dolgokat, amiket nem értettél. apa megértette ezt. Nem élvezte a misét, de szerette hallgatni a kórus énekét. Néha még mindig hallom a hangját, amikor különböző énekeket énekelek. Ő volt az az apa, akit szerettem; az apa, akit még m indig szeretek".

Miranda és Elizabeth bementek a nappaliba, tálcájukon teát, kekszet és lekvárt vittek. Tom kikapcsolta a tévét, amikor leültek, és Miranda töltött a teából.

„Ti ketten jól elbeszélgettek odakint?"

„Kellemes, nem ez volt a megfelelő szó." Anya az apjáról mesélt.

„Megtette, amit tudott" - mondta Tom. „Akkor most én jövök? Az apám az első világháborúban esett el. Soha nem ismertem, sőt, soha nem is találkoztam vele. anya éppen csak terhes volt, amikor elment, és azt sem tudta, hogy úton vagyok. anya azonban mindkét szerepet eljátszotta, és jól csinálta. Szeretetben és figyelemben bővelkedett, de abban a pillanatban, amikor tizenkét éves lettem, másképp kezdett rám nézni. Másképp bánt velem. Tudtam, hogy férfivá válok, de még mindig vágytam anyám ölelésére és csókjaira. Ő mindkettőt megtagadta tőlem. Ha megpróbáltam megölelni, gyakran azt mondta, h ogy *"szállj le róla* ", én pedig szégyenkezni kezdtem. Ez nem fizikai bántalmazás volt, mint amivel anyukádnak meg kellett küzdenie, hanem érzelmi bántalmazás. Az egy teljesen más tészta. Bűnösnek éreztem magam, szégyelltem magam, mert tudtam, hogy anya keményen dolgozott, mint parfümös lány a Searsnél, és elég pénzt keresett ahhoz, hogy kifizesse a lakbért és etessen minket. Nem voltunk szegények, de semmiképpen sem voltunk gazdagok. Volt pénz, amit félretettünk nekem, a főiskolára - apa nyugdíja -, de az nem lett volna az enyém, amíg be nem töltöm a huszonegyet, ezért benzinpumpálós munkát vállaltam.

Sok lánnyal találkoztam a benzinkútnál. Azokban az időkben a hölgyek még nem tankoltak maguknak. Elmentem a főiskolára, részmunkaidőben egy újságnál dolgoztam, és kitüntetéssel diplomáztam. Teljes értékű újságíró voltam. Dolgoztam Európában, utaztam, találkoztam anyukáddal, és a többi, ahogy mondani szokták, t örténelem."

„Akkor terveztem?"

„Hogy őszinte legyek, nem. Annyira el voltunk foglalva a világ körüli kalandozással, hogy nem gondoltunk a babákra vagy a stabilitásra. Csak látni akartuk, amit lehet, csinálni, amit lehet. Amikor anyukád megtudta, hogy terhes, pánikba e stünk."

„Nem arról volt szó, hogy nem akartunk téged, szerelmem, egyszerűen csak féltünk, és én, nos, túl öreg voltam -

legalábbis azt hittem, hogy túl öreg vagyok ahhoz, hogy gyereket szüljek. Apád otthagyta az utazós munkáját, és állást vállalt egy helyi újságnál."

„De aztán megérkeztél, és hamar rájöttünk, hogy fogalmunk sincs, mit csinálunk. Nem voltunk a helyzet magaslatán. Jobb szó híján - tanácstalanok voltunk. Féltem, hogy összetörsz" - mondta Tom - "Emlékszem, amikor először felvettelek, annyira féltem, de ugyanakkor te voltál a legszebb dolog, amit valaha láttam."

„Ó, igen - mondta Elizabeth. „Te voltál az a baba, aki kitűnt a többiek közül a kórházban, és mindenki azt hajtogatta, milyen gyönyörű vagy. Nem tudtalak szoptatni - akartalak, de nem tudtalak, és azt hiszem, ez, azt okozta, hogy már a kezdet kezdetén úgy éreztem, hogy elszakadtam tőled, és mindig is úgy éreztem, hogy ez egy olyan kapcsolat, amit soha nem tudunk visszanyerni."

„Most már látom, hogy mindketten mindent megpróbáltatok. Hibáztam, hogy visszahúzódtam tőled, hogy ennyire elítélő voltam. Mélyebbre kellett volna ásnom, megpróbálnom megérteni, hogy honnan jöttél."

„Ne hibáztassuk többé magunkat vagy egymást. Ne feledjük, hogy ez mindannyiunk számára egy új kezdet" - mondta Elizabeth.

„Igen, előre és felfelé" - mondta Tom.

„Jobb, ha indulok. Hamarosan ideje lesz felkelni a munkába."

„Jó éjt, jó éjt."

Ahogy felmászott a lépcsőn a lakásához, Miranda elmosolyodott. Soha nem érezte magát még ilyen közel a szüleihez, és ennyire békében volt önmagával. Úgy érezte, mindenről beszélhet velük. És teljes mértékben szándékában is állt. Azt akarta, hogy megismerjék Bent, élete szerelmét. Azt kívánta, bárcsak lenne róla egy képe, azon kívül, ami a fejében volt. Az napról napra halványodott.

FEJEZET 5

KÖZBEN ÁMOR KILŐTTE A nyilát Terrire, és ő mélyen beleszeretett.

Az első munkanapján kezdődött, amikor visszatért a munkahelyére. A folyosón sétált, és elhaladt egy férfi mellett.

„Helló", mondta a férfi. Meghajolt, és megcsókolta Terri kezét.

Az állkapcsa majdnem a földre esett.

A férfi ment, ő pedig jött.

Ki ez a férfi? Talán egy betolakodó? Jobb, ha utánanézek.

Követte a férfit, végig a folyosón. A férfi füttyentett. Gyorsan lépkedett, aztán lassan. Soha nem fordult meg. Travetti úr irodája előtt megállt. Bement. Terri az ajtóban l ebegett.

„Gyere be, fiam - mondta Travetti úr. „Látom, már találkoztál a jobbkezemmel, Terrivel?"

Terri tátott szájjal nézett rájuk. Látott egy aprócska hasonlóságot, talán a szemük körül...

„Terri, gyere be, és ismerd meg a fiamat."

„Ó, bocsánat, elvesztettem a fonalat" - mondta Terri.

„Terri, ő a fiam, Amadeo. Talán lenne olyan kedves, és elvinné őt ebédelni, mivel nekem már van egy korábbi elfoglaltságom."

„Igen, nagyon szívesen" - suttogta Terri.

Amadeo megfogta a karját, és együtt átsétáltak az utca túloldalára egy kis görög étterembe, és közösen megittak egy üveg Ouzót. A délután csak úgy repült - és Terri alig hitte el, amikor az órájára nézett, és este hat óra volt.

„Nem kell aggódnod, apám tudja, hogy velem vagy - mondta Amadeo.

„De nem hiszem, hogy azt akarta, hogy ilyen sokáig maradjak."

„Valójában igen - mondta Amadeo -, mert már régóta reméli, hogy te és én összejövünk. Szüntelenül rólad beszél, hogy milyen szerencsésnek kellene lennem, hogy találjak egy olyan lányt, mint te. Muszáj volt találkoznom veled."

Terri alaposan elpirult.

„Ma este apám és anyám vacsoraestet adnak. Téged is meghívtak a vendégemnek. Visszakísérlek az irodába, aztán hétkor találkozunk náluk. Meg tudod oldani?"

„Ott leszek."

FEJEZET 6

E Z VOLT AZ ELSŐ a sok vacsora közül, amelyet Terri Amadeo családjával osztott meg.

Hamarosan Terri családja és Amadeo családja is találkozott vacsorákra és partikra. Amadeo és Terri tökéletesen összeillettek. Mindenki így gondolta.

A családjaik mindkettőjüket szerették. Azt akarták, hogy sok gyerekük legyen.

De előbb egy nagy, hagyományos esküvőt kellett tartaniuk.

Amadeo visszaköltözött Rómába. Az volt az otthona.

Hosszas viták és néhány könnycsepp után Amadeo és Terri úgy döntöttek, hogy a távkapcsolat nem nekik való.

Négy hétig tartó intenzív kapcsolatuknak vége kellett, hogy legyen. Így volt a legjobb. Mindketten egyetértettek.

FEJEZET 7

A MADEO VISSZATÉRT RÓMÁBA. NEM tudta kiverni Territ a fejéből. Róla álmodott. Látta őt, a tömegben. Odarohant hozzá, és rájött, hogy valaki más az. Két hét telt el, és nem tudott aludni. Nem tudott enni. A munkája k udarcot vallott.

Felvette a telefont. Felhívta Territ. Eleinte csak néhány naponta, de miután beszéltek, többet akart. A hívások egyre gyakoribbá váltak, naponta egyszer, kétszer, h áromszor.

Az időeltolódás miatt, aki épp éjszaka volt, a földön kuporodott össze, a telefonnal a karjában. Külön sarkai a világnak, külön egzisztenciák. Az egyik letette, a másik visszahívta. A fájdalom sosem szűnt meg. Fizikai fájdalommá vált, amit egyikük sem tudott elviselni.

Terri nem akart Rómába költözni. Amadeo nem akart visszaköltözni Kanadába.

Amikor Terri arra gondolt, hogy Amadeo karjai átölelik, a pézsma illata a hajában... Ahogy a haja hátracsapott a bal szeme fölött, a szemének a sötétsége, nem fekete, nem barna, egy teljesen sajátos szín. Ahogy hosszú szempillái végigvillantak a sötét szemeken. Hogy érezte, amikor a férfi megfogta a kezét. Hogy érezte az ajkát, amikor hozzáért az övéhez. Milyen gyengéden simultak végig a homlokán, és mennyire vágyott még többre.

„Amadeo, szeretlek - bökött bele a telefonkagylóba.

„És én téged Terri, és én téged. Azóta szeretlek, amióta megláttalak a folyosón sétálni. Tudtam, hogy te vagy az a nő, akit meg akartam ismerni. Tudtam, hogy te vagy Terri."

„Tudtad, és soha nem mondtad el nekem? Te patkány - meggondoltam magam!"

„Ha már nem szeretsz, akkor ki kell ugranom az ablakon - Viszlát! A lenti napellenzőn fogok landolni. Az esésemet pizzatészta fogja tompítani."

„Pizza, mi? Engem meggyőztél. Mikor látogassalak meg?"

„Komolyan mondod Terri? Eljössz Rómába?"

„Ha én lennék Samantha a *Bewitchedben*, egy pillanat alatt ott lennék veled. Sajnos egy kis szabadságot kell kérnem."

„No problemo - apa már annyit mesélte, mennyire szükséged van a szabadságra. Túl sokat dolgozol!"

„Bár én most jöttem vissza a nyaralásból. De majd meglátom, mit tehetek. Jó éjt, Amadeo."

„Buona notte mia amare."

FEJEZET 8

C HERYL HÁZÁBAN KEVÉS BOLDOGSÁG volt. Janet felfedezett egy kis csomót a mellében, amíg a lánya távol volt. Janet megkövült. Megtalálta a csomót, és mint a legtöbb nő, úgy döntött, hogy nem vesz róla tudomást. Napról napra nagyobb lett, és hamarosan fájdalmat okozott. Janet magában tartotta félelmét, tudta, hogy ez nem a legjobb, amit tehet. Csak amikor megosztotta terheit Cheryllel, akkor döbbent rá f élelmeinek mértékére.

Az orvos megerősítette a legrosszabbat. Nagyon gyorsan nőtt, és nem lehetett megállítani. A kemoterápia meghosszabbíthatja Janet életét; talán remisszióba kerülhet. Úgy vélte, egytől három hónapig élhet. Ez lesújtó hír volt.

Nem tudom elhinni. Anyu családjában nem volt rákos megbetegedés. Anya sosem dohányzott. Mindig nagyon vigyázott magára. Edzett. Sok gyümölcsöt és zöldséget evett.

Miért anya? Miért az én anyukám?

„Nem akarom, hogy a bátyád és a húgod megtudja, még nem."

„De anya, el kell nekik mondani."

„Még ne, kérlek."

Ez a könyörgés egy hónapig, majd két hónapig tartott, és Janet gyermekei végignézték, ahogy anyjuk egyre lejjebb kerül. Tudták, hogy valami nincs rendben, és könyörögtek az idősebbik nővérüknek, hogy mondja el nekik, mi történik, de Cheryl nem szegte meg az anyja kívánságát, és nem volt hajlandó elmondani nekik.

„Kihullik a haja" - mondta Craig. „Kemoterápiára jár?"

„Rákos?" Evelyn megkérdezte.

„Gyerekek" - mondta Janet. „Gyertek be a nappaliba, és üljetek le. Cheryl, mindannyian szeretnénk egy csésze teát, ha megkérhetlek, aztán beszélgetünk." Janet elhelyezkedett a hintón. Nagy fájdalmai voltak. Állandóan olyan kimerültnek érezte magát.

Amikor Cheryl leült, és a teát töltötték, Janet egy pillanatra elbóbiskolt. Felriadt, és arra ébredt, hogy a kanapén fekszik, és a három gyereke nézi őt.

„Sajnálom. Csak olyan fáradt vagyok mostanában. Most pedig gyerekek, Evelyn és Craig - nagyon figyeljetek rám. Beteg vagyok, rendkívül beteg, és az orvosok szerint nem sokáig élek még ezen a földön."

„Anya!" - kiáltották a gyerekek, és letérdeltek mellé.

„A rák elkapott, és nem enged el. Küzdök ellene. A húgod a kérésemre titokban tartja, és segít nekem. Ő volt a kősziklám, de most már nem hiszem, hogy maradt bennem harc. Pihenni akarok, apáddal akarok lenni."

Janet egyre rosszabbul lett, és végül megadta magát a betegségnek. A családja mellette volt. Otthon halt meg, a saját ágyában, a saját feltételei szerint - azokkal az emberekkel és dolgokkal körülvéve, akiket szeretett.

Janet édesanyja, Abigail Indianából érkezett, hogy segítsen. Abbey nagyi felajánlotta, hogy utána még marad, de Cheryl megkérte, hogy a temetés után minél hamarabb térjen haza, hogy a gyerekek visszatérhessenek a megszokott kerékvágásba. Cheryl tudta, hogy Craignek és Evelynnek kapcsolatban kell maradniuk, hogy túljussanak a v esztelégen.

Cheryl gyakran gondolt vissza arra az utolsó napra az édesanyjával. Ő, Craig és Evelyn műszakban voltak, míg Abbey nagyi aludt. Craig és Evelyn folyton elbóbiskolt, és végül Cheryl meggyőzte őket, hogy feküdjenek le, mondván, ő majd őrködik.

„Anya - mondta Cheryl -, el kell mesélnem neked a Kék-hegységről, mert a lelkem találkozott apáéval, amikor ott fent voltam. Éreztem, ahogy megérintett, a homlokomon, ahogy akkor tette, amikor kislány voltam. A szél mintha a karjaivá vált volna. Eddig nem mondtam el neked, mert attól féltem, hogy az érzés elmúlik, ha m egosztom veled."

„Köszönöm, hogy elmondtad - mondta Janet. Megragadta a lánya kezét. „Írtam leveleket, mindannyiótoknak. Amikor elmegyek, amikor apáddal leszek, menj a széfhez, és vedd ki a leveleket". Fájdalmában ökölbe szorította a kezét,

belekapaszkodott a lánya karjába, aztán örök álomba m
erült.

Olyan békésnek tűnt, ahogy ott feküdt. Cheryl tovább
nézte - még mindig az anyja kezét tartotta a sajátjában, amíg
az ki nem hűlt. Akkor sírt, mint egy kisbaba.

Majd reggel elmondom nekik, anya. Add át a szeretetemet
apunak.

FEJEZET 9

A TEMETÉSRE AZ ANYÁK napja előtti napon került sor. A szertartás tökéletes volt, mivel Janet mindent előre előkészített. Elhamvasztották, majd a férje mellé temették a s írba.

Aznap esett az eső, és összebújtak, miközben a szél átfújta a ruhájukat, és az eső betolakodott az érzelmeikbe.

Szüleik lelke egyesült. Két őrangyal figyelte őket a felhők magasából.

FEJEZET 10

J ANET ÉS MARTIN ELHAGYTÁK a földet, és jól gondoskodtak
három gyermekükről. Tető volt a fejük felett, és nem
kellett jelzálogot fizetniük. Létrehoztak egy vagyonkezelői
alapot Craig és Evelyn taníttatására. Volt pénz a háztartási
kiadásokra, beleértve az élelmet is. A gyerekeknek
mindenük megvolt, mindenük, kivéve azt, amire vágytak - a
szüleik jelenlétét.

„Munkát vállalhatnánk, iskola után" - ajánlotta fel Craig.

„Kösz, de nincs rá szükség. Azt akarom, hogy mindent
az iskolába fektessetek. Van elég pénzünk, és az én
fizetésemmel jól megleszünk, úgyhogy ne aggódjatok."

Cheryl számára az volt a legfontosabb, hogy a testvérei
befejezzék a tanulmányaikat.

Annak ellenére, hogy ő maga is felvételt nyert egy
egyetemre, úgy döntött, hogy kivesz egy évet a munkából.

Sajnos ebből az egy évből kettő lett, majd három, majd öt.

És most Cheryl biztos volt benne, hogy már túl késő, hogy visszamenjen az iskolába.

De Craig és Evelyn számára nem volt túl késő.

Nem hagyta volna, hogy ők is elkövessék ugyanazt a hibát, még akkor sem, ha néha neki kellett a rosszfiú szerepét játszania. Hosszú távon megérné.

FEJEZET 11

Í GY A HÁROM BARÁT nem találkozott annyit, mint korábban. A sors egyetlen kockával dobott. Mindegyik barát egyedi helyzetben találta magát.

Mégis, amikor újra összejöttek, olyan volt, mintha sosem lettek volna külön.

Így élik túl az igaz és örökké tartó barátságok a távolságot és az időt.

FEJEZET 12

Terri az első elérhető járattal Rómába utazott. Alig tudott nyugton maradni, alig várta, hogy újra láthassa szeretett Amadeóját. El sem tudta hinni, milyen szerencsés volt, hogy találkozott és beleszeretett egy ilyen csodálatos férfiba. Az is segített, hogy a családjában mindenki teljesen szerette Amadeót.

Emlékezett a barátai megjegyzéseire, amelyeket akkor tettek, amikor először találkoztak vele:

„Hűha - ez a férfi egyszerűen gyönyörű, és annyira elbűvölő" - mondta Miranda.

„Olyan szerencsés vagy, Terri, annyira örülök neked! Ti ketten egymásnak vagytok teremtve" - mondta Cheryl.

Hihetetlenül szerencsés lány vagyok, ehhez kétség sem férhet. Azért olyan ideges vagyok, mintha ez lenne az első randink. Jobb, ha veszek néhány mély lélegzetet, és megpróbálok nyugodt maradni.

A gép leszállt a Leonardo Da Vinci repülőtéren, és Terri berohant a fürdőszobába, hogy rendbe hozza a sminkjét és fogat mosson, mielőtt felveszi a csomagjait.

Az ajtók túloldalán Amadeo várta, kezében egy csokor rózsával.

„Amadeo - kiáltotta Terri.

Szénszürke Armani-öltönyt viselt, és fekete, göndör haja még göndörebb volt a perzselő római nyári párában. Egymáshoz rohantak és egymásba kapaszkodtak, ölelkeztek és csókolóztak, nevettek és sírtak.

„El sem hiszem, hogy itt vagy - mondta Amadeo. „És teljesen Bellónak nézel ki."

„Ahogy te is."

Kéz a kézben sétáltak Amadeo kocsijához, nézték egymást, befogadták egymást, belélegezték egymást.

Terri semmit sem látott Rómából. Valójában bárhol lehetett volna. Egyelőre csak Amadeóra vágyott. Minden porcikáját meg akarta nézni, figyelni, ahogy erős, de gyengéd kezével váltogatja a sebességváltókat, figyelni a mellkasát, ahogy ki-be mozog, ahogy lélegzik, figyelni a fürtjeit, ahogy a homlokára borulnak. Legszívesebben lesöpörte volna őket a homlokáról. Ugyanúgy, ahogy Barbra t ette Roberttel a *The Way We Were* című filmben. Olyan romantikus volt!

A testük kémiája rendkívül erős volt közöttük. A kezük vándorolt.

„Milyen messze van, mármint a te lakásod?"

„Nincs messze, ugye nem vagy fáradt?"

„Az alvás az utolsó dolog, amire vágyom" - mondta Terri.

Terri döntött. Ezen az utazáson átadja a szüzességét Amadeónak, akár eljegyezték őket, akár házasságra szánták őket, akár nem. Nem tudott más férfit elképzelni a jövőjében. Kétségbeesetten akarta Amadeót. Azt akarta, hogy elvigye őt. Hogy végigsimítson rajta az ujjaival. Hogy megérintse a teste minden porcikáját. Annyira akarta őt. Sóhajtott, és visszaszorította a könnyeit.

Amadeo majdnem lement az útról az Alfa Romeójával.

„Ne csináld ezt még egyszer, bébi" - mondta Amadeo - »hacsak nem akarod összetörni a kocsimat«.

Amadeo már több nővel is volt együtt, nem sok, de néhány. Nem voltak szüzek. Először azt hitte, hogy a nő viccel, amikor Terri azt mondta neki, hogy még soha nem volt senkivel. Aztán megint csak ez tette Territ olyan különlegessé számára, a nyíltsága, a függetlensége és az önérzete. Nem volt szüksége férfire ahhoz, hogy bebizonyítsa, hogy nő.

Egy késő este Terri felfedte a titkát Amadeónak, és megkérdezte, hogy ő lenne-e az, aki bevezetné őt a szexualitásba.

Amadeo először nem örült a lehetőségnek. Úgy érezte, hogy ez túl nagy nyomást helyez rá - de aztán rájött, mennyire szereti Territ, és mennyire különlegesnek szeretné, ha az első alkalom az övé lenne.

Terri érkezésére várva Amadeo lakását virágokkal szórták tele. Miután bejutott, azt tervezte, hogy egy fürdőt enged a lánynak, sok-sok buborékkal. Azt akarta, hogy minden lassan, lassan történjen, hogy a lány mindig emlékezzen az első alkalomra.

A pezsgő készen állt, egy jeges vödörben hűlt. A csokoládéval bevont eper a hűtőben volt. Amadeo addig etette volna őket Terrivel, egyenként, amíg a lány nem sikoltozott, hogy még többet akar.

Aztán behúzta a gyeplőt... várakoztatta a lányt. Eddig is várt, mit árthatott volna még egy kis várakozás? Az első alkalom még különlegesebbé válna.

Amadeo azonban nem számított Terri sóhajára útban a lakása felé. Remélte és imádkozott, hogy a lány nem teszi megint, különben talán késztetést érezne arra, hogy elvegye őt, amint belépnek a bejárati ajtón... Ha a lány megint felsóhajt, Amadeo már nem volt biztos benne, hogy elég erős lesz-e ahhoz, hogy véghezvigye eredeti tervét.

FEJEZET 13

MIRANDA REGGELE NEM ALAKULT túl jól.

Először is, az ébresztője (megint) nem szólalt meg, és ez egy láncreakciót indított el, ami úgy tűnt, hogy soha nem ér véget. Leült, hogy bekapjon egy gyors szelet pirítóst, és egy kicsit rosszul érezte magát, és rájött, hogy a havi barátja már elkezdődött, majdnem egy héttel korábban, mint általában.

Kiment a fürdőszobába, és megnézte, hogy van-e nála betét, de nem volt. Anyukájának persze nem kellett, de volt egy doboz *Depends,* így Miranda egy ollóval a kezében nekilátott, hogy gyorsan orvosolja a problémáját.

Beugrott a kocsijába, és rohant a munkahelyére, és amikor már majdnem ott volt, rájött - hogy a másik táskájában felejtette a mobiltelefonját. Kizárt dolog volt, hogy viszonylag új főnökének, Mandelbaum úrnak felhívhassa, hogy szóljon neki, késni fog.

Nem ez volt az első alkalom, hogy elkésett. Akkor a férfi vállat vont. Mégis, nem akart olyan alkalmazottnak tűnni, aki kihasználja a helyzetet. Különösen, mivel még új volt a cégnél, és a férfi nagyon bízott benne. Nem akarta cserben hagyni sem őt, sem magát.

Miranda nem akarta elszúrni ezt a lehetőséget, hogy javítsa a munkatapasztalatát - nem is beszélve arról, hogy Amadeo apja, Mr. Travetti volt a leányvállalat tulajdonosa, és Terri nagy fába vágta a fejszéjét, amikor a barátját ajánlotta a munkára. Terri érdekében nem akarta elszúrni.

Miranda cigarettát vett elő a táskájából, és pöfékelni kezdett. *Ah*, sóhajtott fel. *Pont erre volt szükségem* - és a stressz mintha azonnal eloszlott volna. Elgondolkodott újonnan szerzett szokásán, és azon tűnődött, miért nem kezdett el dohányozni évekkel ezelőtt. Mióta csaknem két hónapja elkezdett dohányozni, a súlya közel tizenöt kilóval csökkent. Hirtelen a testét nem érdekelte az étel, helyette egy másik szerre - a nikotinra - vágyott.

Miranda egy reggae-dalt dúdolt a rádióban munkába menet. Körbecikázott a parkolóban, remélve, hogy talál egy helyet a bejárathoz közel, de nem volt szerencséje. Valami más nem úgy alakult ma, ahogyan szerette volna. Messze kellett parkolnia, és emiatt újabb öt percet késett.

Mandelbaum úr, a főnöke, a lengőajtók túloldalán várta. Miranda remélte, hogy ez nem déjà vu.

„Ó, helló, Ms. Evans, egész délelőtt megbeszéléseken voltam, hogy van ma?".

„Egyszerűen remekül, köszönöm Mandelbaum úr. Csak gondoltam, lejövök, hogy megnézzem, járt-e már a futár."

Hú - fogalma sincs róla, hogy elkéstem!

„Megérte az utat" - mondta, és felemelte a Fed-Ex borítékot.

„Szép munka, Miss Evans."

Miranda besétált az irodába, bedobta a táskáját a fiókba, és bezárta. Üzenetbankja megtelt - de a hólyagja is. Az utóbbi győzött - az üzenetek várhattak még öt percet.

Miranda úgy érezte, mintha minden balszerencséje elfogyott volna. A lányok a Mario's Pizzériában találkoztak ebédre. Havonta egyszer az összes titkárnő és recepciós összejött csevegni, és mindezt a cég fizette.

Valójában Miranda ott kezdett el dohányozni. Ő volt a furcsa nő, és végül úgy döntött, hogy ha nem tudod legyőzni őket, akkor csatlakozz hozzájuk. Egészen addig a füstöt köhögte ebédidőben - és minden percét utálta. Most, hogy közéjük tartozott, feltétel nélkül befogadták a nyájba.

Ebédidőre Miranda nem kevesebb, mint négyszer állt ki a lépcsőházba, hogy *cigire* szívjon a társával. Valamikor egy hatalmas büfé volt, amelyet dohányzó és nemdohányzó részekre osztottak. Aztán valaki előállt egy zseniális ötlettel, hogy a személyzetet rávegye, hogy leszokjon a csúnya kis szokásáról. Egy célt tűztek ki, és mindenki, aki elérte a célt, azaz ilyen és ilyen időpontra leszokott a dohányzásról, pénzjutalomban részesült.

„ hogy!" kiáltott fel Mr. Mandelbaum magántitkára, Muriel. „Mindenki az irodában pontosan ugyanabban az időben próbál leszokni a szokásról! Rosszabb volt, mint a pokol.

Mindenki egymás idegeire ment, vödörszámra itták a kávét, és állandóan pisiltek. Nem sok munka készült el; hadd mondjam el, egyáltalán nem sok munka."

„De mi történt aztán?" Miranda megkérdezte. „Úgy értem, mindannyiótokkal. Egyikőtök sem fejezte be sikeresen a programot?"

„Nos - mondta Muriel. „Az első, aki kilépett, különleges ösztönzőt kapott, 500 dollár készpénzt: A humánerőforrás vezetője, Davidson úr. Ezután az emberek elkezdték bedobni a törülközőt, mivel a költségtérítés nem volt elég ösztönző, és a következő pillanatban az ebédlő ismét tele volt dohányosokkal."

Muriel mélyet szippantott párat, majd folytatta: „Mandelbaum úr annyiraooooo bosszús volt, hogy teljesen kitiltotta a dohányzást a büféből, és nekünk kellett elkezdenünk ide kijönni!".

Fújt egyet, aztán fújt néhány füstkarikát, majd így szólt: „Ó igen, tudom, mire gondolsz, Miranda, és igazad van. Mandelbaum úr több szempontból is megelőzte a korát."

Muriel az órájára nézett, majd elnyomta a kifújt cigarettáját, és kinyitotta az ajtót. Visszasietettek az asztalukhoz - még fél óra volt hátra az ebédidőig.

Mivel havonta egyszeri alkalomról volt szó, Mandelbaum úrnak egyáltalán nem okozott gondot, hogy a lányok két órával meghosszabbított ebéddel kényeztessék magukat. Sőt, mondhatni ragaszkodott hozzá, és még egy kör italt is fizetett. Murielnek volt egy céges hitelkártyája - csak a különleges ebédekre. Ez egyfajta hagyomány volt.

Az egyik pletyka, amit Miranda egy másik lánytól, Sallytől hallott, aki hozzá hasonlóan viszonylag új alkalmazott volt - az volt, hogy az ebédeket Mandelbaum úr azért hagyta annyira jóvá, mert így tudta meg, mi folyik valójában az összes osztályon. Sally azt sugallta, hogy Muriel kém volt, aki jelentette, hogy kinek mit mondanak.

Miranda ezt egy pillanatig sem hitte el. Úgy gondolta, hogy Sally egy kicsit paranoiás. Ennek ellenére jobban vigyázott magára, amikor Muriel-lel beszélt. Nem volt semmi titkolnivalója, de ismert néhány magas beosztású embert. Nem akart felesleges információkat kiadni.

A lányok ujjongtak, buliztak, és mindent megettek, amit csak lehetett, beleértve a desszertet is - New York-i stílusban sütött sajttortát mindenki -, majd újult erővel mentek vissza az irodába. Mandelbaum úr ott állt a liftnél, és mosolyogva üdvözölte az összes nőt, amikor azok visszatértek, mint egy apa, aki hazavárja a lányát egy csajos este után.

Amikor Mandelbaum úr üdvözölte a lányait, az is hagyomány volt. A lányok alig várták, hogy lássák a kedves arcát, amikor újra munkába álltak. Ő volt az az egy a millióból főnök, aki nem kérdezősködött sokat. Miranda úgy gondolta, hogy ennél jobb munkát, jobb helyen, bármikor s em kaphatott volna.

Amikor ismét munkához látott, Terri jutott eszébe, és azon tűnődött, vajon hogyan boldogul Rómában Amadeóval. Terri elárulta Mirandának, hogy ezen az utazáson szándékozik elveszíteni a szüzességét. Együtt mentek el a klinikára, hogy fogamzásgátló tablettát vegyenek. Miranda úgy döntött, hogy ő maga is szedi a tablettát. Elvégre nemsokára itt volt a [26]. születésnapja, és fel akart készülni arra az esetre, ha esetleg összefutna az igazival. Megfordult a fejében a gondolat, hogy már találkozott vele, de kiszorította Bent a fejéből. Nem volt értelme rá gondolni. Ettől csak azt érezte, hogy a jövő é rtelmetlen.

Miranda átkutatta az íróasztalát, majd befejezte a szükséges papírok begépelését. Kiosztotta az információkat a szükséges képviselőknek, befejezte a telefonhívásait, majd észrevette az órát. Már negyed hat volt. Itt volt, gyakorlatilag t úlórázott!

Felkapta a táskáját, felállt, és átnézett a párnázott falon, gyorsan rájött, hogy az iroda szinte üres. Annyira elmerült a saját gondolataiban, hogy észre sem vette a szokásos közelharcot, ahogy a munkatársak a kijáratok felé igyekeznek. Elnevette magát, és arra gondolt, hogy ha talán megszólalt volna a tűzjelző, azt sem hallotta volna.

Hamarosan már úton volt hazafelé. Miranda megállt a gyógyszertárnál, és magához vett néhány szükséges dolgot: betéteket, cigarettát és egy szép nagy tábla Cadbury tejcsokoládét, majd hazafelé vette az irányt. Ma este az anyja főzött. Miranda már alig várta, hogy kényeztessék. Az otthoni élet jól megfelelt neki.

FEJEZET 14

C HERYL A VACSORA FŐZÉSÉVEL volt elfoglalva, miközben mindkét testvére a kanapén heverészett és a goggle boxot bámulta. Többször kérte Evelynt és Craiget, hogy jöjjenek és segítsenek a vacsorához teríteni, eddig nulla eredménnyel.

„Evelyn, gyere és segíts, kérlek - könyörgött Cheryl.

„Ezt nézem, ez vicces, és nem akarok lemaradni semmiről".

Minden este pontosan ugyanez. Cheryl segítségkérése süket fülekre talált. A végén mindig az lett a vége, hogy mindent maga csinált. Kezdett elege lenni az egészből. Nem mintha a házi feladatukkal vagy valami fontos dologgal lettek volna elfoglalva, csak lustálkodtak, és a tévét nézték. Cheryl elhatározta, hogy ma este lesz az az este, amikor egyszer és mindenkorra leszámol a testvéreivel. Segítségre volt szüksége, különben megőrül.

Hónapok óta nem volt pihenője. Cheryl olyan lány lett, aki csak dolgozik és nem szórakozik, és amikor megnézte magát a tükörben, nem tetszett neki, amit látott. Azt tervezte, hogy egyszer anya lesz, hogy saját gyerekei lesznek, de az, hogy egyszerre vette át az anya és az apa szerepét a tizenéves testvérei számára, biztosan megváltoztatta a véleményét. Úgy érezte, hogy mindig parancsokkal kell rájuk szállnia: Megcsináltátok a házi feladatotokat? - Betetted a ruháidat a szennyeskosárba? Állandóan nyaggatta őket ezzel vagy azzal kapcsolatban. Legtöbbször úgyis teljesen figyelmen kívül hagyták. Néha még a szemüket is forgatták rá, és ettől majdnem kiborult. Ilyenkor kiment, és megnyugodott.

Cheryl azt remélte, hogy segíteni *akarnak* majd. Bele akarnak szólni abba, hogy hogyan működjön a ház a mindennapokban. Tudta, hogy még mindig megbirkóznak, alkalmazkodnak az anyjuk halálához, mert ő is így volt vele. Ez közös volt bennük, és Cheryl mégis biztos volt benne, hogy a testvérei nehezteltek rá. Beszélnie kellett velük erről, hogy rájöjjenek, egy csapat voltak.

Néhány nappal ezelőtt Miranda átjött, amikor Cheryl a végét járta, és hajnali kettőig beszélgettek, kanna kávét iszogattak, miközben Miranda úgy pöfékelt, mint egy kémény.

Cheryl nem volt lenyűgözve Miranda ezen új szokásától, de érdekes volt látni a barátnője viselkedésének változását egyetlen húzás után. Nyugodtabbnak és lazábbnak tűnt.

Miranda együttérzően hallgatta barátnőjét, hiszen tudta, mennyire szüksége van Cherylnek arra, hogy mindent kiteregessen. Észrevette, hogy Cheryl milyen stresszes volt mostanában, és hogy milyen öregnek látszik. Miranda tudta, hogy Cherylnek szüksége van egy elfogulatlan véleményre. Mélyen legbelül Miranda azt is tudta, hogy Cheryl saját magát hibáztatja a történtekért. Azon tűnődött, vajon megérdemelte-e, hogy így bánjanak vele.

„Talán túl merev vagyok, túl kicsinyes? Olyan boszorkánynak érzem magam mostanában. Talán túlságosan felfújom a dolgokat? Talán csak képzelődöm."

„Állj meg itt" - mondta Miranda. „Ne hibáztasd magad. Szétdolgozod magad a gyárban, aztán otthon is, és azok a kis kölykök kihasználnak téged."

„De ők még mindig anyát gyászolják, és minden joguk megvan ahhoz, hogy haragudjanak rám, amiért megpróbáltam..." Cheryl megállt, és könnyekben tört ki. Miranda átölelte a barátnőjét, miközben az a vállába z okogott.

„Minden rendben lesz, Cheryl" - mondta Miranda. „Csak beszélned kell velük, és nem kell tovább idegeskedned. Az élet túl rövid."

„Tudom, tudom" - zokogott Cheryl. „De utálnak engem, tudom. Azt hiszik, hogy megpróbálom betölteni anya helyét, és tudják, hogy alulmaradok. Hogy nem tudok mindent olyan jól csinálni, mint ő."

„Nézd, kicsim - mondta Miranda. „Te tartod össze ezt a családot. Nélküled elküldenék őket a nagyanyjukhoz Indianába. El kellene hagyniuk az összes barátjukat. Vagy ami még rosszabb, nevelőszülőknél kötnének ki. Nem te választottad magadat a testvéred gyámjává. Az anyukád tette. Hálásnak kellene lenniük neked."

Cheryl úgy érezte, mintha egy súlyt levettek volna a válláról. Ma mégis rettegett a beszélgetéstől, amiről tudta, hogy meg kell beszélnie velük.

Néhány pillanatig az ablakon bámult ki. Azon tűnődött, vajon Terri és Amadeo hogy jönnek ki egymással.

„Gyere és vedd el" - szólította meg.

Craig felkapta a tányérját, és elkezdett visszabattyogni a nappali kanapéjához.

„Elnézést - mondta Cheryl tekintéllyel a hangjában. „Gyere vissza, Craig!"

„Mi van?" "Éppen egy műsort nézek odabent.

„Amikor anya még élt, nem volt tévé az étkezéseknél. Képzeld el, mit szólna, ha most besétálna, és ott találna téged a kanapéján spagetti bolognese-t majszolva."

„De hát ő NINCS itt!" Craig azt mondta.

„Nem vagyok éhes" - mondta Evelyn.

„Oké, elég volt!" Cheryl azt mondta. „Gyere vissza Craig és ülj le. Evelyn, te is ülj le. Kérlek."

„Mi olyan nagy ügy?" Mondta Craig. „Miért nem tudsz minket békén hagyni? Miért kell folyton mindenről beszélned?"

„Mert beszélgetni akarok veled. Azt akarom, hogy megoldjuk a dolgot."

„Mit oldjunk meg?" Craig és Evelyn egybehangzóan mondták, és úgy néztek egymásra, mintha épp most sugározták volna le őket a Földre egy másik bolygóról. Craig babrálni kezdett az ételével, a spagettit a villára tekerte. Nem nézett fel a tányérjáról. Evelyn eközben elszántan figyelte, ahogy a buborékok felszállnak a pohara tetejére a kólából.

„Figyelj! Nézz rám, amikor hozzád beszélek!" Mondta Cheryl. „Elegem van abból, hogy ti ketten tiszteletlenül viselkedtek velem. Úgy bántok velem, mintha..." Könnyekben tört ki.

Craignek egészen fogalma sem volt, mit tegyen. Ült, a spagetti szálai tésztáról tésztára tekeredtek vissza a tányérjára. Evelyn zokogni kezdett. A könnyek cseppenként hullottak a kólájába. Senki sem szólt egy s zót sem.

„Csak azt akarom, hogy újra egy család legyünk. Tudom, hogy nem vagyok anya, és soha nem is leszek az. anya mindent meg tudott csinálni egyedül. Szuper anya volt. De NEKEM SEGÍTSÉG KELL."

„Akkor miért nem kérsz meg minket?" Javasolta Craig. „Ahelyett, hogy parancsolgatsz nekünk, mint két lakájnak. Ez a mi házunk is, tudod."

„Micsoda?" Kérdezte Cheryl. „Persze, ez a ti házatok is. Ez a mi házunk, mint egy családé."

Újabb csend.

Cheryl azzal próbálta megtörni, hogy megkérdezte, milyen volt a napjuk. Egyszavas válaszok. Annyira nem volt jellemző hármójukra, hogy ennyire elzárkóznak a másik elől. Olyan közel álltak egymáshoz, amikor az anyjuk még élt, és egymásba kapaszkodtak, hogy támogassák egymást a temetésen meg mindenben, és most valami megváltozott. Bármi is volt az, Cherylnek ki kellett derítenie, és még ma, most.

„Mit tettem, amivel felbosszantottalak titeket?"

Mindketten egybehangzóan azt mondták: „Semmit", aztán Craig visszament a spagettijéhez, Evelyn pedig visszament a Coca-Cola buborékjain merengeni.

„Beszélj hozzám, kérlek."

Evelyn Craigre, majd Cherylre nézett, aztán vissza Craigre.

„Már nem tudjuk, mit tegyünk. Anyával tudtuk, hogy mit kell tennünk, és most már nem tudjuk. Minden, amit teszünk, rossz" - mondta Craig.

„Nos, először is, én pontosan ugyanaz az ember vagyok. Nem változtam meg. Az egyetlen dolog, ami megváltozott a napomban, az a munka mennyisége, amit el kell végeznem. Egész nap a gyárban dolgozom, aztán hazajövök és dolgozom. Nagyon sok a tennivalóm, és nincs időm pihenni, és nincs időm magamra. Alkalmanként kisegíthetnél. Megteríthetnéd az asztalt anélkül, hogy kérnem kellene, vagy elkezdhetnéd a vacsorát, vagy kiteregethetnéd a s zennyest, vagy...".

Evelyn félbeszakította: „De anya mindig ezt csinálta".

„Akkor nem kellett ezt tennünk, és minden elkészült. Most meg minden szétesik. Még ha el is kezdjük a mosást, hogyan fogja ez helyrehozni a dolgokat? Anya nélkül mindannyian elveszettek vagyunk, és te nem lehetsz ő. Bármennyire is próbálkozol, egyszerűen nem tudsz."

Evelyn újra sírni kezdett, és hamarosan Cheryl és Craig is csatlakozott hozzá.

„Nem akarok ő lenni, vagy helyettesíteni őt, csak azt akarom, hogy mindannyian együtt maradjunk. Nem várom el, hogy mindent te csinálj, csak néha segíts nekem. anya szakértő volt. Annyira szervezett volt, hogy mindent megcsinált anélkül, hogy megkérdezett volna minket. Még akkor is, amikor valószínűleg jól jött volna neki egy kis s egítség.

„Elkényeztetett minket. Azt hitte, ez az ő dolga, hiszen egész nap otthon volt. Akkor is volt ideje dolgokat csinálni, amikor mi nem voltunk otthon. Próbálkozom, nagyon igyekszem, de a munkámmal, meg mindennel együtt egyszerűen nem tudok mindent megcsinálni."

Cheryl zokogni kezdett, és mind a bátyja, mind a nővére kezet nyújtott neki, és szorosan átölelte.

Craig törte meg a csendet, mondván: „Én megmosom, ő megszárítja. Te menj, és pihenj egy kicsit, oké, hugi?"

„Köszi."

Cheryl bement a nappaliba. Lepihent a kanapén, átlapozta a tévécsatornákat, majd visszament a konyhába. Egy pillanatra megállt az ajtóban, és hallgatta, ahogy ők ketten tovább fecsegnek, csevegnek a napjukról, megosztják egymással a gondolataikat. Azon tűnődött, hogy miért lett kívülálló. Mikor történt, és mit kellett volna tennie, hogy v isszakerüljön.

Megragadott egy törölközőt, és azt mondta: „Segítek neked".

FEJEZET 15

Amikor megérkeztek Amadeo lakásához, Terri alig kapott levegőt. Tele volt izgalommal, várakozással. Remegett a keze, amikor bedugta a kulcsot a zárba, és kinyitotta az ajtót. Érezte Amadeo forró leheletét a nyakán.

Belépett egy szobába, amely tele volt hosszú szárú rózsákkal és babalélekkel.

„Ez gyönyörű, egyszerűen gyönyörű!"

„Üdvözöllek szerény hajlékomban" - mondta Amadeo, és teljes meghajlásba ereszkedett. Ahogy a teste újra felemelkedett a padlóról, Terri átfogta a nyakát, és olyan szenvedéllyel csókolta meg, hogy a lába beugrott alatta.

Együtt borultak a padlóra.

„Akarlak - suttogta Terri.

„Én is téged, de más terveim vannak."

Felállt, és elhúzta a redőnyöket, látványos kilátást tárva a városra.

„Ez gyönyörű, de még mindig itt lesz, tudod - utána."

„Gondoltam, talán szeretnél fürdeni; elvégre hosszú volt az út."

„Ugye nem vagyok büdös?" Kérdezte Terri. „Ó, most már zavarban vagyok."

„Persze, hogy nem bűzlesz, szerelmem, de…"

Valahol a távolban Terri hallotta a templom harangjainak halk zúgását. Egyetlen harangszóval elárulták, hogy Olaszországban van az idő.

Amadeo a szobájába vezette Territ. Szenvedélyesen megcsókolta, a sajátjával együtt szívta be a lány lélegzetét. Kinyitotta az ajtót, majd hátrált.

Terri megragadta a kezét, és behúzta a férfit, ahol a franciaágy terült el előtte.

Megcsörrent a telefon.

„Hadd csörögjön - mondta Terri.

„Lehet, hogy a munka az."

„Mmmmmmm" - mondta Terri, és megcsókolta Amadeót a homlokán, az ajkán, az ujjbegyein.

Megcsörrent a mobiltelefonja.

„Ööö, helló, oké, tíz perc múlva ott leszek. Tartsd a frontot. Mennem kell, szerelmem, válság van a munkahelyemen."

„Biztosan várhat, még csak most érkeztem."

„Nem, nem várhat. Hamarosan visszajövök, érezd magad otthon. Fürödj meg. Sétálj el a faluba. Nem leszek tovább pár óránál." Az ajtó becsukódott mögötte.

Terri mindent megnézett a szobájában. Az apró rózsaszirmokat a fehér csipkén és a padlón szétszórt rózsaszirmokat. A szoba varázslatos volt. Terri átsétált a szobán, és megnézte a tükörképét.

Micsoda rendetlenség! Nem csoda, hogy elrohant innen... Én megyek a fürdőbe.

Beleereszkedett a kádba, és *a 'That's Amore'-t* dúdolta. Kopogás hallatszott az ajtón.

„Rendes vagy?" Amadeo volt az. Még nem ment el.

„Tele vagyok buborékokkal, ha erre gondolsz."

Kinyitotta az ajtót, és bekukucskált.

Terri tetőtől talpig vörös lett - szerencsére a vörös foltok nagy része el volt rejtve a buborékok alatt.

Amadeo felállított egy kis asztalt, közvetlenül a kád mellett. Kinyitott egy üveg pezsgőt, és egy kristálypohárba töltötte.

„Jó étvágyat - mondta, miközben kihátrált az ajtón.

„Ne várjatok! Nem csatlakozol hozzám?"

„Ezúttal nem, de köszönöm az ajánlatot."

Az ajtó becsukódott mögötte. Terri hallotta, hogy egy másik ajtó is becsukódik. Ezúttal tényleg elment.

Lehajtott egy pohár pezsgőt. Hátradőlt, és ellazult a fényűző buborékok karjában. Terri Amadeóra gondolt, és libabőrös lett az egész teste. Már a keze érintése is megdobogtatta a szívét. Nagyon akarta őt, jobban, mint valaha is gondolta volna, hogy bárkit is akarhat.

Elképzelte, ahogy kilép a kádból, és csak szappanos vízzel borítva odasétál hozzá. Átadja magát neki. Átadja magát a szenvedélynek. Olyan elsöprő volt, hogy alig kapott levegőt.

Elaludt. Az egész csak álom volt.

Újra lehunyta a szemét, és hagyta, hogy a képzelete elszabaduljon. Amadeót üldözte. Egy erdei erdőben voltak. Úgy tűnt, hogy a férfi elmenekül, és biztos volt benne, hogy elvesztette, majd a férfi a nevét kiáltotta.

„Terri, Terri."

Amadeo *tényleg* őt hívta.

„Még néhány perc, épp most öltözöm fel."

„Nyugodj meg, élvezd. A válság elhárult, és mégsem kell bemennem az irodába. Szóval, a szobámban fogok d olgozni."

Hallotta a férfi lépteit, ahogy eltávolodott az ajtótól, és végigment a folyosón.

Terri nem tudta megállni, hogy ne tűnődjön el azon, milyen nőkkel volt Amadeo korábban. Kíváncsi volt, vajon az ő teste hogyan hasonlít majd hozzá. Mit gondolna, ha meglátná meztelenül? Aztán azon kezdett el gondolkodni, hogy vajon őt látja-e meztelenül. Még soha nem látott férfit meztelenül. Még egy magazinban sem. Alig várta már!

Törülközőt tekert maga köré, lesétált a folyosóra, és majdnem bement a szobájába. Végignézett a folyosón. Amadeo ajtaja zárva volt.

Azon tűnődött, vajon a férfi odabent van-e, és várja-e őt. Talán már levetkőzött, az ágyban feküdt. Talán teljesen meztelenül melegítette a lepedőt, és várta őt.

Végigment a folyosón, közben vízcseppeket hagyott maga után. Hallgatózott az ajtónál. Csend volt.

Elfordítsa a kilincset? Menjen be a szobájába?

Az első szobában megszólalt a telefon. Aztán egy mobiltelefon csörgött.

Visszasietett a szobájába, és óvatosan becsukta maga mögött az ajtót. Mély levegőt vett, és felöltözött. Sárga ruhát vett fel, amelynek a gallérján és a szoknya szegélyén kék virágok voltak. Kicsit úgy nézett ki, mint egy kanári.

Kisétált a hálószobájából, és becsukta maga mögött az ajtót.

FEJEZET 16

A NAPPALIBAN AMADEO TELEFONÁLT. Egyáltalán nem volt a hálószobájában!

„De én azt hittem, hogy minden rendben van. Ma nem mehetek vissza az irodába! Vendégem van!" Terrire nézett, aztán elkezdett fel-alá járkálni. Azt mondta: „Igen, igen, mindjárt visszahívom", majd letette a telefont. Nyugodtan odasétált hozzá: „Terri, úgy nézel ki, mint egy angyal. Hol vannak a szárnyaid?"

„Gyere ide, megmutatom neked" - mondta Terri.

„Ígéretek, ígéretek". A férfi odasétált hozzá, és a karjába vette. A mobiltelefon ismét csörgött. „Halló, igen, rendben, minden rendben. Tíz perc múlva ott leszek. Csak ne vedd le a pólódat! Sajnálom szerelmem, de most m ennem kell".

„Megértem. Nem akarom, hogy elmenj, de nem tarthatlak magamnak, ugye?"

„A tiéd vagyok, amint minden elrendeződik - addig is menj le az utcán, ahol találsz egy kis piacot. Döntsd el, mit szeretnél vacsorára, ha van kedved főzni, maradhatunk itthon, vagy elmehetünk valahova, ha visszajöttem."

„Van a közelben bank, be kell váltanom néhány utazási csekket."

„Arra ma nincs szükség, itt van egy kis készpénz. Érezd jól magad, kényeztesd magad, én pedig visszajövök, amilyen gyorsan csak tudok."

Együtt sétáltak le a lépcsőn, kézen fogva. Amadeo búcsúcsókot adott Terrinek, és elindult. A lány búcsút intett, és hirtelen nagyon egyedül érezte magát. Végignézett az utcán jobbra, és meglátott néhány focizó gyereket. Nézte őket. Az egyik gyerek kinyújtotta rá a nyelvét. A lány viszonozta a szívességet.

Azon tűnődött, vajon Amadeo akar-e gyerekeket. Terri biztosan akart gyereket. Sok gyereket. Legalább ötöt akart, talán többet is - de nem sietett.

Ahogy sétált a macskaköves utcán, az eső zuhogni kezdett, mintát rajzolva sárga ruháján. Bebújt egy ajtónyíláson, és várt. A városnak ez a része lélegzetelállítóan gyönyörű volt. Volt karaktere. Minden olyan régi, hagyományosnak tűnt. Meglátott egy könyvesboltot a sarkon, és odarohant.

Böngészt, de nem vett semmit, és az eső elállt. Vett egy szelet pizzát, evett egy epres fagylaltot, és egy kávézóban elkortyolt egy kapucsínót.

Összeszedett annyi készletet a vacsorához, amennyit csak elbírt, és elindult vissza a lakásba. Lasagnét és salátát akart készíteni. Betette a lasagnét a sütőbe, és felszeletelte a salátát. Hátradőlt a kanapén, és várt. Három órával később még mindig semmi nyoma nem volt Amadeónak. Magányosnak érezte magát. Úgy döntött, hogy felhívja M irandát.

„Hé, miért hívsz fel az éjszaka közepén?" Kérdezte Miranda.

„Ez... ó, bocsánat."

„Ébren voltam, épp egy régi Cary Grant-film ismétlését néztem, a *Penny szerenádot*. Szóval, mi a helyzet? Hogy van Amadeo? És te hogy vagy? Hogy van Olaszország? Megcsináltad már?"

„Jé, te nem kerülgeted a forró kását, ugye?" Terri nevetett. „Amadeo gyönyörű, lélegzetelállítóan gyönyörű, és kint van a munkahelyén. Jól vagyok, de egy kicsit magányosnak érzem magam, és még nem csináltunk semmit."

„Nem kell sietni, tudod. Várj, amíg úgy érzed, hogy jó lesz."

„Köszi anya."

„Ó, azt hiszem, Amadeo visszatért. Mennem kell. Majd jelentkezem."

Terri gyorsan elköszönt a barátnőjétől, és letette, mielőtt Mirandának esélye lett volna egy szót is szólni. A lány sietett Amadeót üdvözölni - mintha hónapokig távol lett volna. Megragadta és megcsókolta.

„Jó hazajönni hozzád."

Amadeo egészen boldog volt, hogy korábban elment, mert a dolgok haladtak, kicsit túl gyorsan a terveihez képest. Kezdett felhevülni - és aggódott, hogy enged a szenvedélyének. Csábító volt, hogy ne tegye.

Valójában telefonon rendezte a vészhelyzetet, de aggódott, hogy rögtön visszajön. Tudta, hogy a nő őt akarja. Tudta, hogy nem tud tovább ellenállni, ezért végül is sétálgatott. Figyelte, ahogy a lány megitta a cappuccinóját, ahogy a pizzáját ette, ahogy a fagylaltját kóstolgatta. A lány az őrületbe kergette. Annyira akarta őt, és nem akart már sokáig várni. És mégis tudta, hogy várnia kell. Tudta, hogy meg kell győződnie arról, hogy minden tökéletes.

„Üljünk le, és beszélgessünk - mondta Amadeo, miközben Terri mindkét kezét a sajátjába vette, és egyesével megcsókolta őket. „Gondolkodtam rólad, rólunk."

Terri megpróbált közbeszólni. Amadeo a mutatóujját a lány ajkára tette, és folytatta.

„Ezt el kell mondanom; ezt most akarom elmondani neked".

Terri bólintott.

„Te vagy az a nő, akiről egész életemben álmodtam. Soha nem gondoltam volna, hogy egyszer találkozom vele. A nő, akiről álmodtam, és most itt van. Ő te vagy. Te vagy a barátom, a lelki társam, és veled teljes vagyok. Nem akarom, hogy külön legyünk. Soha."

Amadeo a jobb térdére ereszkedett, és a zakója zsebébe nyúlt. Egy apró ékszerdobozt húzott elő, kinyitotta, és kivett belőle egy gyűrűt.

„Szeretném, ha hozzám jönnél feleségül, ma, holnap, legyünk egyek. Éljünk férfiként és feleségként. Megtennéd?"

Terri nem is lepődhetett volna meg jobban. Erre nem számított, nem ma, nem ilyen hamar. A lány a férfi felé hajolt, a fejét a kezébe vette, és szenvedélyesen megcsókolta a homlokát, majd az ajkára mozdult. Nem állt meg itt, a mellkasához ment, kinyitotta a gombjait, és gyengéden megcsókolta, majd visszament a szájához.

„Ez azt jelenti, hogy igen?"

„IGEN! IGEN!"

Legurultak a kanapéról, és a földön landoltak. Forogtak, egyikük sem akart megállni.

„Várni akarok" - mondta Amadeo, és ellökte magától Territ.

„Mi? Várni *akarsz*?"

Terri hátrahúzódott, és a szemébe nézett. Várni akart. Várni akart, egész életében várni akart, amíg férjhez nem ment. A férfi ezt érte tette.

„Szeretlek, Amadeo!"

FEJEZET 17

M IRANDA A KONYHÁBAN VOLT. Ő volt a soros, hogy főzzön a szüleinek, és neki el kellett mennie. Bolognai spagettit készített, és írt egy üzenetet a szüleinek. *Miért egyeztem bele ebbe a vakrandiba? Biztos elment az eszem!*

Janice egy új munkahelyi barátnője már hetek óta próbálta összehozni Mirandát a bátyjával.

„ *Tökéletesen* illik hozzád, Miranda" - mondta Janice, valahányszor meglátta Mirandát a munkahelyén. Minden alkalommal, amikor összefutottak a mosdóban. Valahányszor elmentek egymás mellett a folyosón. Mirandának volt néhány barátja, akik *figyelték* Janice-t, hogy előre figyelmeztessék. Sajnos egyikük elaludt a kapcsolónál.

„Mirrrrrrannnnnnnnnndaaaa!" Janice azt mondta. „Már abszolút mindenhol kerestelek. Vacsoraestet tartunk, szombat este. Nagyon informális. A bátyám szívesen találkozna veled. Mondd, hogy eljössz, légy szíves."

„Ööö, szombaton nem érek rá, főznöm kell a szüleimnek."

„Ez nem kifogás. Rendelj be - szóval, akkor csatlakozhatsz hozzánk. Csodálatos! Csodálatos! A bátyám már alig várja, hogy találkozhasson veled. Hétkor jön érted. V iszlát!"

Azóta Miranda megtudta, hogy három másik pár is ott lesz az étteremben. Ettől egy kicsit kevésbé volt bosszús, amiért rajtaütöttek.

Miért, ó miért, miért nem egyeztem bele, hogy az étteremben találkozzunk?

Miranda felvett egy ruhát, levette, és felpróbált egy másikat. Ezt többször is megtette, és végül a kétrészes öltönye mellett döntött. Aztán a tükörhöz lépett, és ellenőrizte a sminkjét. A sminkje szempillaspirálból, alapozóból, pirosítóból és egy könnyű szájfényből állt. Nem vitte túlzásba. Megnézte magát a teljes alakos tükörben, és lesimított egy-két vonalat, amely a dereka körül gyűlt össze. Megfújta magát egy kis parfümmel, megfésülködött, tett rá egy kis hajlakkot, és visszament a konyhába.

Miranda egy cigarettáért nyúlt, amire nagy szüksége volt, hogy megnyugodjon.

A bosszankodástól ráncok jelennek meg az arcán.

Mint mindig, az első szívás volt a legjobb, és amikor visszaszívta. Úgy érezte, ez megadta neki a szükséges bátorságlöketet.

Miranda elgondolkodott azon, hogy mi van rajta, és azon tűnődött, hogy vajon túlzásba vitte-e. Fekete öltönye volt rajta, egy csinos, csipkés, magas galléros blúzzal, fekete cipővel és fekete harisnyával.

A cetli ott van - kész, minden esetre, de remélem, anya hamarosan hazaér. Talán akkor ő és én ki tudunk dolgozni egy rendszert. Elbújhatok a hálószobámban, és ha egy stréber, vagy egy totál lúzer, akkor ő szólhat nekem... Aztán mondhatja, hogy beteg vagyok, vagy ilyesmi. De akkor Janice hétfőn megint a nyomomban lenne, és minden másnap, egész hátralévő életemben. Rohadtul kitartó. Akár itt és most is túl lehetek rajta.

Bing-bong.

Miranda dermedten állt.

Bing-bong.

Miranda elnyomta a cigarettáját. Lelapította a kabátja elejét, és bekukucskált a kulcslyukon. Csak a mellkasát látta, így egy dolgot biztosan tudott: a férfi magas volt. Kinyitotta a z ajtót.

Ott állt a férfi. Nem mosolygott.

Miranda első benyomása? A *dinka* szó jutott eszébe. Igen, gondolta, a dinka leírta őt. Vastag, fekete keretes szemüveget viselt (tudod, olyat, amilyet Buddy Holly hordott), és fekete öltönyt. Ahogy egymás mellett álltak, úgy néztek ki, mintha temetésre mennének.

„Miranda?" Mondta, és kinyújtotta a kezét.

Izzadt volt. Miranda nem értette, miért mondja úgy a nevét, mintha kérdés lenne.

„Helló Lance, csak hozom a táskámat."

Lélegzete alatt átkozta Janice-t, amiért nyergelt rá a stréber bátyjával, és remélte, hogy képes lesz átvészelni az éjszakát. Nem csoda, hogy ő maga sem tud randevút szerezni!

Miranda arcszíne elvörösödött; nem volt éppen Miss Amerika.

Egy vadonatúj zöld BMW-t vezetett.

„Ó, kitűnő autó - imádom a belső terét."

„Köszönöm." Elmosolyodott.

Miranda észrevette a kedves mosolyát. Belenyúlt a táskájába, talált egy cigarettát, és rágyújtott.

„Uh, allergiás vagyok a füstre" - mondta Lance.

Gondolom, gondolta Miranda.

„Janice nem említette ezt? A nemdohányzó részlegben foglalt nekünk asztalt. Remélem, nem bánod?"

Miranda felsóhajtott, és arra gondolt, milyen érdekes lenne randizni valakivel, aki rendkívül allergiás a füstre, anélkül, hogy tudna róla. Lehet, hogy rohamot kapna. Vagy kiütésekben törne ki. Milyen emlékezetes első randi lenne!

„Nem probléma - mondta Miranda -, nem vagyok láncdohányos vagy ilyesmi, tényleg. Csak egy kicsit ideges vagyok, mondhatni társasági dohányos. Nem bánod, ha bekapcsolok egy kis zenét?"

A rádió már az Oldies csatornára volt hangolva.

„Én az oldie-ért élek. Segít elütni az időt, amikor az ember dugóban áll. Milyen zenét hallgatsz otthon?"

„A Black Sabbath-tól Tony Bennettig és Robbie Williamsig mindent hallgatok" - osztotta meg Lance.

„Na ez aztán az eklektikus gyűjtemény! Én is ugyanígy vagyok vele, mindent szeretek, aminek fülbemászó a fülbemászója, a Beatles, a U2, ha jó a zene, akkor ott vagyok."

Lance-nek rögtön megtetszett Miranda. Szerinte aranyos arca volt. Tetszett neki a nevetése, a magabiztossága és a stílusérzéke. Az egyetlen dolog, ami nem tetszett benne, az a dohányzása volt, de még fiatal volt az este. Biztos volt benne, hogy előbb-utóbb találni fog benne valami kivetnivalót.

Miután a zenéről beszélgettek, csend lett a kocsiban. Lance azt kívánta, bárcsak Miranda ne lenne dohányos. Azt is kívánta, bárcsak *mondana valamit*, bármit, mert a csend idegőrlő volt.

Lance hónapok óta nem randevúzott. A nap 24 órájában dolgozott egy ingatlancégnél - a társasági élet nem volt prioritás. Az egyetlen nő, akivel találkozott, az ügyfelek voltak, kivéve azt a kettőt, akik neki dolgoztak. Mindkettő túl kockázatos volt, ezért nem is foglalkozott vele.

Aztán Janice mesélt neki Mirandáról, és addig mondogatta neki többször is, míg végül beadta a derekát. Aggódott, hogy a lány talán *dackorszakos*, de egyáltalán nem volt az. Aggódott a pénzéhes nők miatt is, mert tavaly több mint hat számjegyű összeget húzott be.

Végre elértek az étteremhez, és elkezdett esni az eső. Lance kitette Mirandát az ajtónál, hogy ne ázzon el, és leparkolt a kocsijával. Nem engedte, hogy más vezesse a kocsiját, különösen nem a parkolóban dolgozó kísérőknek.

Meglátta a lépcsőházban, amint elszívta a cigarettát.

Miranda megpróbált néhány slukkot szívni, hogy kitartson, amikor a férfi odalépett hozzá. Elnyomta a cigarettát, és bementek.

A többi vendég már megérkezett: Janice és a férje, Frank (friss házasok voltak, és Janice ezért akarta, hogy mindenki más is megtapasztalja a házassági boldogságot), Sandy és Harrison (Miranda egyszer egy karácsonyi partin találkozott velük, Lance nagyon jól ismerte őket), valamint Diane és Larry egy pár a munkahelyéről. Ahogy Miranda és Lance az asztalhoz lépett, a többiek mind felálltak, és szívélyesen üdvözölték az újonnan érkezetteket.

Lance kihúzta Mirandának a széket, és megvárta, hogy az összes nő helyet foglaljon, mielőtt leült volna. Nem így a férjekkel.

„Két üveg Dom Perignon - mondta Lance a pincérnek.

Miranda tudta, milyen drága a Dom Perignon. Valójában még sosem kóstolta. Miután a poharak megteltek, tósztot m ondtak.

„Lance-re és Mirandára, legyen ez az első randevújuk a sok közül!" Janice mondta.

Miranda elvörösödött. Ahogy Lance is. Mindannyian csettintettek a poharakkal.

Miranda és Lance nem látta, amit a többiek láttak. Egymásnak *néztek* . Ellentétben álltak egymással - Lance a mélykék szemével és szőke hajával, Miranda a mélyzöld szemével és vörös hajával. Miközben sötét öltönyük ugyanakkor kiegészítette a másikat. A mennyben teremtett páros volt - ha csak meg tudták volna győzni mindkettőjüket arról, hogy így van.

A beszélgetés első osztályú volt. A társaság magas színvonalú volt. Miranda ragyogóan érezte magát. Ivott a pezsgőből és nevetett. Vonzódott Lance-hez. Nagyon visszafogott és csendes volt, mégis világlátott, széleskörű tudással rendelkezett. Ha valaki nem tudott valamit, Lance tudta. Ha ők nem tudtak megjegyezni egy tényt, Lance tudott. Olyan volt, mint egy mindenes. Miranda úgy gondolta, hogy egy vagyont kereshetne a *Jeopardy!*

Lance hihetetlenül jól érezte magát. Azt akarta, hogy Miranda még többet járuljon hozzá. Jelenleg úgy tűnt, mintha csak ülne és mindent magába szívna. Azon tűnődött, vajon félénk-e. Arra gondolt, talán segíthet, ha felhoz egy olyan témát, amiről ő tudott, és amiről senki más nem. Próbált visszaemlékezni, mit mesélt róla a nővére. Emlékezett, hogy mondott valamit Ausztráliáról. Lenyűgözte az Outback. Elhatározta, hogy megkérdezi r óla.

„Úgy tudom, hogy tavaly Ausztráliában jártál. Mit gondolsz az ausztrál férfiakról?"

Lance látta, hogy Miranda fölött felhő vonul el. Nem tudta, mit mondott, amivel felzaklatta, de tudta, hogy valami rosszat mondott. Miranda kimentette magát, és kirohant a szobából.

„Mi a baj?" Kérdezte Lance. Utána szaladt.

Miranda ott állt az esőben. Könnyek folytak végig az arcán. Remegett.

Levette a kabátját, és a lány vállára terítette. Átölelte a lányt. Nem tudta, miért, de tudta, hogy a lány elveszett valahol, és csak meg akarta védeni attól, ami fájdalmat okoz neki. Miranda úgy kapaszkodott belé, mintha mentőmellény lenne.

„Hazaviszlek."

Hosszú volt az út, csak a szélvédőtörlők suhogása hallatszott az üvegen.

„Örültem a találkozásnak" - mondta Lance, amikor Miranda kiszállt a kocsiból. Mintha azt hallotta volna, hogy a lány azt mondja: „Köszönöm", de nem volt benne biztos. Visszahajtott az étterembe.

„Hazavittem Mirandát. Nem értem. Miért szökött el?"

„Felzaklattad, te bunkó, amikor megemlítetted az ausztráliai pasikat" - mondta Janice.

„Hogyan?"

„Emlékszel, meséltem neked egy barátomról, aki elment Ausztráliába, megismerkedett egy sráccal, és beleszeretett, aztán a srácot megölte egy gázoló sofőr?".

„Igen, és mi van vele?"

„Az a lány Miranda volt."

„Ó, annyira sajnálom. Olyan bunkónak érzem magam, pedig csak be akartam vonni a beszélgetésbe, mert nagyon kedvelem őt."

„Ne nekünk mondd el, hanem neki" - mondta Janice.

Szeretném újra látni őt, de ő valószínűleg érzéketlen bunkónak tart. Biztos van rá mód. Ha van - meg fogom találni.

FEJEZET 18

MIRANDA KIÖNTÖTT EGY FELES whiskyt, és lenyelte. Amint túllépett a torkában érzett égető érzésen, észrevette, hogy nyugtató hatás terjed szét rajta. Kiöntött még egy dupla whiskyt, és ezúttal egy kis jeget is tett hozzá. Útban a fürdőszobába kortyolgatta, miközben levetette nedves ruháit, és beugrott a zuhany alá.

A víz jól esett, amikor a bőréhez ért. Teljes fordulatszámon forgatta a csapot, olyan forróvá téve a vizet, amennyire csak bírta. Visszahozta az emlékeket a zuhanyról, amit az erőszak után vett. Harminc percig állt ott, zokogott, sírt és kiabált, és az ürességet kívánta el.

Ben óta senki sem ölelte át. Senki sem beszélt vele róla. Hirtelen csak rá tudott gondolni. Kiáltott utána. Tudta, hogy ő soha nem lesz ott neki. Szüksége volt valakire az életében. Nem tudott így továbbmenni, mint egy megözvegyült menyasszony, amikor még az esküvője és a nászútja sem volt meg. Nem érdemelt volna egy kis boldogságot az életében?

Lance-re gondolt. Úgy viselkedett, mint egy idióta.

A pezsgő volt az oka. Az az átkozott pezsgő!

Megragadta a pohár whiskyt. Csöpögött a páralecsapódás. Egy kortyban lehajtotta, és hagyta, hogy a forró víz tovább folyjon, így a fürdőszoba olyan volt, mint egy gőzfürdő. Kilépett a zuhany alól, és egy törölközőt tekert a teste köré. Leült a vécéülőkére, a fejét a kezébe hajtotta, és tovább sírt. Örült, hogy a szülei nem voltak otthon, hogy hallhassák, ahogy így sír. Szerette a munkáját, de ez nem volt elég. Többet akart. Úgy tűnt, az élete csak sodródott, és nem vitte sehová. Annyi mindent tudott volna adni, mégsem tudta, h ogyan kapja meg, hogyan kérje meg.

Lance rendkívül kedves volt hozzá. Élvezte, hogy az ölelésében lehet, és érezte, ahogy a mellkasa emelkedik és süllyed, miközben belezokogott. Szégyellte magát, és úgy gondolta, hogy a férfi valószínűleg jól megszabadult tőle.

Fiatal volt, jól nézett ki, és nagyon okos volt. Ráadásul volt egy vadonatúj BMW-je. Néhány lány ölni tudna egy ilyen srácért. Miranda egyszer azt hitte, az első benyomás mindent számít. Most rájött, hogy semmit sem jelentenek.

Lance nem volt idióta, hanem aranyos. Olyan volt, mint B en.

Felegyenesedett. A tükörhöz lépett, és megnézte magát.

Ben kedvelné Lance-t. Lance kedvelné Bent.

Miközben a tükörképét nézte, néhány életét megváltoztató döntést hozott. Az első számú döntés az volt, hogy leszokik a dohányzásról. A második döntés az volt, hogy azonnal beiratkozik egy edzőterembe. A harmadik döntés az volt, hogy elkérte Janice-től Lance telefonszámát.

FEJEZET 19

Ú GY TŰNT, CHERYL HÁZTARTÁSA eléggé zökkenőmentesen
működik. Mindenki beszállt a munkába, és egyenlő
mértékben kivette a részét a munkából; olyannyira, hogy
Cheryl úgy döntött, valami különlegeset szeretne tenni Craig
és Evelyn számára.

Már gyűjtögette a filléreit, és tervezgetett. Nagy titok
volt, ahogyan egy hosszú hétvégi kiruccanást tervezett
mindhármuknak. Lefoglalta a jegyeket a floridai Disney
Worldbe. Annyira izgatott volt a tervektől, hogy alig tudta
visszafogni magát, hogy ne mondja el nekik, de a hosszú
hétvége előtti csütörtökig várt, és azt kiáltotta: *SURPRISE!*
Átadta mindegyiküknek a jegyeket.

Craig is izgatott volt, de szombaton egy baseballmeccsen
a kezdőcsapatba volt beosztva, így némi alkudozásra
kényszerült az edzővel, hogy ne kelljen játszania. Végül az
edzője jóindulatúan fogadta a dolgot, mondván: „Milyen

gyakran adódik lehetőséged egy ilyen, minden költséget fedező utazásra? Menj, érezd jól magad. Mi majd tartjuk a frontot. Különben is, csak a Northwestern ellen játszunk. No p roblemo!"

Evelynnek volt egy randija, de le tudta mondani, és át tudta foglalni a következő péntekre.

Az izgalom a háztartásukban elektromos volt, ahogy mindannyian összepakolták a csomagjaikat, és felkészültek, hogy elinduljanak a repülőtérre. Cheryl megkérte Mirandát, hogy nézzen be a házba, és gondoskodjon a növényekről és a halakról. Miranda megkérdezte, hogy tudna-e házfelügyeletet vállalni. Mindketten úgy gondolták, hogy ez t ökéletes megoldás.

Cheryl nagyon örült, hogy Miranda nála marad és házőrzősködik. Most már egy csepp gondja sem lenne a világon. Tudta, hogy Miranda nemrég hagyta abba a cigarettázást, és remélte, hogy az, hogy egyedül van a házban, nem lesz túl nagy kísértés.

Mielőtt elment volna, megölelte Mirandát, és azt mondta: „Ó, nálunk alapszabály, hogy nem dohányozunk, tudod".

„Tudom, tudom anya."

Miranda már majdnem egy hete cigarettamentes volt, és szándékában állt, hogy ez így is maradjon. Természetesen újra felfedezett egy új szenvedélyt - a CSOKOLÁT, és abból bőven lesz kéznél. Különösen azok a csokoládéval bevont cigaretták.

Maga a repülőút rövid volt, de újdonságnak számított Craig és Evelyn számára, mivel még soha nem repültek korábban.

„Anya imádta volna Disney Worldöt" - mondta Craig.

„Igen, nagyszerű Cheryl, de ugyanakkor egy kicsit bűntudatom van, hogy jól érezzük magunkat. Még nem telt el borzasztóan sok idő."

„Anya nem akarná ezt. Itt van velünk, és apa is - szóval érezzük jól magunkat. Ők is ezt akarnák, hogy ezt tegyük!"

Leszálltak a repülőgépről, és egyenesen a Budget-Rent-a-Car felé vették az irányt, és kibéreltek egy nagy Fordot. Nem hoztak sokkal többet, mint kézipoggyászt, hiszen csak a hétvégére voltak Floridában. A könnyű utazás volt az egyik dolog, amit Cheryl megtanult, amikor Ausztráliába utazott. Bármire is volt szükségük, ő m egvásárolta.

Végighajtottak Tampán, figyelték a tájat, és még a tengerpartot is megálltak megnézni. Hűvös nap volt, a szél korbácsolta őket, és mindannyian megborzongtak, ahogy ott álltak és nézték a hullámokat. Visszaültek az autóba, majd elindultak Orlando felé, és késő este érkeztek meg a c élállomásukra.

Mindannyian éhesek voltak, ezért szobaszervizt rendeltek, és úgy döntöttek, hogy korán lefekszenek. Jól kipihentek lesznek a holnapi nagy napra, amikor Disney Worldbe indulnak. A Hiltonban volt egy hatalmas büféreggeli, amit előbb elfogyaszthattak, majd egy buszjárat, ami egyenesen a Disney Worldbe vitte őket. Ez még jobb volt, mert így nem kellett aggódniuk a parkolás miatt. Craig és Evelyn azonnal elaludt.

Cheryl az éjszakát azzal töltötte, hogy kinézett az ablakon, és az anyukájára és az apukájára gondolt. Bűntudata is volt, amiért nélkülük szórakozott - de semmiképpen sem akarta, hogy a testvérei megtudják.

FEJEZET 20

MIRANDA VÁRATLAN MEGHÍVÁST KAPOTT Lance-től. Újra akarta kezdeni, hogy legyen az első randevújuk. Miranda nagyon örült, amikor a férfi felhívta, mert azon gondolkodott, hogy ő maga is felhívja őt.

Ezúttal, amikor kinyitotta a bejárati ajtót, leesett az álla. Szemüveg nélkül Lance jóképű volt - valahogy úgy, mint Ryan O'Neil a *What's Up Doc*.

„Hűha, Lance, tetszik a kontaktlencséd."

„Köszi Miranda. És mielőtt elmegyünk, szeretném elmondani, mennyire sajnálom, hogy belerúgtam a hámba."

„Mikor? Nem hiszem, hogy már találkoztunk volna. Emlékszel, ez az első randink? Szóval, hogy van Lance?"

Nevetve sétáltak a kocsi felé.

A telefonbeszélgetés, amit Miranda és Lance folytatott, jóval több mint egy órán át tartott. Több bennük a közös, mint gondolták. Mindketten szerették a költészetet és az irodalmat. Néhány azonos könyvet élveztek. Szerették a régi filmeket. Mindketten teniszeztek - bár Miranda évek óta nem fogott ütőt. Lance meghívta, hogy csatlakozzon néhány kollégájához, akik minden hétvégén játszottak.

„Csodásan nézel ki" - mondta Lance. „Akartam mondani az előbb, de kizökkentettél, amikor megemlítetted a kontaktlencséket".

„Köszönöm, uram" - mondta Miranda.

Először akkor vette észre a lány parfümjét, amikor becsukta a kocsi ajtaját. Azelőtt csak a cigaretta illatát érezte, és ez majdnem ledöntötte a lábáról. Most már egy árnyalatát sem érezte.

„Leszoktam a dohányzásról - vallotta be Miranda. „Hidegen abbahagytam, és már majdnem három hete füstmentes vagyok".

„Gratulálok!"

Lance büszke volt a lányra, amiért ilyen kezdeményezően lépett fel, és ezt ki is mondta. Úgy gondolta, hogy valami kicsit más, talán felszedett pár kilót, de nem akarta megmondani. Rendkívül egészségesnek tűnt. Miranda az a fajta lány volt, aki könnyen viselhetett néhány pluszkilót. Sőt, még gömbölyűbbé és szexibbé tette. Különösen Lance számára, mivel egyáltalán nem vonzódott azokhoz a sovány, anorexiás típusú modellekhez, amikkel a média nap mint nap próbálja megetetni a férfiakat. Az irodája körül lévő lányok bevették ezt a horgot, és mind ugyanúgy néztek ki. Némelyikük olyan volt, mint egy két lábon járó gyufaszál, hatalmas koppintókkal a tetején, és gyakran csodálkozott azon, hogyan maradnak egyenesen. Lance h angosan felnevetett.

„Egy penny a gondolataidért."

Lance nem árulta el, mire gondolt. Nem ismerte eléggé. Még nem.

Megérkeztek a mozihoz, átnézték a filmválasztékot, és úgy döntöttek, hogy egy vígjátékot néznek meg, Woody Allen legújabb *Bármi mást*. Mindketten szerették a korábbi filmjeit, és kedvük volt az ő típusú humorához. A két óra gyorsan elrepült; élvezték a film minden percét, majd lementek az utcára pizzázni és meginni egy pohár bort.

Séta közben beszélgettek, úgy tűnt, ezen az estén nincs vége a társalgásnak. A kínos helyzet már nem volt meg. Úgy tűnt, hogy a telefonon való beszélgetés enyhítette az újdonság érzését, és a kapcsolatuk más szintre került.

Lance-nek nem sok barátja volt; felnőttként senkihez sem állt igazán közel. Egyszer volt egy legjobb barátja, aki elköltözött, és elvesztette vele a kapcsolatot, egyébként eléggé magányos volt. A nővére, Janice mindig próbálta őt helyrehozni, kirándulni, bemutatni a barátainak, és gyakran úgy gondolta, hogy ez így van rendjén, de ezúttal úgy érezte, hogy egy olyan barátra, mint Miranda, éppen erre van szüksége. Tudta, hogy mélyen legbelül többre vágyik egy barátnál, egy bizalmasra, egy szeretőre, egy feleségre, de mindenekelőtt azt akarta, hogy barátok legyenek, és már a zok is voltak.

Miranda csak beszélt és beszélt arról, milyen érzés újra a szülei házában élni, Lance pedig csak nézte őt. Olyan élénken beszélt; nem tudta levenni róla a szemét. Vett egy üveg bort, megkóstolta a pincérnek, aztán koccintottak a kettesben töltött estére, és mindketten azt mondták, hogy nagyon jól érezték magukat, és hogy újra össze kell jönniük, méghozzá hamarosan. A következő péntekre beszélték meg a randevút, és úgy döntöttek, hogy szombat reggel összejönnek egy teniszmeccsre. Lance azt mondta, hogy szerez még két társat, hogy játsszon velük, és úgy tűnt, nem bánja, hogy Miranda egy ideje már nem vett ütőt a kezébe. Örült, hogy a lánynak van sajátja. Ez jó jel volt, hogy tényleg játszani akart, csak éppen nem volt kivel. Korán reggel, hétkor kellett játszaniuk, mert Lance-nek délelőtt n yílt napra kellett mennie.

Nem csókolóztak, amikor elváltak.

„Pénteken találkozunk", mondta Lance, »majd hívlak a részletekkel«.

„Alig várom, hamarosan beszélünk!"

FEJEZET 21

Terri felébredt, és körülnézett a szobájában. Olyan boldognak érezte magát, az elmúlt hetekben, és el sem tudta hinni, hogy a hétvégén hazamegy. Már csak két nap, és Terri útja véget ér, és egyedül kell hazatérnie.

Amadeo azt javasolta, hogy szökjenek meg, de Terri csak utazási vízummal rendelkezett. Amadeo nem volt olasz állampolgár, így a szökés nem oldotta volna meg a problémájukat. Továbbra is külön kellene élniük.

Terri sírva gondolt az elválásukra, és Amadeo hallotta a zokogását, amikor elhaladt az ajtaja előtt.

„Jól vagy, szerelmem?"

Terri még jobban sírt. A férfi bement a szobájába, és megvigasztalta.

Egymáshoz akartak tartozni, és mégis lehetetlennek tűnt.

FEJEZET 22

C HERYL, CRAIG ÉS EVELYN megtámadták a nagy svédasztalos reggelit, és mindenből ettek egy kicsit, ami csak a rendelkezésükre állt. Ettek palacsintát forró juharsziruppal, szalonnát, tojást, müzlit, bundáskenyeret, kávét, narancslevet, pirítóst, és mire másodszor is felmentek a büféhez, már mindannyian készen álltak arra, hogy elinduljanak Disney Worldbe.

Éppen időben érkeztek a 10 órai buszhoz, felmutatták a napijegyüket és már indultak is az útra. Rövid volt az út; szerencsére, mivel Craig és Evelyn alig tudták visszafogni az izgalmukat. Hamarosan beálltak a sorba, hogy várják, hogy kinyisson a park, és beengedjék őket a főbejáraton. Nem igazán láttak túl sokat a bejáraton túl, és a feszültség valami szörnyűségesen hatott rájuk, de nem telt el sok idő, mire a sor elején álltak, és kényelmesen körbesétálták a parkot.

Úgy döntöttek, hogy körbejárnak, és hagyják, hogy a reggelijük leülepedjen, amíg megnézik a hullámvasutakat, amelyekre először akartak felszállni. Sorban állás volt. Az elfogyasztott ételmennyiséggel a leghosszabb várakozás lesz a legjobb választás.

Mickey és Minnie egér is jött, és fényképezkedtek velük. Mickey könyörtelenül flörtölt Evelynnel, amíg Minnie el nem kergette. Evelynt még az egerek is gyönyörűnek találták.

Este kilencre már minden körhintán voltak, minden kiállítást megnéztek, és már fájt a lábuk.

„Nem bírok tovább menni" - mondta Craig. „Majd alszom egy parkban egy padon, ha találok egyet."

„A következő busz csak tízkor indul" - mondta Cheryl.

„Nézd, kezdődik a tűzijáték! Üljünk le ide, és nézzük meg. Azzal elütjük az időt" - javasolta Evelyn.

„Jó ötlet" - mondta Cheryl és Craig.

Huhogtak és áhogtak, ahogy a tűzijáték felragyogta az e get.

„A tökéletes befejezése a tökéletes napnak" - mondta Cheryl, és bal karjával átölelte Evelynt, jobbjával pedig Craiget, miközben mindannyian nézték a tűzijátékot, ahogyan felszállt a Hamupipőke kastély fölé és köré.

Holnap a Universal Studiosba mennek, és ez egy újabb kimerítő nap lesz, de ez közelebb hozta őket hármójukat egymáshoz, mint valaha. Cheryl imádta látni, hogy a testvérei ilyen boldogok. Régóta nem nevettek ennyit.

Végre megérkezett a busz. Amikor visszaértek a szállodába, annyira kimerültek voltak, hogy egyből elaludtak - teljesen felöltözve.

FEJEZET 23

H AMAROSAN ELJÖTT A SZOMBAT reggel. Ez volt az a nap, amikor Terri elhagyta Rómát.

Ránézett az órára; reggel nyolc órát mutatott, és tudta, hogy alig két óra múlva a repülőtéren kell lennie. Nem akart kikelni az ágyból. Magára húzta a takarót, és remélte, hogy a nap csak úgy elszáll. Remélte, hogy visszafordíthatja az idő kerekét, de nem történt semmi. Amikor átkukucskált a takaró tetején, a mutató néhány pillanatot előrehaladt, és Amadeo lépteit hallotta a folyosón.

„Ébredj fel, szerelmem - mondta a férfi. „Sietnünk kell, hogy időben odaérjünk a járatodra".

Territ egyáltalán nem szórakoztatta Amadeo boldognak tűnő hangja. Azt várta, hogy a férfi is úgy érez, mint ő, úgy érzi, hogy a szíve elszakad tőle, amikor elválnak, de nyilvánvalóan nem így érezte. Letette a lábát a padlóra, és a fürdőszoba felé vette az irányt.

Amadeo már a zuhany alatt állt, ezért bement a konyhába, töltött magának egy csésze forró kávét, feketén, cukor nélkül, és gyorsan lehajtotta. Tetszett neki a forró, égető érzés, ahogy lement a torkán. Arra emlékeztette, hogy még mindig él és virul. Leitta a második csészét is, de ezúttal két mokkáskanálnyi cukrot tett bele. Úgy érezte, szüksége van rá, hogy átvészelje ezt a napot. Mégis arra gondolt, hogy Amadeónak talán nem lesz olyan nehéz látni, ahogy átmegy azokon a kapukon, és ez eléggé dühössé és csalódottá tette.

Terri tudta, hogy Amadeónak saját élete van Rómában, egy olyan élet, amely jóval azelőtt kezdődött, hogy ő a képbe került volna. Amadeo szerette az életét, és szerette Rómát. Azon tűnődött, vajon melyiket szerette jobban. Átölelte magát, töltött magának egy tál müzlit, és leült ropogtatni.

Gondolkodj, gondolkodj! Nem akarom elhagyni őt. De mit tehetnék?

Terri mindig úgy találta, hogy a ropogtatás segít neki gondolkodni, de válaszok nem jöttek. Csak kétségek. Azon tűnődött, vajon a közös döntésük, hogy megvárják, amíg összeházasodnak, rossz terv volt-e a részéről. Elvégre a férfi nem volt szűz. Talán nehéz volt várni. Mi van, ha a férfi úgy érzi, hogy el kell kóborolnia? Arra gondolt, hogy újra megpróbálja rávenni a férfit, hogy meggondolja magát, de úgy tűnt, a férfi jobban elkötelezett abban, hogy a nászéjszakájukig szűz maradjon, mint ő maga.

Terri észrevette, hogy Amadeo énekel a zuhany alatt. Nevetve hallgatta, ahogy a vőlegénye Luciano Pavarotti mindennapos utánzását produkálja. Töltött még egy csésze kávét, és bevitte a hálószobájába, ahol befejezte a pakolást.

Amadeo remélte, hogy Terri hallotta, ahogy énekel a zuhany alatt. El akarta hitetni Terrivel, hogy a mai nap is olyan, mint a többi. De nem így volt. Egyáltalán nem. El akarta mondani neki. Tudta, hogy feldúlt lesz, amikor elválnak, de majd túlteszi magát rajta.

Amadeo szeretett tervezgetni, és hihetetlenül jól tudott titkot tartani. Napok óta ármánykodott, és arról fantáziált, hogy meglepi Territ. És ma a lányt élete legnagyobb meglepetése érte! Amadeónak ügyelnie kellett arra, hogy ne áruljon el semmit. Remélte, hogy a lány nem gondolja, hogy túlságosan jókedvűnek hangzik, de valójában rendkívül boldognak érezte magát. Boldogabb, mint valaha is volt e gész életében.

Terri még egyszer utoljára megnézte Amadeo lakását, amikor a férfi az ajtóhoz vitte a csomagjait, és készülődtek a távozásra. Amadeo bedobta a csomagokat a kocsija hátsó ülésére, és elindultak.

Terri kinézett az ablakon, próbált mindent magába szívni, minden apró részletet megjegyezni a látott dolgokról. Hirtelen úgy érezte, mintha a világ végére hajtanák. Könnyek folytak végig az arcán, ahogy visszafojtotta a zokogást.

„Terri, minden rendben lesz. Bízz bennem."

„Oké? Rendben? Hogy lehet minden rendben, amikor néhány perc múlva elszakítanak minket egymástól, és fogalmunk sincs, mikor látjuk újra egymást?"

Amadeo nem szólt semmit. Ha beszélni kezdene, mindent elárulna, és ezzel tönkretenné Terri meglepetését. Egyelőre mindenképpen a sötétben kellett őt tartani. *Csak még néhány perc szerelem*, gondolta Amadeo, *és minden kiderül.*

A repülőtéren Amadeo parkolóhelyet keresett. Nem talált egyet sem.

„Jobb, ha itt kiteszlek, be kell jelentkezned, meg minden."

„De mi lesz, ha nem találsz meg?"

„Én nem talállak meg téged. Persze, hogy megtalálom. Bízz bennem."

Terri becsapta az ajtót. Nem volt boldog, és jól esett, hogy felszínre hozhatott valamennyit a dühből, amit érzett. Addig figyelte az Alfa Romeót, amíg az be nem fordult a sarkon, aztán felvette a csomagját, és bement.

Itt fogok várni rá, néhány percig. Még van időnk.

„Utolsó beszállási felszólítás a 222-es torontói járatra."

Még csak el sem köszöntünk egymástól.

Átadta a csomagjait, és átment a biztonsági kapukon. A légiutas-kísérők átkísérték, és ő megkereste az ülésszámát, remélve, hogy egy utolsó pillantást vethet Amadeóra, amikor a gép felszállt.

Talán, csak talán Amadeo nem úgy érez, mint én. Mi van, ha örül, hogy hátulról lát engem? Ma reggel nem tűnt túlságosan feldúltnak. De hát a pasik könnyebben el tudják rejteni az érzéseiket, mint mi, lányok... De Amadeo nem, ő mindig olyan nyílt volt velem. Ezért szeretem őt annyira.

Néhány pillanattal később Amadeo felszállt a gépre. Terri odaszaladt hozzá.

„Azt hittem, nem tudunk elbúcsúzni."

„Ez nem búcsú."

„Elnézést kisasszony, úgy tűnik, rossz helyen ült. Az ön helye itt fent van" - mondta a légiutas-kísérő.

„De el kell köszönnöm a vőlegényemtől."

„Sajnálom, néhány perc múlva felszállunk, és mindenkinek azonnal le kell ülnie."

„Oké, oké" - mondta Terri. „Várj meg Amadeo, pár perc múlva visszajövök".

„Attól tartok, ez nem lehetséges, kisasszony, most bezárjuk az ajtókat, kérem, szedje össze a csomagjait".

Terri zokogva haladt a folyosón. Az utasok azt kérdezgették, hogy minden rendben lesz-e vele. Bámulták őt. Legszívesebben összegömbölyödött volna és meghalt volna. Amikor visszatért az első osztályra, Amadeo már nem v olt ott.

„Ugye nem bánja, hogy ez az úriember mellé ülök?" Kérdezte a stewardess.

„Amadeo!" A lány átkarolta a nyakát, átölelte, megcsókolta, aztán hirtelen rájött, hogy min ment keresztül az imént. „Te patkány! Egész nap átvertél!"

„Sajnálom szerelmem, hidd el, már ott hátul is el akartam mondani, de már mindent elintéztem. Annyi ember volt benne ebben a kis meglepetésedben. Remélem, megérte."

„Igen, de te tartozol nekem egy nagy összeggel! Szóval, mondd csak, meddig maradsz Torontóban?"

„Örökké. Ott vállalok munkát. Eladtam a lakásomat, a kocsimat."

„Eladtad az Alfa Romeódat?"

„Igen, a barátom vette fel a reptéren. Már jó ideje szemet vetett rá, és nem engedhetett meg magának egy újat. Jó üzletet kötöttem vele."

„De te szeretted azt a kocsit."

„Vehetek másik autót, de soha nem találok másik Territ."

Összebújtak és pezsgőt ittak. Ez volt az első a sok meglepetés közül, amit Amadeo tartogatott a menyasszonyának.

FEJEZET 24

C HERYL, CRAIG ÉS EVELYN nagyon jól érezték magukat a Universal Studiosban. Először féltek elmenni, mert azt hitték, semmi sem veheti fel a versenyt az előző napi Disney World-i kalandjukkal, de az Universal Studios elég sok mindent kínált.

Vasárnap úgy döntöttek, hogy kipróbálnak egy kis vásárlást a híres Orlando Factory Outletsben. Evelyn két pár Ralph Lauren farmert csípett el magának 50 dollár alatt. Craignek sikerült találnia egy pár Nike cross edzőcipőt, amit már régóta szeretett volna megvenni, de nem engedhette meg magának. Cheryl egy csinos, kétrészes öltönyt és egy pár hozzá illő cipőt vett magának. Új ruháját a testvérei előtt mutatta be, akik Cheryl legnagyobb zavarára tapsoltak és fütyültek. A lány azonban nem törődött ezzel, és még néhányszor meg is f ordult a szőnyegen.

Búcsút intettek Orlandónak, és visszautaztak Tampába, hogy elérjék a hazafelé tartó gépüket. Mindannyian olyan nyugodtak voltak. Micsoda fantasztikus hétvége volt.

Mindazonáltal Craig és Evelyn már nagyon várták, hogy hazaérjenek, és meséljenek a barátaiknak a menő nővérükről és a mesés hétvégéről. Evelyn volt az első a házban és az első a telefonban. A barátja, Mike öt üzenetet hagyott a telefonon, amíg ő távol volt.

„Á, ifjú szerelem - mondta Cheryl, miközben megveregette a húga fejét.

„Egyszer tényleg ki kellene próbálnod, hugi."

„Okoska!"

Bárcsak Evelyn tudná, hogy Cheryl mennyire ki akarja próbálni. A húga fiatalabbik húgának a srácok az ajtót döngették. Mirandának ott volt az új *barátja*, Lance. Cheryl felnevetett a barát szó hallatán. Tudta, hogy többről van szó, mint amit bármelyikük is be akart vallani. Aztán ott volt Amadeo és Terri, akik fülig szerelmesek v oltak.

Terri ma este érkezik haza. Alig várom, hogy mindent megtudjak Rómáról és Amadeóról. Már régóta esedékes egy csajos esti kiruccanás.

Cheryl úgy döntött, hogy kipróbál néhány új dolgot, hogy feldobja az életét. Valaha kiváló festő volt a középiskolában. Ezt a tehetséget szerette volna hivatásként folytatni, de az apja halála után értelmetlennek tűnt. Ő volt a legnagyobb támogatója.

Ezt fogom tenni. Beiratkozom egy festő tanfolyamra. Elő kell vennem a festőállványomat és az ecseteimet. Újra fel kell fedeznem magam. Újra fel kell fedeznem azokat a dolgokat, amelyek egykor erős kapcsolatot hoztak a belső énemmel.

FEJEZET 25

M IRANDA ÚTON VOLT AZ irodába, száguldott, mint mindig, és remélte, hogy nem fog elkésni. Minden reggel munka előtt edzett a cég edzőtermében, de ma reggel korán reggel megbeszélése volt, és nem volt biztos benne, hogy lesz rá ideje.

Amikor először kezdett el edzeni, a nap hátralévő részében fújtatott. Mostanra megtalálta a ritmust vele. és mindenki észrevette és megdicsérte az új külsejét.

„Miranda - kérdezte Mandelbaum úr -, azért hívtam ide ma reggel, hogy segítsen nekem egy problémában, ami miatt nagyon aggódom".

„Miben segíthetek?"

„Amikor leszokott a dohányzásról, hideg fejjel, a munkatársai csodálták az elszántságát, és maga inspirálta őket. Szeretnélek olyan helyzetbe hozni, hogy más munkatársaknak is segíthess, hogy ugyanezt megtegyék. Gondolja, hogy meg tudná oldani?"

„Nem igazán értem, hogyan tudnék segíteni nekik, ha ők nem akarják, hogy segítsek nekik."

„Megkönnyítem a dolgát. Szemináriumokat szervezek, hetente egyszer ebédidőben. Beszélgethetsz velük, bátoríthatod őket, elmondhatod nekik, hogyan győzzék le a sóvárgást, hogyan csináltad te. Fizetek nekik, hogy részt vegyenek a szemináriumokon - nem pénz formájában -, de mindenkinek, aki részt vesz, ingyen ebédet biztosítok. És mindenkinek, aki leszokik, és 30 napig kitart, 100,00 dolláros készpénzes bónuszt adok."

„Ez nagyon nagylelkű Öntől, Mandelbaum úr. Bár nem tudom, milyen előadó lennék. Az iskolában nem voltam jó a nyilvános beszédben."

„Kész vagyok fizetni magának."

„Már így is fizet nekem, szívesen segítek."

„Akkor csináljunk bónuszrendszert neked is. Minden egyes munkatársad után, aki leszokik és 30 napig nem gyújt rá a cigarettára, 25,00 dollárt kapsz. Mivel több mint 100 dohányos van a fedélzeten, könnyedén kereshetnél 2500,00 dollárt. Ez elég ösztönző ahhoz, hogy bátorítson téged, hogy kipróbáld ezt a lehetőséget?"

„Nem mondhatok nemet. Megteszek minden tőlem telhetőt."

Ahogy becsukta maga mögött az ajtót, Miranda nem hitt a lehetőségnek, ami eléje került.

Két héttel később Miranda elvégezte az első szemináriumát. Eleinte ideges volt, de hamar rájött, hogy élvezi. És még valami: jó volt benne. Napokon belül a munkatársai leszoktak a dohányzásról. Miranda szenvedélyes szavai mindent megváltoztattak.

„Miranda, ma egy újabb megbeszélésre hívtam ide, hogy megbeszéljük a szemináriumait. Nagy hatással voltál rám. Szeretném átadni ezt a 250,00 dollárról szóló csekket."

„Köszönöm, Mr. Mandelbaum, nagyon örülök, hogy sikerült változást elérnem. És imádom."

„Azt hiszem, alábecsültük a képességeidet, Miranda. Szeretném, ha többre javasolnám a cégnél. Sőt, szerintem tökéletes lennél a PR osztályunkon."

„Tényleg? Mire gondoltál?"

„Először is, szükségünk van arra, hogy megfelelő képesítéssel rendelkezzen. Itt vannak a brosúrák, és hetente kétszer, munkaidőben és heti két este járhatsz iskolába. Már ha érdekli a dolog."

„Attól tartok, nem engedhetem meg magamnak, hogy visszamenjek az iskolába, Mandelbaum úr. De köszönöm, hogy gondolt rám" - mondta Miranda, miközben felállt, és megfordult az ajtó felé tartva.

„Ms. Evans, szeretnék segíteni önnek, hogy sikeres legyen. Szándékomban áll alkalmazni a[hetedik] emeletünkön, amikor lediplomázik, így én állom a számlát. Az ön tehetségét a vállalat javára hasznosítjuk."

„Elakadt a szavam, Mandelbaum úr. A köszönet nem elég."

„Köszönöm, egyelőre elég. Ha majd fent lesz a[hetedik] emeleten, és egy jövedelmezőbb jövőbe vezeti ezt a céget, akkor ez több lesz, mint elég köszönet."

Amikor Miranda elhagyta Mandelbaum úr irodáját, a feje forgott. Alig várta, hogy elmondhassa Lance-nek a hírt.

FEJEZET 26

Lance teljesen el volt ragadtatva, amikor Miranda mesélt neki erről. Látta, hogy a lány megváltozott az elmúlt néhány hónapban. Magabiztosabb, nyugodtabb, magabiztosabb lett. Éjjel-nappal rá gondolt.

Miranda jól érezte magát Lance mellett, akárcsak Terri és Cheryl mellett. A barátságuk néhány hónapja egyre erősödött, és erős alapokra épült. Néha úgy gondolt rá, mintha több lenne, mint egy barát. Ezekben az időkben csak magának akarta őt. Mindent elmondott neki, és tudta, hogy nem találkozgat mással.

Lance mindent elmondott Mirandának. Nem vágyott arra, hogy más nővel legyen. Ki akarta fejezni az érzéseit a nőnek, de félt. Annyi mindenen ment keresztül a nemi erőszakkal, Bennel, és nem akart csalódást okozni neki azzal, hogy elmondja neki, mit érez. Nem akarta cserbenhagyni.

A múlt miatt Lance hagyta, hogy Miranda adja meg a tempót. Nem siettette őt. Minden pillanatot, amit vele töltött, nagyra becsült. Azokat az alkalmakat, amikor a haja véletlenül a bőréhez simult. Azokat az alkalmakat, amikor séta közben összeért a kezük.

Néha mégis elgondolkodott azon, hogy a barátságuk talán visszatartja őket a testi kapcsolattól. Talán annyira összebarátkoznának, mint egy testvér és egy nővér - akkor a kapcsolatuk halálra lenne ítélve. Mielőtt a kapcsolatuk ebbe az irányba mozdulna, Lance úgy döntött, vállalja a szükséges kockázatot. Egyelőre örült, hogy úgy folytatják, ahogy eddig.

FEJEZET 27

MIRANDA RÁJÖTT, HOGY TERRI ma hazatér. Már alig várta, hogy összejöjjön a két barátnőjével, és együtt töltsenek egy csajos estét. Már régóta esedékes volt.

„Jó napot, Mrs. Russo. Itt Miranda. Hogy van?"

„Nagyon jól, köszönöm." Mrs. Russo kuncogott.

„Terri ma érkezik haza, gondolom, nagyon feldúlt lesz."

Mrs. Russo megint kuncogott.

„Szeretnéd, hogy felvegyem a reptéren?" *Miért kuncog folyton?*

„Nem, nem, nem lesz semmi gond. Azért nagyon szépen köszönöm. Köszönöm szépen. Viszlát."

Letette a telefont.

Kíváncsi vagyok, hogy Mrs. Russo ma reggel az üveghez nyúlt-e. Milyen furcsa. Vajon Cheryl hallott valamit?

„Szia Cheryl, én vagyok. Hogy vagy?"

„Jól, és te?"

„Jól voltam, amíg fel nem hívtam Terri házát. Az anyja furcsán viselkedett. Úgy vihogott, mint egy iskolás lány. Van ötleted, hogy szereti-e a reggeli piát?"

„Mrs. Russo, kuncog? Ez nagyon furcsa. El sem tudom képzelni, hogy kuncog, és nem hiszem, hogy sokat iszik. Gondolja, hogy Terri jól van?"

„Nem engedte, hogy kimenjek érte a reptérre."

„Már régóta esedékes lenne egy csajos este. Szervezzünk valamit, ami felvidítja Territ, oké?" Cheryl azt mondta.

„Egy hullámhosszon vagyunk. Majd jelentkezem."

„Hé, van néhány hírem. Emlékszel, hogy valaha mennyire szerettem festeni?"

„Hát persze" - mondta Miranda.

„Hát, most művészeti órára járok, és imádom!"

„Ez csodálatos Cheryl! Szép munka. Én is veszek néhány kurzust, Public Relationsből."

„Hű, és hogy megy a dohányzásról leszoktató szeminárium?"

„Nagyon jól mennek, el sem hiszem. És tudod mit? Imádom! Mandelbaum úr azt mondja, hogy kiválóan alkalmas vagyok arra, hogy a$^{7.}$ emeleten dolgozzak a P.R.-ben."

„Ó, P.R., hát nem hangzik divatosnak."

„Igen, csak jobb, ha vigyázok, hogy ne szálljon a fejembe!"

„És ha már itt tartunk, hogy van Lance?"

„Hogy került bele ebbe a beszélgetésbe? Jól van. Ő egy jó barát."

„Van még valami más is a barátságon kívül?"

Miranda határozottan tagadta. Emlékeztette Cherylt, hogy mind ő, mind Lance elégedettek azzal, ahogy a dolgok állnak, és egyikük sem akar semmi mást a barátságon kívül.

„Tényleg, én nem *így* gondolok Lance-re".

„Jobb, ha indulunk. Szólj, ha hallasz valamit Terriről, és én is ugyanezt teszem. Egyelőre szia."

„Szia, szia."

Azt hiszem, túl sokat tiltakozik, gondolta Cheryl.

FEJEZET 28

MIRANDA NEM HAZUDOTT. TÉNYLEG nem gondolt *így* Lance-re - legtöbbször. Csak azért, mert nem volt biztos benne, hogy a férfi is *így* gondol rá.

Soha nem próbálta megcsókolni. Vagy megfogni a kezét. Egyértelműen nem érdekelte más, mint hogy barátként viselkedik vele.

Lance boldog volt. Miranda boldog volt. Mi mást kívánhatnának még?

FEJEZET 29

MIRANDA LETETTE A TELEFONT. Ahogy leért a kagyló a kagylóra, újra megszólalt.

„Elfelejtettél valamit, ugye?"

A hang a másik végén megköszörülte a torkát. Férfihang volt. Egy idegen hangja.

„Miss Evans? Miss Miranda Evans?"

„Igen. Ki keresi?"

„A rendőrségtől, őrmester úr. Jim Miller beszél. Miss Evans, kérjük, jöjjön be az őrsre - lehetőleg azonnal."

„Miről van szó?"

„Van egy férfi, akit őrizetbe vettünk, és szeretnénk, ha megnézné a szembesítést. Úgy gondoljuk, hogy ő az a férfi, akit leírt."

„Fél órán belül ott leszek. Rendben van?"

„Persze, épp most szervezzük a szembesítést, úgyhogy 30 perc után bármelyik időpont megfelelne nekünk. Akkor majd találkozunk. És ne aggódj."

Miután letette a telefont, Miranda felhívta Lance-t. Rettegett a gondolattól, hogy újra látnia kell azt a borzalmas férfit, és azt kívánta, bárcsak ne kellene odamennie és azonosítania.

Ugyanakkor azt akarta, hogy elkapják és örökre bezárják. Ha ő volt az. Ha ő volt az, akkor azt akarta, hogy megbűnhődjön azért, amit vele tett. Lance beleegyezett, hogy elkíséri Mirandát.

Amikor a szülei hazaértek, Miranda a kanapén ült, kabátban, és a semmibe bámult.

„Be kell mennem a rendőrségre. Őrmester. Miller most hívott. Van egy gyanúsítottjuk - akire illik a személyleírásom".

„Én, mi, az anyád és én veled akarunk jönni, erkölcsi támogatásként."

„Lance velem jön. Bármelyik percben itt lehet."

Miközben Lance odahajtott Mirandáért, azon aggódott, hogyan fog ez a konfrontáció lezajlani. Miranda mindig erős látszatot keltett. Ha szemtől szemben látná a férfit, mit tenne vele? Azon tűnődött, hogyan fogja valaha is visszatartani magát attól, hogy leütögesse a fickó tömbjét. Lance úgy vélte, a kasztrálás túl jót tenne a fickónak.

Hát nem ment még keresztül eleget? gondolta Lance, és a kezét a kormánykerékre csapta. Kiszállt a kocsiból, és az ég felé nézett, valami jelet remélve. Nem jött semmi.

Lance mosolyt erőltetett magára, amikor odalépett a lányhoz, és majdnem megölelte. Miranda nyugodt volt. Bátor arcot vágott. A táskája fogantyújával játszott, csavargatta, forgatta, és titokban azt kívánta, bárcsak lenne egy cigarettája. *Csak egy cigarettát.* Pedig tudta, hogy soha nem lehet *csak egy cigaretta.*

Lance a fejében minden létező nevet lehordott a fickóról, és betegre aggódta magát, miközben beszálltak a kocsijába. Aggódott, mi van, ha ő az? Mi van, ha nem ő az? Ha nem ő az, akkor újra meg kell tennie ezt. Talán még többször is. Remélte, hogy ő lesz az. Akkor Miranda életének ez a fejezete lezárulhatna, véget érhetne.

Megérkeztek a rendőrőrsre, és Miranda Lance kezéért nyúlt. Ez volt az első alkalom, hogy fizikailag is kinyújtotta a kezét, és bár ez nem a romantika ideje és helye volt, Lance szíve felsóhajtott. A lány keze olyan kicsi volt az övéhez képest.

Miller őrmester a pultnál fogadta őket, és félrevonta Mirandát és Lance-t, hogy elmagyarázza az eljárást. Egy üveglap mögül fogják megtekinteni a sorakozót, ahol ők láthatják a vádlottat, de a vádlott nem láthatja őket.

Miranda megkönnyebbülten lélegzett fel, amikor ezt meghallotta. Útközben olyan jelenetet képzelt el, mint a tévében. Neki kellett volna végigsétálnia, és megkocogtatni a bűnös vállát. Már a puszta gondolattól, hogy meg kell érintenie a támadóját, hányingere támadt.

Miller őrmester azt mondta nekik, hogy várjanak tíz percet, amíg behozzák a jelölteket a terembe, aztán majd hívja őt, hogy nézze meg a felállítást, és nézze meg, felismer-e valakit. Emlékeztette, hogy biztosnak kell lennie abban, hogy ő az. Hogy minden kétséget kizáróan neki kell lennie.

„Egy nő, akit megerőszakoltak, nem felejt. Soha. Egymillió év alatt sem."

Miranda megkérdezte Miller őrmestert, hogy nem lenne-e baj, ha Lance vele lenne a szobában. Miller őrmester azt mondta, hogy rendben van, feltéve, hogy Lance nem próbál beleszólni a folyamatba. Lance teljes egyetértésben bólintott. Leültek. Vártak. Miranda ismét Lance keze után nyúlt.

Lance megfogta Miranda mindkét kezét, és azt mondta: „Minden rendben lesz". Kinyújtotta a kezét, hogy átölelje Mirandát. A lány teste először megremegett, majd ellazult a férfi karjaiban. Miller őrmester félbeszakította, tudatta velük, hogy a sorakozó készen áll.

Beléptek a szobába, és az üvegablak túloldalán nem volt más, csak sötétség. Amikor Miranda leült az ablak előtt, hirtelen világos fények gyúltak fel. Miranda öt férfi árnyékát látta.

Miller őrmester egy mikrofonba beszélt, és mindegyiket szám szerint szólította. Mindegyik férfit arra kérte, hogy lépjen előre.

Az első lépett előre. Nem ő volt az. Nem a második, és nem is a harmadik.

Amikor a negyedik lépett előre, a szíve kihagyott egy ütemet, majd száguldani kezdett. Felállt a székéről, és ki akart rohanni a szobából, de Lance megállította. Rábeszélte, hogy üljön vissza a székre, és mindkét vállára tette a kezét, hogy megkérdezze: - Ő az? Miranda, el kell mondanod nekik. M uszáj."

Miranda bólintott. „Száz százalékig biztos vagyok benne."

Miller őrmester arra biztatta, hogy álljon fel, és lépjen minél közelebb az ablakhoz. Beszélt a mikrofonba: „Négyes számú, kérem, mondja meg, hogy van?".

„Hogy van?"

Miranda azonnal befogta a fülét, és azt mondta: „IGEN, mondtam, ő az. Ő az, akit te akartál. Megmondtam neked", és ahogy ezt mondta, a könnyek elkezdtek végigfolyni az arcán.

Lance megragadta és átölelte. A lány tetőtől talpig reszketett. Mindennek vége volt. A férfi, aki megerőszakolta, hamarosan rendkívül hosszú időre rács mögé kerül.

Miller őrmester megköszönte Mirandának. Megdicsérte a bátorságát.

Miranda útbaigazítást kért a mosdó felé, és elnézést kért.

„Miller őrmester, hogyan kapta el a férfit? Régen történt már" - kérdezte Lance.

„Egyszerűen szerencsénk volt. Az olyan emberekkel, mint ő, mindig újra próbálkoznak. Ebben az esetben egy sarki boltot akart kirabolni. A gond csak az volt, hogy a tulajdonos a hátsó szobában volt. Bejött, tetten érte, és őrizetbe vette, amíg odaértünk. Ms. Evans pozitív azonosításával hosszú i dőre le fogjuk küldeni."

„Ezt örömmel hallom. Az olyan állatok, mint ő, nem érdemlik meg, hogy kint legyenek a társadalomban."

Miranda visszatért. Sápadt volt, mint egy lepedő. Még mindig reszketett. Legszívesebben a karjába vette volna. De nem tette.

Miranda nem tudta abbahagyni a remegést. Azt akarta, hogy Lance megölelje. De nem tette.

„Mit szólnál, ha bekapnánk valamit?" Lance megkérdezte.

„Nem tudnék enni semmit."

„Akkor kávét?"

„Nem, köszönöm. Csak ki akarok jutni innen."

FEJEZET 30

A KOCSIBAN MIRANDA HALLGATOTT. Lance odanézett, hogy megnézze, nem sír-e. Nem sírt. Nem tudta, mit mondjon.

„Nem akarok ma este egyedül lenni, Lance. Nem bánnád, ha ma este a kanapédon aludnék? Hazamehetnék, de akkor mindent meg kellene magyaráznom anyának és apának. Újra át kellene élnem minden részletet. Egyszerűen nem tudok most szembenézni vele."

„Persze, maradhatsz nálam. Bár a kanapén fogok aludni. Ragaszkodom hozzá, hogy az én ágyamban aludj."

„Megállhatnánk nálam, hogy összeszedjek pár dolgot?"

„Felveheted a pizsamámat, és első dolgom lesz hazavinni, hogy átöltözhess. Rendben van?"

„Igen, felhívlak a lakásodról, és szólok anyának és apának, hogy minden rendben van - és holnap mindent részletesen elmagyarázok."

„Ezt megtehetem helyetted. Akkor nem kell magyarázkodnod, és nem kell meghallgatnod a kérdéseiket."

„Megtennéd ezt értem?"

„Persze, hogy megtenném, nem okoz gondot."

Lance lakásán Miranda megkérdezte, hogy lefuttathatja-e a fürdőt.

„Érezd magad otthon. Az alsó fiókban találsz pizsamát, a szekrényben pedig törölközőt. Most felhívom a szüleidet."

„Köszönöm Lance."

Miranda a pizsamámban. Alig várom, hogy lássam ezt.

FEJEZET 31

L ANCE ÁLMODOTT.

Azt álmodta, hogy kényszerzubbony van rajta. Nem tudott mozdulni se az egyik, se a másik irányba. Próbált sikítani, de nem jött ki belőle semmi. Próbálta a fogaival szétnyitni a köteleket, de nem tudta kioldani.

Ide-oda csapkodott, a fejét ingaként használta. A homlokán lecsorgott az izzadság. Nem tudta letörölni. Lefelé gurult, lefelé, le az álláról, a kabátjára.

Kinyitotta a szemét. A hasához nyúlt.

Valami ott tartotta, de nem volt kényszerzubbonyban, mert a karját mozgatni tudta.

Úgy tapogatózott, mint egy vak ember.

Talált egy kezet. Mirandáé volt. Kinyitotta a szemét.

Kora reggel volt, még nem volt világos. Miranda mögötte feküdt az ágyban, és az életéért kapaszkodott belé. Figyelmesen hallgatta, és hallotta a lány egyenletes lélegzését. Érezte a leheletét a tarkóján. A szívverését a m ellkasában.

Nem akart megmozdulni, mert félt, hogy felébreszti a lányt. Nem akarta, hogy ez a pillanat véget érjen.

Miranda háromszor is kinyújtotta felé a kezét.

Legszívesebben megfordult volna, a karjába vette volna, és elmondta volna neki, mit érez iránta. Szerette volna megcsókolni a szemét, és nyelvével a száját fürkészni. Azt akarta, hogy az övé legyen, és csakis az övé.

Nem tett semmit.

Nem akarta kihasználni a lányt. Semmilyen módon.

Lehunyta a szemét, és hallgatta a lány légzését.

FEJEZET 32

K ORA REGGEL MIRANDA LANCE ágyában talált menedéket.

Amíg a kanapén feküdt, forgolódott.

Életének egy fejezete véget ért, és azt akarta, hogy átöleljék. Azt akarta, hogy Lance átölelje. Oda akart menni hozzá, de nem volt hozzá bátorsága, csak miután elaludt. Akkor bemászott mögé az ágyba, és odabújt hozzá. Először feszült volt, de aztán ellazult a karjaiban. Érezte, ahogy a férfi mellkasa a sajátjával szinkronban emelkedik és süllyed.

Remélte, hogy Lance nem sértődik meg, amikor felébred.

Nem tudta, hogy Lance már ébren van, és nem fog egyhamar visszaaludni.

FEJEZET 33

C HERYL ELMENT, A PÉNTEK esti bevásárló körútjára. Péntek este kilenc után az üzletek annyira üresek voltak, hogy a folyosókat tekepályának lehetett volna használni. Utálta a tömegben tolakodni a bevásárlásért. A péntek esték különlegesek voltak náluk. Leültek, együtt vacsoráztak, és megbeszélték a hétvégi terveiket. Cherylnek ritkán voltak, de szerette hallani, hogy mire készülnek a testvérei. Miután kitakarították a konyhát, elmentek, és Cheryl bevásárolt a hétre.

Cheryl nagyon takarékoskodott, és mindig igyekezett 100 dollár alatt maradni hármójuknak, de mostanában nehéz volt lépést tartani Craig étvágyával. Mindent megevett, amit csak látott! Evelyn nem volt nagyevő, és Cheryl néha-néha aggódott, hogy nem eszik eleget. Azzal is tisztában volt, hogy a tizenéves lányokra mekkora nyomás nehezedik a kortársak részéről, hogy vékonyak legyenek. Az ételek, amelyeket Cheryl főzött, táplálóak voltak, de ő nem volt szakács.

Cheryl úgy döntött, hogy elmegy a közeli könyvesboltba, és vesz egy-két szakácskönyvet. Két könyvet választott, az egyiket Nigella Lawson írta, a másikat pedig *a Meztelen séf*. Mindkettőjük műsorát látta a PBS-en, és olyan könnyűnek tűnt a főzés. A receptek alapján válogatott a hétre, amelyeket el akart készíteni. A pénztárgép 145,00 dollárt mutatott. Túllépte a költségvetést, mert nem sok fűszer volt a konyhájában.

Büszke volt a választékára, mindent bepakolt a kocsiba, és hazafelé vette az irányt. Útközben megkívánt egy Tim Horton's kávét. Rendelt egy nagyot, dupla duplával, és útközben elkortyolgatta. Mire hazaért, már majdnem 11 óra volt.

Ez furcsa. Nem égett a villany. Nem volt tévé. Semmi zene, és már majdnem 11 óra van.

Felkapcsolta az előszobai lámpát, és kiáltott. Nem válaszolt senki. A sarok mögül benézett a nappaliba, és két embert látott, akik kétségbeesetten próbáltak felöltözni.

Evelyn és a barátja, Mike - hoppá, ez nem is Mike, hanem, nem is tudom, ki az.

Cheryl felkapta Evelyn blúzát, és odadobta neki.

„A konyhában. Két perc múlva" - parancsolta.

Cheryl dühös volt, dühös. Behúzta az első csomó táskát. *Megkérdezte*, hogy segíthet-e neki. A lány nem vett tudomást róla, és újra kiment a kocsihoz. Cheryl még soha nem látta ezt a fickót, és a kishúga éppen vele szexelt.

Ezúttal nem nézett rájuk, amikor lerakta a szatyrokat. Még egy rakományt kellett behoznia, és utána elég nyugodtnak kellett lennie ahhoz, hogy beszéljen velük, anélkül, hogy felrobbanjon.

Ő még mindig egy kisbaba. Édes tizenhat éves.

A válla fölött a férfira nézett. Idősebbnek tűnt, talán tizennyolcnak, talán húsznak. Nem tűnt boldognak. Cheryl leült velük szemben.

„Sajnálom, hugi, elragadtattuk magunkat."

„Az biztos... Ha nem megyek be akkor, amikor bejöttem, ti ketten végigmentetek volna, és akkor mi lett volna? Talán teherbe estetek volna. Még csak tizenhat éves vagy! Gondolom, egyikőtök sem védekezett?"

„Szedek fogamzásgátlót, Cheryl. Már hónapok óta."

„Hogy a fenébe? Hogy érted, hogy szedsz tablettát? Hogyhogy? Hol?"

„Egyszerű. Elmentem a klinikára. Mondtam nekik, hogy szexuálisan aktív akarok lenni, és beadták nekem".

„De nem volt szükséged egy felnőtt beleegyezésére?"

„Annyira le vagy maradva a korral, hugi. Az összes barátom tablettát szed. De csak hogy tudd, Sam is óvszert akart használni."

„Sam, ó, a neved Sam?"

„Hogy vagy?" - kérdezte, felállt, és kezet nyújtott Cherylnek.

A lány nem rázta meg.

„Első számú szabály. Ebben a házban nincs szex. Sem a nappaliban, sem a hálószobában, sem más helyiségben. Világos?"

„Sajnálom" - mondta Sam. „Ahogy Evelyn is elmagyarázta, csak elragadott minket a pillanat."

„Nos, örülök, hogy ti ketten ilyen felelősségteljesen álltatok hozzá. Azt hiszem, most már haza kellene menned, S am."

„Ööö, örültem a találkozásnak. Viszlát, Evelyn."

„Jó éjt, hugi" - mondta Evelyn, miközben felállt, és hátrébb tolta a székét az asztaltól.

„Ülj le, azt hiszem, jobb, ha beszélgetünk egy kicsit."

Csend lett. Cheryl felállt, és elkezdte elpakolni az élelmiszereket. Evelyn segített neki. Könnyebb volt beszélgetni, amikor éppen csináltak valamit.

„Köszönöm" - mondta Evelyn.

„Mit?"

„Hogy ilyen jó fej vagy. Köszönjük, hogy nem fújtad ki magad ránk, és hogy felnőttként kezeltél minket."

Cheryl megölelte Evelynt.

„Nem volt könnyű, hogy nem fújtam ki magam. Ezért mentem ki és hoztam be az összes cuccot, mielőtt beszéltem volna veletek."

„Tudom."

„Egy csésze tea?" Cheryl megkérdezte, majd nekilátott, hogy készítsen, és néhány kekszet terített az asztalra. „Valami nyomja a lelked?"

„Én, csak azon gondolkodtam, milyen volt az első alkalom? Ez lett volna az első alkalom."

„Még mindig szűz vagyok."

„Most viccelsz? Nem vagy az, ugye? Nagyon sajnálom."

„Ne sajnáld. Még nem találkoztam az igazival."

„Nem tudom, hogy tudsz találkozni valakivel, amikor állandóan mindent megteszel értünk. Eddig nem gondoltam erre, hugi, de a társasági életedre kell koncentrálnod. Nem leszel fiatalabb."

„Köszönöm Evelyn, de ez nem aggaszt. Te és Craig vagytok a legfontosabb emberek az életemben."

„De felnövünk Hugi, és megérdemelsz valaki különlegeset. Tényleg többet kellene kimozdulnod."

„Megpróbálom Evelyn, egyelőre csak estére."

FEJEZET 34

LANCE MUNKÁBA MENET KITETTE Mirandát a lakásán. Kellemetlen reggel volt, reggeliztek, készülődtek a napjukra. Miranda betelefonált a munkahelyére, és közölte Mandelbaum úrral, hogy néhány órát késni fog.

Lance úgy érezte, elszállt a tökéletes alkalom, hogy bevallja érzéseit Mirandának. A lány ott volt mellette az ágyában, és ő annyira szerette volna elmondani neki. Úgy tett azonban, mintha aludna, és a lehetőség elúszott.

Miranda ugyanezen gondolkodott útban a háza felé. Azon tűnődött, vajon Lance egyáltalán észrevette-e, hogy mellette volt az ágyban. Ha tudta is, biztos, hogy nem adta jelét. Talán túlságosan zavarban volt? Miranda nem tudta, hogy bocsánatot kérjen-e, vagy tegyen úgy, mintha meg sem történt volna. Végül az utóbbit tette.

„Anya, apa, van itthon valaki?"

Nem érkezett válasz.

Meglátott egy cetlit a hűtőszekrényen.

- *Miranda - Sürgős hívás Miller őrmesternek - Szeretettel:* anya.

„Miller őrmester, itt Miranda Evans."

„Köszönöm, hogy hívott, Ms. Evans. Lenne szíves bejönni az őrsre? Van néhány dolog, amit szeretnénk, ha megnézne."

„Miféle dolgokat?"

„Nem mondhatom meg, Ms. Evans, elég, ha annyit mondok, hogy nagyon fontos, hogy lássa a tárgyakat."

Miranda felhívta Mandelbaum urat, és elmagyarázta, hogy le kell mennie a rendőrőrsre, és nem tudta, meddig lesz ott. A férfi azt javasolta, hogy vegye ki a szabadnapját. Mandelbaum úr mindig is jól tudta kiszűrni a stresszt az egyik alkalmazottja hangjából.

„Van valaki, aki el tudna menni a Mirandával?"

„Nem, mindenki dolgozik, de nem lesz gond. Elvégre a támadóm őrizetben van."

Amikor megérkezett az őrsre, Miller őrmester bevezette az irodájába, és bemutatta Harold Sangster nyomozónak. Sangster nyomozó egy cipősdobozt vett elő egy másik i rodából.

„Megtenné, hogy átnézi ezeket a tárgyakat, Ms. Evans? Hátha talál valamit, amit azonosítani tudna?"

„Ez a tárcám. Ez pedig egy fénykép az autómról. A Vids-R-Us alkalmazotti kártyám, a könyvtári kártyám."

„Folytassa a keresést. Van még valami, amit felismer?" Miller őrmester azt mondta.

A nő tovább turkált a holmikkal teli dobozban, amelyek többsége nem az övé volt. Aztán észrevett egy darab papírt, amelyen kézírás volt. A szíve a torkáig szökött, amikor megérintette, és gyorsan rájött, hogy a saját kézírása az.

Kedves Christina, itt az útitervünk. Érezd magad otthon, és nagyon remélem, hogy jól fogod érezni magad itt! Miranda.

Az üzenethez csatolták az útitervük másolatát.

„Ezt az üzenetet hagytam Christinának." Miranda keze remegett. Félt, hogy a papír elszakad.

„Magával volt az üzenet a támadás napján?" Sangster nyomozó kérdezte.

„Nem, csak jóval később írtam. Amikor Christina eljött, hogy albérletbe adja a lakásomat, letettem neki az asztalra a telefon mellé."

„A cselekmény egyre sűrűsödik" - mondta Miller őrmester lesütött szemmel. „Úgy tűnik, a tetthelyre tudjuk tenni, amikor az albérlőjét meggyilkolták. Tanúskodni fog, hogy a telefonasztalon hagyta? Tudta még valaki, hogy ott hagyott egy üzenetet?"

„A főbérlőm tudta, hogy ott volt. Megemlítettem neki, mielőtt elmentem - arra az esetre, ha kapcsolatba akarná lépni vele."

„Köszönöm szépen, Ms. Evans, hogy ismét időt szakított arra, hogy idejöjjön. Elkaptuk őt testi sértésért, rablási kísérletért, nemi erőszakért, és ha gyilkosságért is el tudjuk kapni, akkor nem lesz kétséges, hogy a bíró el fogja ítélni."

Miközben Miller őrmester és Sangster nyomozó kivezette Mirandát a folyosóra, két rendőr egy megbilincselt foglyot hozott feléjük. Ő volt az.

„Kár, hogy nem öltelek meg aznap este, te szuka! Mondtam, hogy ne menj a rendőrségre, nem igaz?"

Miranda hátrált. A falnak támaszkodott. Rosszul érezte magát. Miller őrmester és Sangster nyomozó úgy állt a két oldalán, mint a könyvtámaszok.

„Kár, hogy aznap este nem voltál otthon. Téged akartalak elkapni, nem őt."

„Maga ölte meg Christinát? Te rohadt szemétláda! Gyűlöllek!" A gallérjánál fogva megragadta a férfit.

Miller őrmester megragadta Mirandát, aki ökölbe szorított kézzel csapkodott és ütött.

„Megmondtam, mit teszek a szeretteiddel, ha elmondod a rendőrségnek".

Miranda egész világa forogni kezdett körülötte. Christina képei, szegény Christina arca körbe-körbe járt Miranda fejében, mint egy kaleidoszkóp, amely csak forgott és forgott. Azt akarta, hogy megálljon. Akárcsak Cher, Miranda is vissza akarta fordítani az időt.

A következő dolog, amire Miranda emlékezett, hogy az Avon Park Általános Kórházban ébredt, ahol bizonyára erősen nyugtatózták, mert semmit sem érzett. Minden homályos volt a szélein. Árnyékok voltak, és olyan érzése volt, mintha egy felhőn lebegne. Valaki fogta a kezét. Kíváncsi volt, ki lehetett az.

Lance volt az.

Rámosolygott.

FEJEZET 35

TERRI ÉS AMADEO LESZÁLLT Torontóban, és annyi családtagjuk fogadta őket, amennyi csak belefért a járművükbe. Terri édesanyja zokogott.

„Nekem is hiányoztál, anya - mondta Terri -, de csak olyan rövid ideig voltam távol. Még akkor sem sírtál ennyit, amikor visszatértem Ausztráliából".

Terri anyukája még jobban sírt, amikor egy limuzinba ültették őket.

„Hová ment Amadeo? Amadeót akarom."

„Ne aggódj lányom, apáddal van."

Miután hazaért, mindent megmagyaráztak.

A legszebb menyasszonyi ruha, amit egész életében látott, a nappaliban egy próbababán állt.

„Most megkéri a kezedet, megkéri az apádat. Olyan kedves fiú, Terri; egyetlen apa sem utasítaná vissza. Amadeo mindent megtett, mindenre gondolt! A templomot már lefoglaltuk, a nászutat is lefoglaltuk (bár Amadeo nem árulta el, hová visz téged) - neked már csak fel kell hívnod Cherylt és Mirandát, és megszervezni a koszorúslányt és a koszorúslányt... És a ruháikat is fel kell szabatni. Mert Teresa, te reggel férjhez mész!"

Terri anyja azt mondta neki, hogy gyorsan szedje össze magát, hiszen még sok dolguk van, és nagyon kevés az idő. Az első számú feladat az lenne, hogy felvegye a kapcsolatot a barátaival. Amadeo lefoglalt egy menyasszonyi bemutatótermet, hogy kiválaszthassák a lányok ruháját (vagy Terri átválthatja azt, amit az anyja választott neki, ha akar), de nem volt rá szükség, mert az tökéletes volt. Néhány óra múlva mindannyiuknak össze kellett jönniük, hogy felpróbálják őket, cipőt, kiegészítőket és valami régit, valami újat, valami kölcsönzöttet és valami kéket kapjanak.

„Jó napot, Mrs. Evans. Itt Terri. Mirandát keresem."

„Nem tudom, hol van. De Lance talán tudja, itt van a mobiltelefonja száma."

„Köszönöm, Mrs. Evans." Letette, és bedobta Lance számát.

Lance Mirandára nézett, aki még mindig álomba merült, majd kiment a folyosóra, hogy beszéljen Terrivel.

„Szia Terri. Attól tartok, Miranda nincs olyan állapotban, hogy ma esküvőn vegyen részt. Tegnap szörnyű sokkot kapott, és nincs jól. A fickó, aki megerőszakolta, bevallotta, hogy megölte Christinát és Bent. Elájult, és Miller őrmester hívott engem, mert előző nap ott voltam vele, hogy azonosítsam a görényt. Pihennie kell. Nem hiszem, hogy számíthatsz rá, hogy ott lesz melletted."

„Kizárt, hogy Miranda nélkül tartsam meg az esküvőmet."

A férfi a szobát vizsgálgatta. Miranda megmozdult.

„Úgy tűnik, kezd felébredni. Megnézem, hogy van, és beszélek róla az orvossal. Hívjon vissza úgy egy óra múlva. Meglátom, mit tehetek."

„Az esküvőm alig több mint huszonnégy óra múlva lesz, Lance, ha kell, elhalasztom."

Három órával később Miranda felébredt és felöltözött. Lance mindent kellő időben elmagyarázott - és úgy tűnt, ez kihozta Mirandát a sokkos állapotából. Kizárt dolog volt, hogy miatta elhalasszák a legjobb barátnője esküvőjét.

Valójában Terri esküvője nem is jöhetett volna jobbkor Miranda számára, mert össze kellett szednie magát, és folytatnia kellett az életét, és a múltat a múltban hagyni. Ezt most jobban tudta, mint valaha.

„Egyébként Lance - mondta Miranda. „Remélem, te leszel a kísérőm az esküvőn. Nem szeretnék ott lenni senki mással. Remélem, hogy el tudsz jönni."

Lance izgatott volt, mert Miranda randira hívta. Még jobb, hogy esküvőre mentek. Milyen romantikus. Felhívta Territ, és közölte vele, hogy minden rendszer készen áll.

„Azért ki kell, hogy tegyelek, és Terrire és Cherylre kell hagyjalak, hogy kiszedhessem a szmokingomat a lepkegolyókból."

Közben Terri beszélt Cheryllel arról, hogy ő lesz a koszorúslány. Valójában két koszorúslányt akart az esküvőjén. Kizárt dolog volt, hogy az egyik barátnőjét válassza a másik helyett.

Délután ötkor a három barátnő találkozott a The Bridal Boutique-ban. Kiválasztották a ruháikat, és megbeszélték, hogy tartanak egy Girl's Night Out-ot. Terri ott akart aludni, Miranda pedig azt javasolta, hogy foglaljanak egy lakosztályt a Hiltonban.

Két órára elváltak, hogy összepakoljanak néhány dolgot, és este 8-kor a bárban terveztek találkozni.

FEJEZET 36

C HERYL ZAVARBAN VOLT, MERT nem volt kit megkérnie, hogy kísérje el az esküvőre. Régebben legalább egy barátnője is legénybúcsúra ment. Ezúttal - nem volt ilyen szerencséje.

„Ne aggódj, hugi - mondta Evelyn -, azt hittem, a koszorúslányok össze vannak kötve a jegyszedőkkel vagy ilyesmi".

„Igazad van, erre nem is gondoltam. Reméljük, hogy szingli" - mondta Cheryl, miközben összepakolta a táskáját, hogy elinduljon a csajos estére. „Elvégre a koldusok nem válogathatnak!"

FEJEZET 37

A MADEÓNAK HIÁNYZOTT TERRI. A lányt elragadták tőle - még arra sem volt alkalma, hogy búcsúcsókot adjon neki. Emlékezett rá, hogyan ragyogott fel az arca, amikor rájött, hogy mégsem kell elválniuk. Azt akarta, hogy a lány arca újra és újra így ragyogjon fel, egész hátralévő életükben.

Azt kívánta, bárcsak ott lehetett volna, amikor Terri kinyitotta az ajtót, és meglátta az esküvői ruháját. Maria, a leendő anyósa hajthatatlan volt, hogy a vőlegény ne lássa a menyasszonyi ruhát. Ez egy babona volt, amiben nem hitt - de minek kockáztatni?

Holnap Terri Amadeo Travetti asszony lesz. Leendő felesége hamarosan egy Girl's Night Outon ünnepel majd a barátaival. Amadeo egy nyugodt estét szánt a tanújával, Malvióval - aki épp most érkezett Rómából.

„Ő tökéletes Cherylnek" mondta Terri, amikor megpillantotta Malviót: „Perrr-tökéletes!"

FEJEZET 38

M IRANDA BELÉPETT A HILTON bárjába, és körülnézett a barátai után. *Juj, ő volt az első.* Utált egyedül ülni egy bárban. Szerencsére csak egy srác volt ott - éppen bánatát fojtogatta, és a csapossal beszélgetett.

„Egy pohár Chardonnayt - mondta Miranda. A pohárral a kezében leült a bejárat közelében, remélve, hogy hamarosan megérkezik valamelyik barátja.

Körülnézett, ahogy az ember szokott, ha egyedül van. Felismerte a bárpultnál lévő zsámolyon ülő fickót. A régi főnöke volt, Andrew - alias Andrew-the-Asshole a Vids-R-Usból!

A tekintetük találkozott, és Andrew odajött hozzá.

„Hogy a fenébe vagy, Miranda? Rég nem láttalak!”

„Igazad van, Andrew. Jól vagyok.”

„Szenzációsan nézel ki.”

„Köszi.”

„Szóval, milyen volt az ausztráliai utad?"

„Túl hihetetlen volt ahhoz, hogy szavakba öntsem; nagyon szeretnék egyszer még egyszer visszamenni oda."

„Hallom, van egy új férfi az életedben?"

„Ööö, nem, van egy barátom, aki történetesen férfi. Ő egy ingatlanügynök."

„Ó, azt hittem, hogy megházasodsz vagy ilyesmi. Biztos félreértettem. Bocsánat."

„A barátom, Terri, holnap házasodik. Ezért vagyunk itt - egy Girl's Night Out-ot tartunk - késnek. Hogy mennek a dolgaid? Ugye házas vagy?"

„Voltam, de a feleségem nem akart elköltözni az államból, és a Vids-R-Usnak szüksége volt rám Texasban. Így hát elvállaltam a munkát, és otthagytam őt."

„Túlságosan elkötelezett vagy a Vids-R-Us iránt."

„Igen, talán, de jól bánnak velem. Csak a hétvégére jöttem vissza, mert anyám kórházban van. Semmi komoly, de engem kért. Ha az anyukádról van szó, muszáj időt szakítanod rá, tudod."

„Remélem, hamarosan meggyógyul."

Cheryl megérkezett. Felismerte Andrew-t, és köszönt neki.

„Magatokra hagylak titeket. Jó volt újra látni téged, Miranda. És hé, sajnálom, ami veled történt. Mindig is rosszul éreztem magam miatta. Bárcsak soha ne történt volna meg."

„Köszönöm Andrew, ezt nagyra értékelem. Igazából elkapták a fickót, és elég hosszú időre le fogják csukni."

„Örülök, hogy ezt hallom."

„Viszlát, Andrew, és vigyázz magadra, jó?"

Terri megérkezett.

„Szokásotok mostanában idegen férfiakat felszedni a bárokban?" kérdezte Terri.

„Ez nem volt idegen. Ő volt Andrew, a seggfej!" Mondta Cheryl.

„Ó, te jó ég, ez Andrew. Mi történt vele? Remélem, a házasság nem tette *ezt* vele?"

„Szerintem a válás tette" - mondta Miranda. „A Vids-R-Us áthelyezte őt az államból, és a felesége nem akart menni - ezért lemondott róla -, és egyedül költözött."

„Hihetetlen!" mondta Terri.

„Hé, menjünk, és kezdjük el a bulit" - mondta Miranda.

A lakosztály látványos volt. Hatalmas bár, jakuzzi -

„Na, ez aztán az élet" - mondta Miranda.

Pezsgőt rendeltek, és beindították a jakuzzit.

„Csak tedd oda" - mondta Cheryl a pincérnek, aki éppen akkor érkezett az italokkal. Miután a férfi elment, azt mondta: - Vajon mit csinál holnap este? Randevútlan és kétségbeesett vagyok!"

„Fiam, van egy párom a számodra, Cheryl! A neve Malvio, és ő Amadeo tanúja. Úgy néz ki, mint egy görög isten, és szerintem nagyon fogod szeretni! A római divatszakmában magasan áll."

„De vajon tetszeni fogok neki? Ez a kérdés."

„Imádni fog téged!"

„Ó, pont erre van szükségem, egy srácra, aki többet tud a divatról, mint én!"

„Ha nem jön össze, még mindig barátkozhatsz Lance-szel és velem. Elvégre egyszerűen csak jó barátok vagyunk."

„Ja, persze" - mondta Cheryl és Terri együtt.

„Komolyan, mi csak barátok vagyunk."

„Húzd meg a másikat" - mondta Cheryl. „Látom, hogy nézel rá, és azt is, ahogy ő néz rád. Miért nem tudja egyikőtök sem beismerni? Hiszen fülig szerelmesek vagytok egymásba. Én is látom. Mindenki látja, csak ti ketten nem."

„Barátok vagyunk, a többit csak képzeled. De ne is törődj velem, beszéljünk inkább a leendő menyasszonyról. Hogyan győzted meg Amadeót, hogy visszaköltözzön hozzád? Hogy hozzád menjen feleségül. És te még mindig szűz vagy? Vagy ezért - annyira akar téged, hogy mindezt azért teszi, hogy megszerezzen?"

„Nem *csináltam semmit* - az egész Amadeo ötlete volt az elejétől a végéig. És ő az, nem én, aki várni akar, amíg összeházasodunk."

„Milyen romantikus!" Cheryl felkiáltott.

„Hová mentek nászútra?

„Fogalmam sincs. Semmit sem árul el nekem. Amadeo szereti a titkokat."

„Unatkozom - mondta Miranda a kádból kimászva.

„Én meg éhen halok - mondta Cheryl. „Nézzük meg, mit kínál a szobaszerviz."

Steaket és homárt rendeltek, és megittak még két üveg pezsgőt. Összeestek a tévé előtt, és délelőtt tízkor ébredtek.

„Úristen, reggel kilenc óra, két óra múlva lesz az esküvőm!"

„Vegyük fel a korcsolyát!" Miranda azt mondta.

„No problemo!" Mondta Cheryl, majd visszadöntötte a fejét a párnára, és horkolni kezdett.

FEJEZET 39

RENGETEG KÁVÉ ÉS SOK rábeszélés után Cheryl két barátnőjével együtt felkerekedett és készen állt. A hajukat rekordidő alatt elkészítették egy szállodai szalonban, útban Terri háza felé, ahol Maria, az aggódó menyasszony anyja várt rájuk.

„Lányok, nagyon elkéstetek, nagyon elkéstetek!"

„Tudom, anya, de minden rendben lesz. Ne aggódjatok."

„Ah, gyönyörűen nézel ki lányom. Mint egy hercegnő. Itt van Miss Kanada" - mondta Maria, miközben kinyitotta az ajtót, és bemutatta Territ a várakozó apjának.

„Ne ríkass meg, apu, mert tönkreteszi a sminkemet".

„Mi is most csináltattuk meg a miénket" - mondta Miranda.

A templomban Miranda kísérője Freddo bácsi volt. Sugárzott, amikor a tekintete összeakadt Lance-ével.

Lance szerint Miranda még szebb volt, mint a menyasszony. Azon tűnődött, vajon a lány valaha is vele fog-e az oltár elé járulni.

Terrinek igaza volt Malvióval kapcsolatban. Cheryl nem tudta levenni róla a szemét. Malvio örült, hogy Cheryl a karján van.

Az oltárnál várakozva Amadeónak elállt a lélegzete, amikor először meglátta jövendőbelijét. Terri az a fajta nő volt, aki gyönyörű volt, bármit is viselt, de ebben a fehér, omlós ruhában úgy nézett ki, mint egy angyal, egy mennyei angyal, aki azért jött, hogy mellé álljon, és megesküdjön, hogy vele lesz, és örökké szeretni fogja.

Angelo a lánya karját a vejébe fonta, és hátralépett. Elöntötte a boldogság, és a gyülekezet látta, hogy könnyek csorognak az arcán. Giovanni és Maria vigasztalta Angelót, aki leült melléjük az első padba.

Terri Amadeóra nézett. A szíve mélyén tudta; már férjhez ment hozzá. Rokonlelkek voltak.

A szertartás hamarosan véget ért, és férjnek és feleségnek nyilvánították őket. Mr. és Mrs. Amadeo Travetti megfordult, hogy üdvözölje a vendégeket.

A templom lépcsőjén fényképezkedtek, és rizst dobáltak, mielőtt Terri és Amadeo beszállt az ezüst limuzinba. Amadeo azt akarta, hogy az első útjuk házaspárként hihetetlenül különleges legyen. Megkérte a sofőrt, hogy hűtsön le egy üveg pezsgőt, és tegyen velük egy városnézést.

Terri Amadeo szemébe nézett. Annyira vágyott rá. Nem tudta abbahagyni a remegést. A pezsgő mindenhová kifolyt.

„Sofőr, szeretnénk itt hátul egy kis magányt. Tudna segíteni?"

„Természetesen, asszonyom" - mondta a limuzinsofőr, miközben egy üvegablak összecsukódott, és a kocsi mindkét oldaláról függönyök úsztak be.

„Mostantól magamra hagyom önt, Travetti úr. Vegye le a ruháit!"

„Elnézést, sofőr - ki ez a nő? Ez nem az én édes, ártatlan Terri-m!"

„Most már nem tud segíteni, kikapcsoltam a kaputelefont. Nézze meg! Az enyém vagy, teljesen az enyém! És szándékomban áll itt és most beteljesíteni ezt a házasságot."

„Az a célom, hogy örömet okozzak."

„Ígéretek, ígéretek."

FEJEZET 40

A FOGADÓTEREMBEN - MINDENKI azon tűnődött, hogy hol van a menyasszony és a vőlegény.

„Hamarosan itt lesznek, ne aggódj - biztosította Maria. „Igyál valamit, érezd jól magad."

„Ó, már itt is vannak" - kiáltott fel Angelo.

Mr. és Mrs. Travetti besétáltak a fogadóterembe. Heves tapsvihar tört ki.

Elindultak a főasztal felé, ahol Malvio és Cheryl éppen csevegtek. Terri mindkettőjükre kacsintott, amikor helyet foglalt.

A pohárköszöntők, a beszédek, az első keringő - minden hagyományos dolog után, ami az esküvőkön a világ minden táján megtörtént - Amadeo és Terri elindult a nászútra.

Amadeo egy faházat bérelt Denverben. Két hetet töltöttek tökéletes magányban. Telefonok nélkül. Semmi tévé. Semmi ú jság.

„Mr. Amadeo Travetti, maga mindenre gondol."
„Mrs. Terri Travetti, ön mindent megérdemel."

FEJEZET 41

Az esküvő után Lance úgy döntött, hogy nem tudja tovább titkolni az érzéseit. Meg fogja próbálni. Ha a nő gyűlölte is érte - hát legyen.

Most vagy soha.

Odanyúlt, és megakadályozta, hogy Miranda kiszálljon a kocsiból. Átkarolta, és a szemébe nézett.

„Szeretlek, Miranda Evans. Az első vakrandink óta szeretlek. Azt akarom, hogy együtt legyünk. Azt akarom, hogy összeházasodjunk."

„Én... nem tudom, mit mondjak."

„Ne mondj semmit, ha nem tudod elmondani, hogy te is szeretsz engem."

„Igen, de azt hittem, te nem."

Az ajkaik vágyakozva találtak egymásra, szükségük volt arra, hogy betöltsék azt az űrt, ami oly sokáig volt közöttünk.

„Jó éjt" - mondta Miranda, és csókot lehelt Lance-re.

„Jó éjt, szerelmem", mondta Lance.

Lance nem ment egyenesen haza. Ehelyett órákig kocsikázott. Nem akart visszamenni az üres lakásba. El akarta mondani a világnak, hogy szerelmes, és hogy szeretik. *Én vagyok a világ királya!*

Miranda nem tudott aludni. Annyira el volt ájulva. *Összeköltözzek vele?*

Összeköltözne velem? Lance elgondolkodott. *De én nem akarom, hogy az én lakásomban lakjunk. Az túl kicsi. Azt akarom, hogy legyen saját lakásunk.*

Másnap Lance rendet rakott, és piacra dobta a lakását. Miután eladta, meglepte volna Mirandát, és együtt elmehettek volna házat keresni.

Miranda néhány napig gondolkodott ezen. Úgy döntött, hogy egyelőre a Lance-szel való összeköltözés a legjobb megoldás. Neki csak egy egyszobás lakása volt, de hangulatos volt, és legalább együtt lennének. Így esélyük lenne arra, hogy egy kicsit jobban megismerjék egymást.

Igen, reggel első dolgom lesz elmondani a szüleimnek. Aztán elmondom Lance-nek.

FEJEZET 42

Szeretnélek hazavinni - mondta Malvio.

" „Az nagyon szép lenne" - mondta Cheryl, miközben beszállt a limuzinba.

Hamarosan megálltak a háza előtt.

„Gyere be egy kávéra Malvio" - mondta Cheryl. „Bemutatom a húgomat és a bátyámat."

„Biztos, hogy nem zavarok?"

„Nagyon kötetlenek vagyunk. Gyere csak be. Ő a kishúgom, Evelyn, tizenhat éves, lassan huszonegy."

„Örülök, hogy megismerhetem" - mondta Evelyn. „Gyönyörű."

„Köszönöm" - mondta Malvio.

Cheryl forróvörösre pirult, és megpaskolta Evelyn fenekét, miközben a konyha felé tartott.

„Ülj le a nappaliban, amíg elkészítem a kávét. Craig, kérlek, tartsd a vendégünknek társaságot, amíg vissza nem jövök."

„Oké, hugi."

„Szereted a sportot? Épp hokimeccs megy" - mondta Craig.

„Én jobban szeretem a focit, de a hoki is jó. Elmagyarázhatod nekem; nem igazán értem."

„Persze" - mondta Craig, miközben Cheryl elhagyta a szobát.

„Evelyn, majdnem belehaltam a szégyenérzetembe odabent. Egy olyan srácnak, mint Malvio, nem mondod meg, hogy gyönyörű."

„Ugyan már, Cheryl. Fogadok, hogy állandóan ilyeneket hall."

„Lehet, hogy igen, de ő Rómából látogat ide, és azt mondtam Terrinek, hogy vigyázok rá. Csak udvariasságból jött ide."

Ahogy Cheryl bevitte a tálcát a nappaliba, Evelyn követte őt.

„Olyanooooooooo fáradt vagyok" - mondta Evelyn. „Jó éjszakát Malvio, örültem a találkozásnak." Jelzett Craignek, h ogy tűnjön el.

„Ásítok" - én is fáradt vagyok. Örültem a találkozásnak Malvio. Remélem, még találkozunk."

Az angolja nem volt fantasztikus, de meglepően jó volt, és a legtöbbet megértették abból, amit a másik mondani akart.

„Lenne olyan kedves, és holnap körbevezetne a városában?"

„Örömmel."

Malvio megcsókolta Cheryl mindkét arcát, és megköszönte, hogy ilyen kedves volt egy idegennel a városban.

„Holnap reggel tíz körül érted megyek. Ez az időpont megfelel önnek?"

„Igen, 10 óra megfelel. Köszönöm a szép napot, Cheryl."

Cheryl bement, és háttal az ajtónak állt. Malvio egy álom volt. Behunyta a szemét. Evelynnek igaza volt, a férfi *TŰZI*. És a legjobb az, hogy még csak nem is tud róla.

FEJEZET 43

A MALVIÓVAL TÖLTÖTT NAP során délután egy matinéra mentünk a helyi színházba - a Rómeó és Júliát játszották. Milyen tökéletes volt! Aztán elmentünk sétálni a folyóhoz, és piknikezni mindenféle kanadai finomsággal, amit Cheryl csak találni tudott.

Pezsgőt kortyolgattak. Koccintottak egymásra.

„Cheryl, nagyon szerettem veled lenni. Köszönöm, hogy megmutattad nekem a városodat. Soha nem fogom elfelejteni. De ennek az örömnek véget kell vetni. Holnap elutazom. Megkérhetem, hogy vigyen ki a repülőtérre?"

„Reméltem, hogy megkérsz rá."

Másnap a repülőtéren Malviónak át kellett mennie a kapun. Megcsókolta a lány mindkét arcát.

„Viszlát, és köszönök mindent." Búcsút intett.

Cheryl is integetett, és a férfi eltűnt. Nem cseréltek címet vagy telefonszámot. Nem mondták, hogy írni fognak egymásnak, és nem tartották a kapcsolatot. Vége volt, pedig még el sem kezdődött.

Cheryl behajtott a háza felhajtójára. Evelyn kirohant.

„Ezt nem fogod elhinni!"

Az egész ház tele volt rózsákkal, hosszú szárúakkal, rövid szárúakkal, bébirózsákkal, rózsaszínnel, sárgával, pirossal, fehérrel, feketével - tucatjával, tucatjával, tucatjával, tucatjával rózsákkal.

„Itt egy üzenet" - mondta Evelyn, és átnyújtott egy lapot a húgának.

„Köszönök mindent. Egy gyöngyszem vagy, és ez nem búcsú. Még jelentkezem. Szeretettel: Malvio."

Cheryl érezte, hogy a vér az arcába szökik, amikor megcsókolta Malvio aláírását.

FEJEZET 44

A TERVEKNEK MEGFELELŐEN MIRANDA mindent elmondott a szüleinek Lance-ről. Nem lepődtek meg.

„Épp ideje volt, drága lányom" - mondta Tom.

„Ő egy jó ember" - mondta Elizabeth. „Hihetetlenül örülök, hogy végre megláttátok a fényt."

Miranda összepakolt, és Lance házához hajtott. A lakása ablakán egy tábla volt, amelyen ez állt: - ELADÓ.

A kocsiban hagyta a csomagjait, és felrohant a lépcsőn, minden egyes lépéssel egyre jobban felbőszülve. Túl dühös volt ahhoz, hogy lifttel menjen. Gondolkodnia kellett.

Elhagyja a várost? Elfutsz előlem. Hogy merészeled? Azt hittem, te más vagy. Tudhattam volna.

Kopogott.

A férfi kinyitotta az ajtót.

„Elhagyod a várost, ugye?"

„Micsoda? Miről beszélsz?"

Legszívesebben megütötte volna. Hülyét csinált belőle - a lánynak igaza volt, amikor azt hitte, hogy egy *idióta*. Nem csak, hogy tökfilkó volt! Hanem egy érzéketlen, meggondolatlan, púp volt a hátán!

A lány a - ELADÓ - táblára mutatott.

„Ó, az, nem nagy ügy. Épp el akartam mondani. Nem tudtam, hogy átjössz."

„Hát, még jó, hogy tudtam. Különben adios amigo lett volna, nem igaz? Soha többé nem láttalak volna. Te rohadék!" Megütötte a férfit, a vállán.

„Miranda, Miranda." Megérintette a vállát.

„Ne érj hozzám, soha többé ne érj hozzám."

„Hát, eddig sem értem hozzád - de ez most mellékes. Gyere be, hogy rendesen beszélhessünk."

„Nem, nem maradok."

„De igen, maradsz! Jól van, jól van, majd itt elmondom. Szeretlek, Miranda Evans! Tessék. Akarod, hogy hangosabban mondjam? Hogy kiabáljam. Ki fogom. SZERETEM MIRANDA EVANS-T. El akarom venni MIRANDA EVANS-t. El akarom adni ezt a házat, és amikor eladom, találunk egy saját helyet, a sajátunkat. Ennyire szeretem M iranda Evanst."

„Sajnálom."

„Így is kell lennie." Lance a karjába vette a lányt, és bevitte a házba.

Lance egy csésze kamillateával kínálta Mirandát, hogy megnyugtassa. A lány elfogadta.

A konyhában Miranda megragadta Lance-t, és olyan szenvedélyesen megcsókolta, hogy az majdnem elvesztette a lábát. Az egyetlen dolog, ami tartotta, a konyhaasztal volt, ami a hátába fúródott. Miranda hátrafelé tolta, így a testsúlya nagy részét az asztalra kellett helyeznie. A nő a fejére húzta a blúzát, és a konyhapadlóra dobta.

Lance ránézett, követte a lány példáját, és a mutatóujjával gyengéden végigsimított a mellén. Meg akarta csókolni őket, meg akarta csókolni Miranda testének minden egyes centiméterét, és meg is tette. Miranda ugyanezt akarta. Végigfuttatta a nyelvét a férfi mellkasán.

Először szeretkeztek szenvedélyesen, ott, Lance konyhaasztalán.

Lance le akarta lassítani a dolgokat. Azt akarta, hogy a dolgok a lehető leglassabban menjenek, hiszen ez volt az első alkalom. Hátradőlt, és hagyta, hogy Miranda nyelve felfedezze. Úgy érezte, mintha egy felhőn lebegne. Miranda fölötte állt, miközben a férfi nyelve utat talált a teste körül.

Aztán átmentek a zuhanyzóba, ahol ismét szeretkeztek, de ezúttal lassabban. Teljesen kimerülten zuhantak az ágyba.

Miranda mély álma nem hozott álmokat. Az elméje üres volt, mert az élete az álmává vált.

Utószó

Kedves Olvasók!

Remélem, élvezték az olvasást Mirandáról, Terriről és Cherylről.

Ez volt az első regényem. Nem tökéletes. De egy kicsit tökéletesebb, mint volt.

Köszönöm mindazoknak, akik segítettek nekem szerkesztéssel, lektorálással, barátsággal és támogatással az út során.

És természetesen KÖSZÖNÖM!

Mint mindig, BOLDOG OLVASÁST!

Cathy

A szerzőről

Cathy McGough többszörösen díjazott írónő a kanadai Ontario tartományban él és ír férjével, fiával, két macskájukkal és egy kutyájukkal.

Szintén a:

ELOGIOS PARA
FUERZA DEL ALMA

"Este no es un libro superficial diseñado para hacerte sentir bien. Lo que encontrarás aquí es oro puro, forjado y refinado a lo largo de toda una vida en ideas prácticas para lograr un cambio desde el interior."

— *Dr. John Walker*
Fundador de Blessing Ranch Ministry
Coautor de Unhindered: Aligning the Story
of Your Heart

"¡Citaré este material durante muchas décadas! *Fuerza del alma* no es solo un libro inspirador, ¡es transformador! Prepárate y abróchate el cinturón para ser transformado para siempre."

— *Dra. Charity Byers*
Blessing Ranch Ministry
Coautora de Unhindered: Aligning the Story
of Your Heart

"Mi amigo Alan Ahlgrim ha sido mi coach y mentor personal durante más de treinta años. Me ha ayudado a mantenerme enfocado en Cristo y espiritualmente equilibrado a lo largo de mi carrera como sheriff del condado. Creo que este libro será de bendición para muchos y los ayudará a mantenerse centrados."

— *Sheriff Joe Pelle*
Condado de Boulder, Colorado

"El Pastor Ahlgrim ofrece herramientas prácticas y fundamentadas bíblicamente para inspirar, guiar y alimentar un liderazgo centrado en Cristo y en el corazón. Cualquiera que sea tu llamado, *Fuerza del alma* te ayudará a abrazar tu misión dada por Dios y vivir una vida comprometida, llena de gratitud por el regalo supremo de Dios: Su hijo, Jesucristo."

— *Kathryn Hopping*
Abogada

"Este libro podría marcar una gran diferencia en la calidad de tu vida. Si estás listo para dejar de sobre-vivir y comenzar a prosperar, no te limites a leerlo; involúcrate con el libro junto a amigos de confianza. Vale totalmente la pena."

— *Glen Elliott*
Pastor Principal Retirado de Pantano
Christian Church
Tucson, Arizona